Victoria Schwartz

WIE MEINE INTERNET-LIEBE
ZUM ALBTRAUM WURDE

Victoria Schwartz

WIE MEINE INTERNET-LIEBE ZUM ALBTRAUM WURDE

Das Phänomen Realfakes

blanvalet

Anmerkung: Um die Anonymität der beteiligten Personen zu wahren, wurden Namen, Wohnorte und andere sie betreffende Details sowie einige wenige Parts des genauen Handlungsablaufs verändert. Das Gleiche gilt für abgedruckte Mails und Nachrichtenverläufe, die nicht dem exakten Wortlaut entsprechen, inhaltlich und vom Sprachstil her aber dem Original sehr nahekommen.

Die Autorin übernimmt keine Gewähr für die technischen Angaben in diesem Buch. Sie wurden mit bestem Wissen und Gewissen von ihr geprüft und entsprachen zum Zeitpunkt der Manuskripterstellung der Richtigkeit. Durch Programm-, Website- oder App-Updates können sich aber jederzeit von ihr nicht beeinflussbare technische Änderungen ergeben.

Verlagsgruppe Random House FSC® N001967
Das FSC®-zertifizierte Papier *Super Snowbright*
für dieses Buch liefert Hellefoss AS, Hokksund, Norwegen.

2. Auflage
Originalausgabe Oktober 2015 im Blanvalet Verlag,
einem Unternehmen der Verlagsgruppe Random House GmbH, München
Copyright © 2015 by Victoria Schwartz & Blanvalet Verlag, München
Satz: Uhl + Massopust, Aalen
Druck und Bindung: CPI books GmbH, Leck
Printed in Germany
ISBN 978-3-7645-0536-3

www.blanvalet-verlag.de

INHALT

Teil 2

VORWORT VON SASCHA LOBO

Zwei neue soziale Phänomene prallen aufeinander wie Schnellzüge auf dem gleichen Gleis: Internetliebschaften und digitale Fantasiefiguren. Gerade der aufregende, vielschichtige,
verunsichernde Prozess des Verliebens ist nicht gerade die
rationalste Phase im Leben, das kann vermutlich jeder selbst
bezeugen. Dieser Umstand hat seit Tausenden von Jahren
durchaus schwierige Folgen. Im Netz aber kann es dazu führen, dass man sich in jemanden verliebt, den es gar nicht
gibt. In eine digitale Figur, die von irgendjemandem – von
engen Freunden oder völlig Unbekannten – genau dazu geschaffen wurde. Und dieses verstörende Phänomen tritt immer häufiger auf.

Die Mehrheit der Bevölkerung hat das Internet inzwischen in ihre Tagesabläufe integriert. Mehr oder weniger.
Kein Bürojob mehr ohne Netzanschluss, Smartphones sind
allgegenwärtig, und über 40 Millionen Menschen sind allein
in Deutschland in sozialen Netzwerken aktiv. Das Internet
hat die Welt so schnell erobert, selbst Attila der Hunnenkönig hätte neiderfüllt auf einen solchen Siegeszug geblickt.

Leider bedeutet das nicht automatisch, dass sich das Verständnis für die digitale Welt ähnlich schnell verbreitet hat.
Im Gegenteil. Bisher ist kaum jemand in der Lage, wirklich
zu verstehen, wie die umfassende Vernetzung auf die Gesellschaft wirkt und noch wirken wird. Das liegt zum einen an
der ungeheuren Geschwindigkeit, mit der sich das Netz und
angrenzende Technologien verbreiten.

Das erste erfolgreiche Smartphone war das iPhone, es wurde 2007 in seiner ersten Version eingeführt. Nur acht Jahre später geht eine Generation in die Schule, die ausnahmslos mit ihrem Handy symbiotisch verwachsen scheint. Zum anderen zeigt die Geschichte, dass die entscheidenden Auswirkungen einer Technologie in den meisten Fällen schlicht erst nach längerer Zeit einschätzbar sind. 1863 wurde der erste Wagen mit Verbrennungsmotor konstruiert, die Welt veränderte das Automobil erst 50 Jahre später, und mehr als 100 Jahre später begann man sich über Themen wie Umweltverschmutzung überhaupt Gedanken zu machen.

Den größten Fehler, den man bei der Betrachtung der digitalen Welt begehen kann: zu glauben, wir würden mitten in der Entwicklung zur Netzgesellschaft stecken. Tatsächlich sind wir ganz, ganz am Anfang. Vielleicht sind wir sogar dazu verdammt, für immer am Anfang einer digitalen Gesellschaft zu stehen. Aber das heißt auch, dass heute noch exotisch scheint, was morgen eine Massenerscheinung ungeahnten Ausmaßes sein kann. Denn das Internet ist in seiner Wirkung oft ebenso überraschend wie heftig.

Zwar ist die vorgetäuschte Existenz einer Person ein uraltes Phänomen. Aber das Netz und speziell die sozialen Medien haben es sehr einfach gemacht, Fantasiefiguren zu erschaffen. Genau genommen, ist die absolut alltägliche Verwendung von Pseudonymen schon ein erster Schritt in diese Richtung. Auch ein Zweitprofil auf Facebook unter einem ausgedachten Namen gehört bei vielen Teenagern einfach dazu. Unter dem echten Namen wird dann ein elternkonformes Digitaldasein vorgeturnt, während das eigentliche Netzleben unter dem allen Freunden bekannten Tarnnamen stattfindet. An diesen Möglichkeiten, sich im Netz unerkannt auszuleben, ist sehr viel mehr Gutes als Schlechtes. Sie erlauben jedoch auch neue Formen des Missbrauchs.

Gleichzeitig ist zum Standard geworden, sich im Netz zu

verlieben. Soziale Medien sind in bestimmten Altersschichten so selbstverständlich wie Schuhwerk und so unabschaffbar wie das Wetter. Und ebenso ist es selbstverständlich, dort im Digitalen Gefühle zu teilen und zu entwickeln. Auch ich selbst habe die Mehrzahl meiner Freunde im Internet und meine Ehefrau ganz normal auf Twitter kennengelernt. Und nicht betrunken auf dem Schützenfest, betrunken bei der Betriebsfeier oder betrunken in der Disco, wie verschiedene Generationen zuvor.

Zwangsläufig kollidiert die eine soziale Netzentwicklung mit der anderen, und immer mehr Leute verlieben sich in jemanden, dessen echten Namen sie zunächst nicht kennen. Ob nun ein Pseudonym benutzt wird oder nicht. Das mag tausend Mal gut gehen, in meinem Fall etwa stand hinter dem Nutzernamen »frau_meike« auf Twitter tatsächlich eine Frau, die auch noch wirklich Meike heißt.

Aber manchmal verbirgt sich hinter einem scheinbar gewöhnlichen Profil eine Person mit einer besonderen Absicht: nämlich nicht nur eine falsche Identität vorzutäuschen, sondern eine ganze emotionale Welt zu erschaffen, in der andere Menschen sich verlieren können. Und genau deshalb ist das vorliegende Werk so ungeheuer wichtig. Es behandelt als erstes populäres Buch im deutschen Sprachraum ein Thema umfassend, das in wenigen Jahren selbstverständlich sein dürfte: in Freundschafts- oder Liebesabsicht erfundene Netzidentitäten, die Realfakes. Victoria Schwartz hat den Begriff in diesem Kontext geprägt, und er passt perfekt, weil eigentlich jedes Profil in allen sozialen Medien zurechtgeschummelt ist oder zumindest ein Wunschbild darstellt. Die clever inszenierte digitale Darstellung einer nicht existierenden Person kann wahrhaftiger und stimmiger erscheinen als das plumpe Plapperprofil eines beliebigen Schulfreunds auf Facebook.

Die persönliche Geschichte von Victoria, die in diesem

Buch auch beschrieben wird, ist die einer intelligenten, aufgeklärten und in Beziehungsdingen erfahrenen Frau, die sich im Netz verliebt. So weit, so gewöhnlich – bis das Gegenüber sich schließlich auf schmerzhafte Weise als Realfake entpuppt. Noch ungewöhnlicher als diese Tatsache ist allerdings, dass Victoria die durchaus destruktive Wirkung einer solchen Scheinbeziehung nicht nur überwinden konnte. Sondern dass sie einen echten und höchst ermutigenden Gegenangriff startete. Sie spürte zunächst die Person auf, die dahintersteckte. Dann verwendete sie ihre persönlichen Erfahrungen als Grundlage, um zur Expertin für Realfakes zu werden. Und zwar nicht auf eine distanzierte, theoretisierende Weise. Sondern als ehemals selbst Betroffene, für die jede Gefühlsregung einer Fake-Liebschaft nicht nur Beobachtung, sondern auch eigene Erinnerung ist. Bewaffnet mit diesem Vorteil der Sachkenntnis von innen und außen, gründete sie eine Selbsthilfe- und Informationsplattform im Netz. Sie stellte für dieses Thema eine Medienöffentlichkeit her, die den Tausenden und Abertausenden überhaupt erst ermöglichte, sich zu informieren. Das ist vor allem für diejenigen wichtig, die vielleicht ahnen, betroffen zu sein, aber aus Schamgefühl, Angst vor Enttäuschung und Unsicherheit ihrem Verdacht nicht nachgehen wollen. Aber auch für Angehörige oder Freunde ist es oft nicht leicht, auch nur ein sachliches Gespräch über die Möglichkeit eines Realfakes zu führen. Wer denkt schon gern darüber nach, sein kostbarstes Gefühl vielleicht an ein Phantom zu vergeuden?

Victoria Schwartz erforschte zielgerichtet die Eigenarten, Vorgehensweisen und Absichten der Leute, die Netzliebe vortäuschen. Sie entwickelte eine außergewöhnliche Expertise in der Früherkennung falscher Profile ebenso wie Testmethoden und Gegenstrategien. Sie legte einen umfangreichen Katalog an Werkzeugen und Verfahren für den digitalen Ernstfall an.

Und sie schrieb dieses Buch, das zweifellos zum Standardwerk in Sachen Realfakes werden wird. Es sei allen empfohlen, die sich den sozialen Verwerfungen eines digitalen Jahrhunderts stellen möchten oder müssen. Und ohnehin allen, die im Umfeld potenziell Betroffene haben oder selbst eine gewisse Unsicherheit über digitale Beziehungen verspüren. Diese Beziehungen müssen dabei nicht einmal rein digital sein – längst ist es vorgekommen, dass Realfakes Schauspieler für reale Treffen engagiert haben.

Digitale Beziehungen, Realfakes? »Pffff, mir könnte das nie passieren«, ein solcher Satz liegt im ersten Moment vielen Leuten auf der Zunge. Aber abgesehen davon, dass der Satz selten hundertprozentig wahr ist – ist er für sich genommen im Moment des Aussprechens eigentlich unsinnig. Denn wenn man ihn sagt, ist das Phänomen ja schon bekannt. Es ist ein bisschen wie bei einem Zaubertrick, auf den man eben nur dann reinfällt, wenn man ihn noch nicht kennt. Darum sind Aufklärung, Information und Wissen die besten Mittel gegen Realfakes. Und genau deshalb musste dieses Buch geschrieben werden.

TEIL 1

Wie meine Internet-Liebe zum Albtraum wurde

PROLOG

Gleich ist es so weit. Gleich werde ich ihn zum ersten Mal sehen.
Ich konnte nicht genau sagen, wie lange ich auf diesen Moment gewartet hatte. Eine gefühlte Ewigkeit. Geglaubt hatte ich nicht mehr daran. Ich kannte diesen Mann von Hunderten von Fotos. Jedes Detail seines Gesichts hatte sich mir eingeprägt. Vermutlich hätte ich sogar seine Tätowierungen fehlerfrei aus dem Gedächtnis nachzeichnen können, so oft hatte ich seine Bilder angesehen – aber wie er aussah, wenn er sich bewegte, wenn er sprach oder lachte, das wusste ich nicht.

Ich war aufgeregt. Und insgeheim rechnete ich auch jetzt damit, im letzten Moment könne noch etwas dazwischenkommen.

Ich richtete den Blick auf meinen Laptop. Der Akku war voll, Skype gestartet, und ich hatte sichergestellt, dass Kamera und Ton funktionierten. Es konnte eigentlich nichts schiefgehen, aber trotzdem... Wie paralysiert starrte ich auf den Bildschirm. Schwankend zwischen Vorfreude und aufkommender Panik, wartete ich auf das aufploppende Fenster des eingehenden Videoanrufs.

Ich schloss die Augen, spürte meinen Herzschlag nun umso mehr, und mich überkamen Fluchtgedanken. Wie entspannt wäre es jetzt, den Rechner einfach zuzuklappen und den Raum zu verlassen? Der Situation zu entkommen? Ruhe zu haben? Um mich abzulenken, zählte ich rückwärts. Bei null würde ich gehen. Vielleicht. »Fünfzig, neunundvierzig, achtundvierzig, siebenundvierzig, sechsundvierzig.« Es klingelte. ES KLINGELTE!

Ich riss ungläubig die Augen auf und las: »Eingehender Videoanruf.« Einen kurzen Moment zögerte ich – ich hatte Angst, echte Angst. Ich konnte nicht einmal klar benennen wovor – vielleicht vor einer Art Entzauberung? Realistisch betrachtet, konnte all das, was ich in ihm gesehen hatte, innerhalb weniger Sekunden in sich zusammenfallen! »Zusammenreißen!«, befahl ich mir, streckte die Hand aus und klickte auf den »Anruf annehmen«-Button, bevor der Klingelton verstummen konnte.

Das Videobild flackerte einen Moment lang. Dann wurde es scharf. Dort war er. Er sah genauso gut aus wie auf seinen Fotos. Niemand, der es nötig hatte, seine Bilder mit Filtern oder einem schmeichelhaft gewählten Bildausschnitt zu manipulieren – so wie ich es grundsätzlich tat. Im Schneidersitz saß er auf seinem Bett. Er trug Shorts und ein T-Shirt mit dem Logo einer bekannten Firma für Surfbekleidung. Ein wenig schüchtern lächelte er in die Kamera, dann hob er die Hand, winkte und das erste Wort, das ich ihn sprechen hörte, war ein breites, amerikanisches »Hi!«.

EINLEITUNG

»Fakes im Internet? Wen interessiert das? Kein normaler Mensch fällt auf Fakes herein!«

So oder ähnlich denken die meisten Menschen.

Das Internet gehört zu unserem Alltag. Wir nutzen es zur Kommunikation und Information, zum Einkaufen und Urlaubbuchen, zum Spielen und Lernen, um berufliche Kontakte zu knüpfen oder Freundschaften zu schließen und zu pflegen.

Es ist zu unserer zweiten Heimat geworden, in der wir meinen, uns auszukennen, und uns deshalb sicher fühlen.

Neben den großen Themen wie zum Beispiel Datenausspähung und Datenschutz mag das Phänomen »Fakes« fast banal wirken, unterschätzen sollte man es dennoch nicht. Der Raum, den Fakes in Social Networks einnehmen, ist alles andere als klein – gut zu erkennen am Beispiel von Instagram, das Ende 2014 konsequent Millionen von Fake- und Spam-Accounts löschte. Infolgedessen verlor allein der Popstar Justin Bieber innerhalb von 24 Stunden rund 3,5 Millionen Fake-Follower!

Auch bei Facebook wimmelt es von Fakes. Laut dessen Betreibern sind zwischen fünf und elf Prozent der dort registrierten Accounts gefälscht.

Schätzungen zufolge sieht es in den anderen Social Networks ähnlich aus; nicht einmal kostenpflichtige Datingportale sind davon ausgenommen.

Die Wahrscheinlichkeit ist für jeden aktiven Social-Networks-Nutzer riesig, mit Fakes direkt oder indirekt in Kontakt zu kommen – oftmals völlig unbemerkt.

Trotzdem gibt es wohl kaum ein Thema, das so klischeebehaftet ist wie dieses. Menschen, die auf Fakes hereinfallen, wird unterstellt, sie kennen sich mit dem Internet nicht aus, wären intellektuell unterbelichtet, naiv, emotional bedürftig und zu blöd, um zu merken, dass sich jemand einen Spaß auf ihre Kosten erlaubt. Außerdem sind Fakes grundsätzlich leicht zu erkennen. Entweder an ihren schlecht gemachten Accounts mit gestohlenen Fotos (deren Ursprünge sich selbstverständlich mithilfe jeder Bildersuchmaschine innerhalb von Sekunden finden lassen), oder weil ihre Absichten leicht durchschaubar sind. Sie wollen sich amüsieren, provozieren oder von ihren Opfern profitieren, indem sie Geld, Nacktfotos und Onlinesex fordern. Wer das nicht merkt, ist selber schuld ...

Aber stimmen diese Klischees wirklich?

Auch ich wurde Opfer eines Fakes. Und ich behaupte, dass keines der oben genannten Attribute auf mich zutrifft. Natürlich wusste ich von Fakes im Internet. Ich kannte diverse Fake-Accounts, die tatsächlich sämtlichen Vorurteilen entsprachen – und die mir total egal waren. Ich war mir sicher, keine Berührungspunkte mit ihnen zu haben. Und selbst wenn: Was konnte mir ein Fake schon anhaben? Fakes waren uninteressant und kein Thema für mich.

Hätte mir jemand vorhergesagt, was ich erleben würde, ich hätte lachend den Kopf geschüttelt und geschworen, dass mir so etwas niemals passieren könnte.

Dann traf ich Kai. Und er brachte mich dazu, alle Red Flags zu ignorieren und in etwas hineinzugeraten, das wie ein Liebesfilm begann und nahtlos in einen Psychothriller überging.

Kai war ein Traummann. Er war witzig, aufmerksam und interessant. Er schickte Briefe und Postkarten und machte mir kostspielige Geschenke, ohne im Gegenzug jemals etwas von mir zu verlangen. Er und seine Freunde verfügten über umfang- und aufschlussreiche Accounts in diversen Social Networks.

Kai war ein Traum. Und das wortwörtlich, denn – wie sich herausstellte – er existierte nicht! Er hatte mich auf komplexe Art und Weise getäuscht, und zwar organisiert und planvoll.

Niemals zuvor hatte ich von einem Fake dieser Art gehört. Er war ein Realfake. Die perfekte, absolut realistisch anmutende Fälschung eines Menschen.

Während ich noch versuchte, das ganze Ausmaß des Lügengebildes zu erfassen, in das ich verwickelt worden war, stand für mich sofort fest, dass ich nicht die Rolle des hereingelegten Opfers einnehmen würde! Ich musste wissen, wer dahintersteckte und warum die Person das getan hatte. Ich recherchierte fast zehn Monate lang, sammelte Material, beobachtete verdächtige Accounts und gelangte schließlich an mein Ziel …

Im ersten Teil dieses Buches erzähle ich meine Geschichte von Liebe, Hoffnung und Betrug.

Der zweite Teil widmet sich dem, was danach geschah.

Da ich der festen Auffassung bin, dass alles, was einem im Leben passiert, einen Sinn hat und man das Beste daraus machen sollte, entschloss ich mich, mein Erlebnis mit anderen Usern zu teilen, um sie zu warnen, denn ich wünsche niemandem eine ähnliche Erfahrung.

Ich überlegte, wie ich möglichst viele Menschen erreichen konnte, und bloggte schließlich darüber. Am Ende meines Blogartikels bat ich Personen, denen Ähnliches widerfahren war, sich bei mir zu melden. Ich wollte wissen, ob ich ein Einzelfall war.

Was dann geschah, überraschte mich zutiefst: Bis heute kontaktierten mich fast 400 Frauen und Männer – und der Strom an Mails reißt nicht ab. Die meisten von ihnen haben vor lauter Scham noch nie zuvor mit jemand anderem darüber gesprochen. Sie wissen, dass ich sie verstehe, und öffnen sich mir gegenüber. Sie bitten mich um Hilfe bei der Recherche ihrer eigenen Fälle oder der Einschätzung ihrer »Onlinebeziehung«. Viele haben als Folge dessen, was ihnen passiert ist, mit psychischen Problemen zu kämpfen, leiden an Angstzuständen, Depressionen, absolutem Vertrauensverlust bis hin zu Selbstmordgedanken.

Ich war und bin immer wieder aufs Neue berührt von dem Vertrauen, das mir entgegengebracht wird und den unterschiedlichen und sich doch im Kern ähnelnden Geschichten voller enttäuschter Hoffnungen.

Je mehr ich in das Thema eintauchte, desto bewusster wurde mir, dass ich es mit einem Phänomen zu tun habe, das viel häufiger vorkommt, als von mir vermutet, und das zumindest im deutschsprachigen Raum bisher weitgehend unerforscht geblieben ist. Ich fand weder offizielle Studien, noch verfügt die Polizei über auswertbare Daten.

Ohne damit gerechnet zu haben, wurde ich zur Ansprechpartnerin und Beraterin anderer Opfer. Durch den Austausch mit ihnen gelang es mir, Informationen über die von Realfakes verwendeten Standardgeschichten, ihre typischen Vorgehensweisen, wie zum Beispiel emotionale Erpressung etc., zusammenzutragen.

Ferner gehe ich der Frage nach, welche unterschiedlichen Fake-Typen es gibt und wofür sie eingesetzt werden, stelle leicht verständliche verschiedene Recherchemöglichkeiten vor und gebe Tipps, wie man sich selbst schützen kann.

Außerdem gibt Andreas Mayer, Geschäftsführer der Polizeilichen Kriminalprävention der Länder und des Bundes, Auskunft über die rechtlichen Möglichkeiten bei Fake-Fällen und die Psychologin Lydia Benecke befasst sich mit der Frage, die letztendlich alle bewegt: »Warum machen Realfakes das?«

KAI

Seelenverwandte

Während ich das Abendessen vorbereitete, hatten sich meine Söhne, neun und drei Jahre alt, eine Gurke und eine Porreestange geschnappt und diese spontan zu Laserschwertern umfunktioniert. Mit lautem Gegröle stürmten sie durch das an die Küche angrenzende Wohnzimmer und versuchten, sich gegenseitig mit ihrer Waffe am Kopf zu treffen. Unbeeindruckt konzentrierte ich mich weiter aufs Kochen. Ich dachte an meine Freundin, deren zarte, in rosa gekleidete Töchter um diese Zeit meist verzückt lächelnd Playmobil-Einhörner und Feen auf dem Teppich vor sich herumschoben. Mich überkam leichter Neid, der aber schnell wieder verflog, als ich einen Blick auf meinen Kleinen erhaschte, der mittlerweile einen schwarzen Schuhkarton auf dem Kopf trug, sich drohend vor seinem Bruder aufgebaut hatte und mit verstellter Stimme »Ich bin dein Vater!« röchelte.

Ich war erst eine halbe Stunde vorher aus der Zeitschriftenredaktion gekommen, die mich für einige Wochen als Freie gebucht hatte. Am liebsten hätte ich es mir jetzt mit einer Tasse Tee gemütlich gemacht und irgendeine banale Vorabendserie geguckt. Stattdessen kam nun der anstrengende Teil des Tages: Die Stunden vorm Ins-Bett-Bringen der Kinder, in denen ihr Energiepegel grundsätzlich am höchsten und meiner am niedrigsten war. Gott sei Dank hatte ich danach nichts mehr vor. Ich würde mich aufs Sofa legen, den Fernseher einschalten und nebenbei meiner virtuellen Stammkneipe Twitter einen Besuch abstatten.

Seit einigen Jahren war ich dort aktiv. Als ich mich damals angemeldet hatte, war mir nicht klar gewesen, welche Faszination dieses Social Network einmal auf mich ausüben würde. Twitter war zum damaligen Zeitpunkt *das* brandneue »ganz große Ding«. Mittlerweile kennen viele diese Mikroblogging-Plattform, eine Art Internettagebuch, das man im Telegrammstil mit kurzen Texten (sogenannten Tweets) mit maximal 140 Zeichen befüllt. Twitter basiert auf einem einfachen Prinzip: Man selbst kann dort schreiben – und die Tweets anderer Personen lesen. Gefallen einem die Inhalte eines Users besonders gut, folgt man ihm, man abonniert ihn sozusagen. Ohne eigene Follower schreibt man ins Leere, führt quasi Selbstgespräche. Im Gegenzug wird Twitter natürlich umso interessanter, je mehr Follower man hat, die einem Feedback geben oder einem einfach nur zeigen, dass sie mögen, was man schreibt, indem sie einem folgen.

Ich hatte mittlerweile um die 4 000 Follower – man schien mich unterhaltsam zu finden. Ich selbst folgte ca. 200 Usern, die ich im Lauf der Jahre größtenteils persönlich kennengelernt hatte. Viele von ihnen arbeiteten in den Medien, aber meine Twitter-Kontakte waren weit gestreut: Studenten und Studentinnen, Anwälte, Geschäftsmänner und -frauen, Coaches, Lehrer und Lehrerinnen, Ärztinnen, Musiker.

Sie nutzten das Netzwerk auf ganz unterschiedliche Weise. Einige berichteten von den Erlebnissen ihres Tages, andere schrieben Gedankenfetzen, mal lustig, mal tiefsinnig, manche griffen tagespolitische Themen auf und wiederum andere nutzten es primär zur Kommunikation.

Schnell kam man ins Gespräch, diskutierte, lachte, stritt, vertrug sich, entdeckte Gemeinsamkeiten, schrieb sich regelmäßiger und lernte sich besser kennen. Mit manchen verabredete man sich, traf sich entweder auf größer angelegten Twitter-Treffen oder privat zum Kaffee. Man konnte berufliche Kontakte knüpfen, Bekanntschaften intensivieren oder einfach nur Small Talk betreiben.

Die Menschen, mit denen ich zu tun hatte, waren witzig, schlagfertig und interessant. Manche wurden zu echten Freunden, andere kamen und verschwanden nach einiger Zeit wieder von meinem Bildschirm. Und es war klar: Ohne das Internet hätte ich sie nie kennengelernt. Wie auch?

Das ist einer der wesentlichen Punkte, die für mich die Faszination des Netzes ausmachen: Ich interessiere mich für Menschen. Ich lerne gerne neue kennen und kommuniziere mit ihnen. Das Internet bietet dafür eine hervorragende Möglichkeit.

Egal wo ich mich gerade befand und wann immer ich das Bedürfnis nach einer Unterhaltung hatte: Loggte ich mich bei Twitter ein, waren Leute zum virtuellen Quatschen da. Mein Café in der Hosentasche sozusagen.

Es war 21 Uhr. Ich lag gemütlich auf dem Sofa. Der Fernseher lief und zeigte vier mir komplett unbekannte »Promis«, die sich gegenseitig mit aberwitzigen Fantasiemenüs bekochen und danach das Essen bewerten mussten. Während ich zusah, wie ein Erotiksternchen mit monströsen Silikonbrüsten unter Zuhilfenahme einer Nagelschere versuchte, Kräuter zu zerkleinern, hörte ich ein leises »Pling«. Eine Bekannte hatte mir auf Twitter eine Direct Message (DM) geschickt – eine private Nachricht, die nur wir beide lesen konnten. »Bin fix und fertig. Musste heute die Präsentation abliefern. Und jetzt noch 25 Muffins für Jans Geburtstag morgen backen.« Die Arme … Ich drückte ihr mein ausdrückliches Mitleid aus, und während wir ein wenig hin und her schrieben, kam mir die Idee für einen Tweet, den ich wenig später postete:

Victoria @VictoriaHamburg • 29. September 2011
Eltern sind wie ein Perpetuum mobile. Immer in Bewegung.
Und das ohne jegliche Energie.

Mit diesem eigentlich belanglosen Tweet, der bestimmt nicht mein bester war, begann eine Liebesgeschichte, die ich nie für möglich gehalten hätte.

Wie üblich, wenn man viele Follower hat, reagierten innerhalb der nächsten Stunde andere User auf den Tweet. Die meisten von ihnen waren Eltern, die ich dem Namen nach kannte. Sie schrieben mir Replies, für die Öffentlichkeit sichtbare Antworten. Manche waren lustig, andere eher belanglos. Eine fiel mir besonders auf. Warum, konnte ich im Nachhinein gar nicht wirklich sagen, vielleicht weil eine Diskrepanz zwischen Profilbild und Tweet herrschte:

Kai @Kai_Cruising • 29. September 2011
@victoriahamburg Eltern sind die einzigen Menschen, die ohne Bezahlung jeden Tag hart arbeiten und immer alles geben. Ein Leben lang.

»Stimmt«, dachte ich und sah mir das Foto genauer an. Es zeigte einen gut aussehenden, in die Kamera lachenden Mann mit dunklen Haaren, die ihm wild vom Kopf abstanden, so als wäre er gerade aus dem Wasser gekommen. Obwohl das Foto mit einem Filter gelblich eingefärbt worden war und dadurch das Motiv sonnig und strahlend wirkte, sah man, dass seine Haut genau die Bräune hatte, die andere nicht einmal von einem vierwöchigen Strandurlaub auf den Kanarischen Inseln mit nach Hause brachten. »Was weiß so ein Typ über das Elternsein?«, fragte ich mich. »Bestimmt einer dieser Twitter-Männer, die den sensiblen Frauenversteher geben, um Eindruck auf ihre Followerinnen zu machen.« Ich klickte auf sein Profil. Es schien relativ neu zu sein, sodass es noch nicht viel zu lesen gab. In seiner kurzen Biografie stand: »Kai. Querdenker, Träumer, Weltenbummler, Sonnenanbeter, Surfersoul«. Nett, gefällig, aber nichtssagend. Es gab einige wenige, recht witzige Tweets, größtenteils unterhielt er sich aber mit zwei anderen Usern, einer Tina und einem Alex. Mit beiden schien er privat befreundet zu sein. Neben gegenseitigen Frotzeleien ging es um Reisepläne, Flüge und Ankunftszeiten. Den Tweets nach schien er sich auf Jamaika aufzuhalten. Interessant!

Spontan tippte ich eine Antwort an Kai: »Sprichst du aus Erfahrung? Du siehst nicht aus, als hättest du Kinder.«

Kurze Zeit später reagierte er: »Ich habe vier jüngere Geschwister. Ich weiß, wie das ist. :)«

So begann unsere Freundschaft.

Wir begannen zu chatten und kamen von einem Thema zum nächsten. Kai war ein guter Gesprächspartner. Witzig und aufmerksam, und bevor ich den Rechner an diesem Abend ausschaltete, hatten wir längst von öffentlich sichtbaren Replies zu Direct Messages gewechselt.

Im Laufe der nächsten Wochen führten wir trotz des Zeitunterschiedes von sieben Stunden, denn er befand sich tatsächlich auf Jamaika, unsere Unterhaltung fort. Wir schrieben uns zwar unregelmäßig, trotzdem aber fast täglich, und da wir beide Spaß an der Kommunikation miteinander hatten, nahm die Häufigkeit unserer Nachrichten schnell zu. Wachte ich morgens auf, fand ich in meinem DM-Fach meist schon einige Nachrichten, die er in der Nacht geschrieben hatte, und ich antwortete ihm darauf. Hatte er tagsüber nichts vor, chatteten wir. Bei mir war es dann Abend. Man konnte sich mit ihm über alles unterhalten, von *Bauer sucht Frau*, über Politik bis hin zu Philosophie und Weltreligionen. Natürlich sprachen wir auch über Persönliches. Er war interessiert an meinem Leben, fragte nach, redete offen von sich selbst, ohne dabei ein Schwätzer zu sein. Wir erzählten uns, was wir tagsüber erlebt, worüber wir uns gefreut oder geärgert hatten. Seinen feinen Antennen entging nie, wenn ich einen schlechten Tag gehabt hatte, und dann gelang es Kai in kürzester Zeit, mich wieder aufzuheitern. Er spürte regelrecht – obwohl ich versuchte, mir nichts anmerken zu lassen –, wenn es mir nicht gut ging, und sprach mich dann darauf an. Ich wunderte mich darüber, aber er fand es ganz normal.

»Ich habe vom ersten Moment an eine starke Verbindung zu dir gespürt. Ich weiß nicht, was es ist, aber diese Connection ist nun mal da.«

Mir war dieses Gefühl nicht fremd. Es gab ganz einfach Menschen, die auf besondere Weise miteinander harmonierten. Der Begriff »auf einer Wellenlänge sein« brachte es genau auf den Punkt.

Mittlerweile wusste ich fast alles von Kai. Er wohnte in Münster, hatte in den USA studiert, war selbstständiger Physiotherapeut und arbeitete mit verhaltensauffälligen Kindern. Bis auf eine seiner Schwestern lebte seine Familie im Ausland. Jedes Jahr hielt er sich über einen längeren Zeitraum dort auf, um den Kontakt zu seinen jüngeren Geschwistern nicht zu verlieren. Seine Eltern waren geschieden und momentan befand er sich auf Jamaika bei seinem Vater, seiner Stiefmutter und seiner zehnjährigen Halbschwester. Anschließend würde er dann in die USA reisen, um dort seine Mutter, seinen Stiefvater und zwei jüngere Brüder zu treffen. Und irgendwo auf der Welt gab es außerdem einen älteren Bruder mit Frau.

Mir schwirrte der Kopf bei all den Namen und Städten. Wer war noch mal wer? Und wer wohnte wo? Und wieso lebte Kai in Münster, seine Familie aber nicht? Komplexe Sachverhalte in Nachrichten von jeweils 140 Zeichen Länge zu erklären war ein Ding der Unmöglichkeit.

»Lass uns mailen«, schrieb Kai irgendwann.

»Bist du bei Facebook?«, fragte ich.

Er verneinte, er sei bisher kein großer Freund von sozialen Netzwerken gewesen. In Deutschland müsse er so viel arbeiten, dass ihm seine Freizeit viel zu schade fürs Internet wäre. Aber auf Jamaika langweilte er sich manchmal tagsüber: Seine Halbschwester sei in der Schule, seine Freunde wären bei der Arbeit, also hinge er viel im Haus seines Vaters herum, weil er keine Lust hätte, allein etwas zu unternehmen. Diese Langeweile habe ihn dazu veranlasst, sich spontan bei Twitter anzumelden.

Als ich mich am nächsten Abend bei Facebook einloggte, fand ich eine Freundschaftsanfrage von Kai vor. Überrascht nahm ich sie an und besah mir sein brandneues Profil.

Er hatte bereits neun Freunde. In der Hoffnung, mehr über Kai zu erfahren, klickte ich mich durch ihre Accounts. War er beliebt? Herrschte ein herzlicher Umgangston untereinander? Ich finde, die Freunde eines Menschen sind ein guter Indikator für seine Sozialkompetenz und seinen Lebensstil. Dafür, ob er ein aktives Leben führt oder lieber allein vor dem Rechner sitzt und das Haus nicht verlässt.

Kais Freunde waren attraktiv – so wie fast alle Menschen bei Facebook. In Zeiten von Photoshop und Fotofiltern lädt niemand freiwillig unvorteilhafte Bilder von sich hoch, wenn es mit wenigen Klicks möglich ist, sein Erscheinungsbild zu optimieren. Und solange Menschen so oberflächlich sind, dass sie extrem viel Wert auf die Optik anderer legen, kann man es niemandem verdenken, wenn er sich in besonders positivem Licht darstellt.

In Kais Chronik fanden sich die ersten Posts, und ich erkannte als Verfasser Personen wieder, von denen er mir schon erzählt hatte. Seinen besten Kumpel Chris zum Beispiel, einen Kinderpsychologen aus Deutschland, der in Hamburg aufgewachsen war und nun in San Diego lebte. Dem Foto nach ein recht attraktiver, selbstbewusster Typ. Er schrieb: »What's up, Kai? Gimme a call when you're in Athens.«

Auch Tina und Alex, die ich bei Twitter gesehen hatte, waren auf Facebook vertreten. Tina, bildhübsch, mit langen blonden Haaren und großen blauen Augen. Sie und Kai hatten das gleiche Gymnasium besucht. Auf Kais Seite hatte Tina das Foto einer Pfütze gepostet und darunter geschrieben: »Nur mieses Wetter hier, du Arsch. Komm sofort zurück. Wir sind alle neidisch!«

Alex, mit glatt rasiertem Schädel, sah auf seinem Profilbild bemüht cool aus. Er war Deutscher, Kais Erzählungen nach studierte er aber Design in London. Nachdem ich auf Twitter einige seiner zynischen Tweets gelesen hatte, war er mir von Grund auf unsympathisch. Auch bei Facebook hielt er sich nicht zurück: »Du machst deinen Trip und meldest dich bei Facebook an? Was soll der Scheiß, Alter!« Das sah eine Janine ganz anders: »Kai, du bei Facebook? Wurde auch Zeit.«

Auf den Post eines Ian, der augenscheinlich auf Jamaika lebte und schrieb: »Hi Bro, how about catching some waves this weekend?«, hatte Kai geantwortet: »Yeah. On Saturday. My family celebrates Grandpa's birthday on Sunday.«

Ich klickte mich weiter durch Kais Account, fand einige Fotos, die von seinen Freunden schon gelikt worden waren: Kai am Strand und beim Surfen. Zum ersten Mal sah ich mehr als ein Profilfoto von ihm. Mit seinen dunklen Locken, den fast schwarz wirkenden Augen, dem dunkleren Teint und den polynesischen Tätowierungen auf Armen und Rücken war er ein wirklich schöner Mensch.

Ich erinnerte mich, dass ich als Kind irgendwie an einen antiquarischen Bildband über die Südsee gelangt war und damals Stunden damit zugebracht hatte, mir die Schwarz-Weiß-Fotos anzusehen und mich dorthin zu träumen: Palmen, kilometerlange weiße Strände, Einbäume, Pfahlbauten, junge Frauen mit langen dunklen Haaren, in die Hibiskusblüten gesteckt waren, und tätowierte junge Männer, die fischten und tauchten – und exakt so aussahen wie Kai. Witzig, wie mich diese Erinnerung plötzlich einholte. Ich musste lächeln, zwang mich, den Blick abzuwenden und Kais andere Fotos anzusehen. Ein Mädchen, das eine Grimasse in die Kamera schnitt. Im Hintergrund eine Terrasse, die einen Panoramablick auf strahlend blaues Meer bot. Kai neben einem älteren Mann in Shorts und weißem Polohemd. Chris hatte das Bild kommentiert: »Say Hi to Dad, please! ;-)« Kai hatte mir erzählt, dass Chris schon mehrfach mit ihm auf Jamaika gewesen war. Natürlich kannte er »Dad«, hatte anscheinend sogar ein freundschaftliches Verhältnis zu ihm.

Wie genial musste es sein, Verwandte dort zu haben, wo andere Urlaub machten? Dort jederzeit hinfliegen und monatelang bleiben zu können?

Ein lautes »Pling« ließ mich aufschrecken, während das Facebook-Chatfenster am unteren Rande des Monitors aufsprang. Kai! »Hi, ich habe dir gestern noch eine Mail geschrieben. Ist lang geworden. Muss los. Treffe Freunde zum Essen. Bis später. xoxo« Bevor ich antworten konnte, war er schon offline. Klar. Es war Mittagszeit auf Jamaika.

Ich öffnete mein Facebook-Postfach und fand seine Mail. Gespannt begann ich zu lesen.

Kai Cruz Dienstag, 18. Oktober 2011 um 03:50
Hi Vicky, hier nun also die »Story of my life«. Ich weiß, sie ist kompliziert, aber vielleicht verstehst du sie ja nach dem Lesen. ;)
Meine Eltern sind auf Jamaika geboren worden und haben sehr früh geheiratet. Meine Mutter war gerade mal 18 und wurde schon ein paar Monate später mit meinem Bruder Robert schwanger. Mein Vater hat dann ein Stipendium bekommen, das ihm ermöglichte, in Deutschland Maschinenbau zu studieren. Meine Eltern und der einjährige Robert zogen, ohne wirk-

lich Deutsch zu sprechen, in den Ruhrpott. Das war natürlich erst mal ein totaler Kulturschock. Mein Vater war der Erste in seiner Familie, der studierte. Und dann gleich im Ausland. Ohne das Stipendium hätten sie das Geld dafür niemals aufbringen können. Es war ein richtiger Big Deal, nach Europa zu dürfen. Gleich im ersten Jahr in Deutschland wurde meine Mutter mit mir schwanger, und vier Jahre danach kam meine Schwester Andrea auf die Welt.

Obwohl die Ehe meiner Eltern nie einfach war, wollten sie viele Kinder. Drei reichten ihnen wohl nicht. LOL Und so kriegten sie dann noch zwei Nachzügler: Patrick, der jetzt 17 ist, und Nicholas, 12. Meine Eltern waren der Überzeugung, dass es für uns besser sei, in Deutschland eine Schulausbildung zu machen. Deswegen sind wir im regnerischen und kalten Münster aufgewachsen… ;) Ich glaube, wirklich gefallen hat es meinen Eltern dort nie, aber sie wollten das Beste für uns. Die Chancen in Deutschland sind natürlich ganz anders als auf Jamaika. Ich sehe das jedes Mal, wenn meine kleine Halbschwester von der Schule hier erzählt.

Mein Vater hat als ältester Sohn von seinen Eltern jede Menge Druck bekommen. Die haben das Studium in Deutschland als Sprungbrett für die ganze Familie gesehen, und das war es langfristig auch, weil er später für jamaikanische Verhältnisse ziemlich gut verdiente und Geld nach Hause schicken konnte.

Als ich 20 war, haben meine Eltern sich dann scheiden lassen, und mein Papa ist zurück nach Jamaika gegangen. Nick war damals noch nicht mal ein Jahr alt und Patrick gerade mal fünf, wir Großen waren alle ziemlich sauer auf unseren Vater. Na, egal. Auf Jamaika hat er sehr schnell eine neue Frau kennengelernt, sie geheiratet und mit ihr Sarah, jetzt 10, bekommen.

Meine Mutter war nach der Trennung fix und fertig. Plötzlich allein mit zwei Kleinkindern und einem Mädchen in der Pubertät. Und Andi war echt eine Zicke! Robert studierte damals schon im zweiten Semester in North Carolina, und ich wollte eigentlich an die gleiche Uni wie er. Bisschen Abstand zu Deutschland und dem ganzen Family-Stress. Mama hatte immer schon schwierige Phasen, in denen es ihr psychisch nicht gut ging. Ich glaube, das war letzten Endes auch einer der Gründe, warum mein Vater es einfach nicht mehr ausgehalten hat. Na ja, ich konnte sie natürlich erst mal nicht mit den Kleinen hängen lassen und war ganz schön eingespannt in der Zeit.

Nach der Scheidung flog meine Mutter in den Ferien regelmäßig mit den Jüngeren nach Barbados, wo ein Großteil ihrer Familie lebt. Irgendwann hat sie dort einen Ami kennengelernt, Steven. Ich kann den nicht so gut leiden. Er ist viel älter als sie, ein konservatives Weichei und typisch amerikanisch. Aber für meine Mutter war das natürlich toll. Sie ist keine Frau, die gut allein sein kann. Als Andrea volljährig wurde, ist Mama mit den zwei jüngsten Chaoten zu ihm nach Athens in die USA gezogen. Robert, mein älterer Bruder, ist inzwischen mit einer Kommilitonin verheiratet und lebt in Denver. Andi hat noch ein Semester an der Uni in Münster, dann möchte sie nach Barbados. Na ja, und ich habe keine Ahnung wie, wo, was. ;)

Ich hatte schon immer das Gefühl, zwischen den Welten zu stehen. Ich habe nie wirklich nach Deutschland gepasst. Weiß nicht, ob das an mir lag oder einfach an der deutschen Mentalität. Woanders passe ich aber auch nicht wirklich hin. Ich hab's mit Amerika versucht, England, Barbados, Jamaika und irgendwie fühlte ich mich nirgendwo richtig zu Hause. In Deutschland bin ich nicht deutsch genug, und in jedem anderen Land bin ich »zu deutsch«.

Ganz schön lang geworden! LOL
xoxo Kai

Wow. Zum ersten Mal wurde mir bewusst, dass Kai fünf Geschwister hatte. Davon waren vier jünger als er! Wie musste es für ihn gewesen sein, nachdem der Vater die Familie verlassen hatte? Vielleicht interpretierte ich zu viel in die Mail hinein, aber für mich las es sich so, als wäre er durch die Umstände gezwungen gewesen, in die Vaterrolle zu schlüpfen. Eine ganz schöne Belastung für einen Zwanzigjährigen. In einer Lebensphase, in der man selbstständig wurde, seine eigene Zukunft plante, auszog, ein Studium oder eine Ausbildung begann.

Und wie war es für seine Mutter gewesen? Verlassen in einem Land, zu dem sie anscheinend nie richtigen Zugang gefunden hatte … War man mit sechs Kindern so abgeklärt, dass es kein Drama war, mit dreien davon plötzlich allein zurückzubleiben? Ich dachte an mich. Ich an ihrer Stelle wäre durchgedreht. Ich fand es schon mit meinen beiden Söhnen manchmal wahnsinnig anstrengend, dabei sind sie im Grunde absolut pflegeleicht. Und ich war noch nicht mal wirklich alleinerziehend.

Mein Mann Felix und ich hatten uns zwar vor einem Jahr getrennt, gingen aber mittlerweile wieder freundschaftlich miteinander um. Wir waren noch verheiratet, sahen auch akut keinen Handlungsbedarf, das zu ändern – denn eine Scheidung war teuer, bürokratisch und hätte für die Kinder eine große emotionale Belastung dargestellt. Wenn einer von uns eine ernsthafte neue Beziehung eingehen würde, wäre es Zeit, die nötigen Schritte einzuleiten, aber momentan waren wir beide erleichtert, dass es auch so ging. Da Felix eine eigene Wohnung im selben Haus gefunden hatte und, genau wie ich, selbstständig war, konnten wir uns relativ problemlos beide um die Jungs kümmern. Wer nicht arbeiten musste, betreute sie. Von dieser flexiblen Regelung profitierten nicht nur wir, sondern am meisten die Kinder, die es genossen, weiterhin beide Eltern in der Nähe zu haben.

Natürlich war die erste Zeit nach der Trennung schlimm gewesen. Plötzlich allein zu sein, schien alles andere als leicht – zumal wir Ewigkeiten zusammen waren. Aber nun hatte jeder sein Leben für sich so geordnet, dass ein entspannter Umgang wieder möglich war. Felix hatte ziemlich schnell nach unserer Trennung eine neue Freundin gehabt, und auch ich hatte mich sehr in einen anderen Mann verliebt. Dass er letzten Endes meine Gefühle nicht so erwiderte, wie ich es gern gehabt hätte, war unschön – der Liebeskummer aber längst vergessen.

Klar, ich sehnte mich nach einem Partner an meiner Seite, jemandem, der mich wirklich liebte und verstand, aber ich war nicht auf der Suche. Niemals hätte ich mich zum Beispiel bei einem Datingportal angemeldet, so wie es einige meiner Freundinnen taten. Zu viele Horrorgeschichten hatte ich darüber gehört. Da ließ ich mir lieber Zeit und brach nichts übers Knie. Mir ging es eigentlich ziemlich gut, besonders gemessen an anderen Frauen in ähnlicher Situation. Ich wohnte in Hamburgs schönster Gegend. Mein Job ermöglichte es mir, kreativ zu arbeiten. Ich habe nette Freunde und eine tolle Familie. Wollte ich etwas unternehmen, war das problemlos möglich. Allerdings hing ich abends doch des Öfteren in den Seilen und wollte einfach nur entspannen. Geschafft vom Tag, genoss ich es, das Haus nicht mehr verlassen zu müssen. Gute Gespräche konnte ich auch vom Sofa aus führen. Kai war dafür ein hervorragendes Beispiel.

An diesem Abend kam er leider nicht mehr online. Bevor ich ins Bett ging, schickte ich ihm darum eine Nachricht, in der ich mich für seine Mail bedankte.

Am nächsten Morgen fand ich eine Message von ihm im Postfach. »Sorry, dass ich mich erst jetzt melde«, schrieb er und erzählte, dass er mit seinem Vater essen und nachmittags dann mit seiner Schwester an den Strand gegangen war. »Ich habe viel an dich gedacht. Hast du gut geschlafen? Hoffe, ich erwische dich heute Abend zum Chatten. Blöder Zeitunterschied! xoxo« Ja, blöder Zeitunterschied. Da hatte er recht. Ich klickte auf sein Facebook-Profil, um zu sehen, ob sich dort über Nacht etwas getan hatte. Und tatsächlich: Er hatte ein paar neue Fotos hochgeladen, auf denen er und Sarah zu sehen waren. Facebook zeigte mir an, dass sie am Vortag in Bull Bay, Saint Andrew, Jamaica aufgenommen worden waren. »Meine Güte. Der hat es gut«, dachte ich und begann, die Bilder in Hochgeschwindigkeit zu liken. Denn ein Blick auf die Uhr verriet mir, dass ich mich beeilen musste, um noch rechtzeitig zur Arbeit zu kommen.

Der Kontakt zwischen Kai und mir riss über die nächsten Wochen nicht ab, nein er intensivierte sich. Wir tauschten unsere Handynummern aus und schrieben uns auch via WhatsApp, sodass ich zwischendurch immer mal wieder kurze Messages von ihm erhielt. Während ich vor dem Rechner saß und es draußen langsam unverkennbar Winter wurde, ging Kai surfen. Nörgelte ich über den Hamburger Nieselregen, machte er spontan Schnappschüsse vom Strand und schickte »Good vibes from Jamaica :)«. Er lud mich sogar dorthin ein. Sein Vater hätte bestimmt nichts dagegen, das Haus sei groß genug, und es gäbe ein leer stehendes Gästezimmer. So groß die Verlockung auch war, natürlich nahm ich diese Einladung nicht ernst. Ich konnte und wollte nicht weg von meinen Kindern, und selbst wenn – meine Lust darauf, die Gastfreundschaft fremder Menschen zu strapazieren, hielt sich in Grenzen.

Die Konversation mit Kai blieb weiterhin freundschaftlich, unterhaltsam und unkompliziert, dabei faszinierte mich aber immer wieder sein Tiefgang. Er machte sich viele Gedanken über das Leben, und wir konnten stundenlang über unterschiedlichste Themen philosophieren. Je öfter wir uns schrieben, desto wichtiger wurde er mir. Ich freute mich auf ihn, vermisste ihn, und wenn er mal einen Tag nichts von sich hören ließ, wurde ich nervös. Es kam selten vor, aber jedes Mal litt ich und malte mir aus, er würde sich nie wieder melden. Natürlich bekam Kai das mit.

»Was ist los?«, fragte er eines Abends, als wir bei Facebook miteinander chatteten.

»Ich weiß nicht. Manchmal denke ich, vielleicht wird dir das Schreiben mit mir zu viel. Ich will dich nicht nerven. Keine Ahnung ...«

»Mich nerven? Wenn ich keine Lust darauf hätte, dir zu schreiben, würde ich es nicht tun. Und ich würde es dir zur Not auch ganz ehrlich sagen. Woher kommt deine Angst?«

Argh. Er hatte mich genau an meiner Schwachstelle erwischt, meinen Verlustängsten. »Ich habe einfach immer Angst, einen Menschen, der mir wichtig geworden ist, zu verlieren.«

»Wie ... verlieren?«

»Durch plötzliches Desinteresse? Keine Ahnung ...«

»Häh? Du weißt doch, dass ich diese Connection zu dir habe. Wie kann die denn plötzlich weg sein? So funktioniert das nicht. :) Ich verspreche dir, ich haue nicht einfach ab. Vielleicht bin ich nicht 24/7 erreichbar, aber ich checke meine Nachrichten, so oft ich die Möglichkeit dazu habe.«

»Es tut mir leid. Ich will dich nicht bedrängen oder so.«

»Quatsch. Tust du nicht. Aber Verlust gehört zum Leben. Davor darf man keine Angst haben. Menschen kommen und gehen. Nichts ist für immer. Alles ist in permanenter Bewegung. Manchmal verändern sich ja auch einfach nur die Umstände. Und mit ihnen dann das Leben. Es gibt viele Gründe.«

Ich fand diese Einstellung ziemlich nüchtern und abgeklärt. Natürlich, realistisch betrachtet, musste ich ihm recht geben. Aber in Bezug auf Beziehungen oder Freundschaften hatte doch jeder Mensch den Wunsch nach Beständigkeit, wollte darauf vertrauen, dass es »für immer« sei, auch wenn die Wahrscheinlichkeit gering war. »Und Freundschaft? Gibt es ›ewige Freundschaft‹?«, fragte ich.

»Freundschaften sind wie Beziehungen. Sie können für immer halten, aber manchmal verändert man sich selbst, wächst aus einer Freundschaft heraus, und sie passt einem nicht mehr.« Klar, das stimmte. Aber ich hätte natürlich lieber gehört, dass er mir bis zum Ende seines Lebens als guter Freund zu Füßen läge… Ich grinste. »Und wie ist das mit den ›besonderen Connections‹? ;)«

»They are for FREAKING EVER :P Du bist mein Soulmate. Mein Souly. :D«

Ich musste lachen und schickte ihm ein Herzchen »<3«, verbunden mit einem »Hahaha!«.

»I got a heart, I got a heart! :D«, antwortete er. »Es sind die kleinen Dinge, die mich glücklich machen!«

»Bilde dir darauf nicht zu viel ein. ;)«, frotzelte ich.

»Nee, nee. Ich habe schon festgestellt, du verschickst viele Herzen bei Twitter. ;)«

»Aber fast nur an Leute, die ich kenne.«

»Ich kann mit diesen Internetmenschen nichts anfangen, aber jedem das Seine…«

»›Internetmenschen‹? Was meinst du damit?«

»Ich verstehe einfach nicht, warum Leute jeden einzelnen Tag damit verbringen, belangloses Zeug in Social Networks zu schreiben. Und dass es andere gibt, die das lesen und interessant finden. Die Leute verschwenden ihre Lebenszeit. Wenn man das mit ›echtem Leben‹ verwechselt, muss einem ziemlich viel fehlen. Was würdest du deinen Söhnen sagen, wenn sie sich in ein paar Jahren so benehmen? Du würdest dir riesige Sorgen machen. Denk mal drüber nach.«

»Das stimmt. Aber sieh es auch mal aus einem anderen Blickwinkel: Social Networks stillen die Sehnsucht vieler einsamer Menschen nach Verständnis und Nähe.«

»Aber wäre es nicht klüger, vor die Tür zu gehen und andere Menschen kennenzulernen, das Leben also aktiv zu verändern?«, schlug er vor.

»Natürlich. Aber vielen Menschen fällt das eben nicht leicht. Oder ihre Lebensumstände sind so schwierig, dass es ihnen unmöglich ist, etwas zu verändern. Ich möchte über diese Leute nicht urteilen. Und ich fühle mich in der Hinsicht absolut nicht angesprochen. Ich habe ein Real Life, unternehme viel und treffe andere Menschen. Manchmal sogar Menschen aus dem Internet, o Schande! :D Ich nutze Twitter wie ein Notizbuch und schreibe einfach das, was mir gerade in den Kopf kommt. Was ich lustig oder erwähnenswert finde.«

»Sei doch mal ehrlich, wenn du öffentlich etwas schreibst, möchtest du Aufmerksamkeit und Feedback. Sonst würdest du es in dein echtes Tagebuch schreiben.«

»Klar. Aber im Großen und Ganzen möchte ich andere Menschen mit meiner bezaubernden Art unterhalten! ;D«

»Ich rede ja gar nicht speziell von dir. Die Leute teilen sich selbst mit der ganzen Welt. Jeder Tweet ist ein Seelenstriptease. Kommen die Leute damit wirklich zurecht? Denken sie nicht an die Konsequenzen, die das haben kann?«

»Inwiefern?«

»Es kann zum Beispiel dazu führen, dass sie verletzt werden, weil andere Menschen diese persönlichen Informationen zu ihrem eigenen Vorteil nutzen. Get back to reality, Babe. Das passt besser zu dir. Twitter ist nicht der richtige Weg für dich. :)«

So gerne ich ihm widersprochen hätte: Im Grunde hatte Kai recht. Viele Menschen, denen ich bei Twitter folgte, schrieben fast im Minutentakt Tweets, waren also permanent online. Wie sie das mit ihrem Arbeitsleben, ihrer Familie, ihren Freizeitaktivitäten, kurz: ihrem Real Life, vereinbarten, war schwer nachzuvollziehen. Und wenn ich ehrlich war, gab es jede Menge Accounts, deren Nutzer wirklich extrem viel von sich preisgaben. Ich gehörte zwar nicht zu den Menschen, die ihr Seelenleben detailliert vor der Öffentlichkeit ausbreiteten, trotzdem hatte auch ich den ein oder anderen Tweet gepostet, für den ich mich im Nachhinein schämte.

Es war nicht so, dass mir Unterhaltungen wie diese schlagartig die Augen öffneten. Dennoch hinterließen sie Spuren
bei mir. Wenn ich nun einen besonders emotionalen Tweet
las, fragte ich mich, ob dem User bewusst war, wie viel er dadurch von sich preisgab. So kam es, dass sich mein Twitter-
Verhalten veränderte. Ich mochte die Plattform immer noch,
aber ich schrieb seltener etwas, überlegte, ob der Tweet wirklich wichtig war oder ich ihn mir eigentlich auch schenken
konnte. Dass ich auf Twitter weniger präsent war, fehlte mir
kaum, denn in den wenigen Stunden, die mir zur Verfügung
standen, wenn die Kinder schliefen, schrieb ich ja meist sowieso mit Kai bei Facebook oder via WhatsApp.

Liebesbeweise

Er und ich schlichen uns beide immer mehr in das Leben
des anderen ein. Ich ertappte mich dabei, dass meine Gedanken während des Tages immer wieder zu ihm abschweif-
ten. Ich rechnete die Stunden zurück und fragte mich, ob er
schon aufgestanden war, was er machte. Und dass auch er an
mich dachte, war offensichtlich. Normalerweise meldete er
sich, sobald er aufgestanden war, und erzählte mir kurz, was
er den Tag über vorhatte. In Hamburg war es dann meist
schon später Nachmittag, und während ich mich mit der
U-Bahn auf dem Weg von der Redaktion nach Hause befand und der Hafen vor den Fenstern vorbeiglitt, blickte ich
lächelnd auf das Display meines iPhones und tauschte mich
mit einem Menschen aus, der trotz der räumlichen Entfernung ganz nah bei mir zu sein schien.

Im Laufe der Zeit hatte sich Kai bei Facebook mit weiteren Personen vernetzt, darunter auch mit seinen Brüdern
und seiner Schwester Andi. Natürlich war ich neugierig auf
Kais Familie und Freunde und sah mir deren Profile an. Die

meisten seiner Freunde kamen aus den USA, Jamaika und Barbados und gehörten eindeutig zur Surferszene. Es gab aber auch einige aus dem Ruhrpott. Bei zweien konnte ich sehen, dass sie auf dieselbe Schule wie er gegangen waren.

Kai lud fast täglich neue Fotos hoch und dokumentierte so sein Leben. Viele zeigten ihn und seine Schwester Sarah, um die er sich nachmittags kümmerte. Auch über den Rest der Familie erfuhr ich nach und nach immer mehr, zum Beispiel durch Bilder der Geburtstagsfeier seines Großvaters. Am Wochenende traf Kai häufig Freunde, hing mit ihnen am Strand ab oder besuchte abends irgendwelche Clubs. Einige von ihnen waren auch bei Facebook und luden Fotos ihrer gemeinsamen Unternehmungen hoch, auf denen sie Kai markierten. Mit diesen Markierungen verlinkten sie automatisch seinen Account, sodass die Bilder dann auch in seiner Chronik erschienen und ich sehen konnte, mit wem er etwas unternommen hatte.

Es war offensichtlich: Kai hatte eine gute Zeit auf Jamaika, und dementsprechend bestach er durch seine Lebensfreude und seinen Optimismus. »Ich kann Menschen einfach nicht verstehen, die ständig schlecht gelaunt sind«, schrieb er mir. »Damit schaden sie sich nur selbst. Statt über ihr Leben zu nörgeln, sollten sie lieber versuchen, etwas daran zu ändern.«

»Du hast gut reden«, antwortete ich. »Du fährst monate lang in die Sonne, kannst surfen und am Strand liegen. Du hast Familie an Orten, an die andere in Urlaub fahren. Aber nur, wenn sie das nötige Geld dafür besitzen. Da fällt es ziemlich leicht, gute Laune zu haben!«

Er gab mir recht, betonte aber, wie anstrengend sein Leben in Münster sei. »Ich habe kaum Freizeit dort. Ist mir auch nicht so wichtig. Im Grunde mache ich mir den Stress selbst. Ich arbeite in Deutschland nur so viel, damit ich mir die monatelangen Auszeiten im Herbst und Winter leisten kann. Aber ich halte es in der Kälte einfach nicht aus. Dafür steckt zu viel Karibik in mir.«

»Warum ziehst du nicht einfach zu deiner Familie? Was hält dich in Deutschland?«

»Meine Arbeit in Münster macht mir Spaß. Auf Jamaika würde ich einen Bruchteil von dem verdienen, was ich in Deutschland bekomme. Und die Arbeitsbedingungen dort wären viel schlechter. Na ja, und in die USA will ich nicht. Mir liegt die Mentalität der Leute da nicht so. Die Oberflächlichkeit. Der Materialismus. Von der Politik ganz zu schweigen. Außerdem bin ich ganz froh über den räumlichen Abstand zu meinen Eltern, besonders zu meiner Mutter. Ein Viertel des Jahres sehe ich sie, den Rest habe ich meine Ruhe vor ihnen.«

»Aber bist du glücklich, so wie es ist?« Ich konnte nicht recht nachvollziehen, warum er freiwillig in Deutschland wohnte, wenn er so einfach in ein Land ziehen konnte, in dem es ganzjährig warm war und man die schönsten Strände vor der Haustür hatte. Und zumindest mit seinem Vater schien sich Kai doch zu verstehen. Gute Arbeitsbedingungen hin oder her, sich aufzureiben, nur um sich mit dem Verdienst dann einen Urlaub in dem Land leisten zu können, in dem man genauso gut wohnen konnte? Hmmm …

»Niemand hat gesagt, dass alles immer toll sein muss«, erwiderte er. »Manche Dinge kann ich nicht ändern. Was soll ich da dann ständig drüber nachdenken? Im Großen und Ganzen mache ich das, was ich will. Ich bin zufrieden mit meinem Leben.«

Diese Antwort kam so schnell, dass sie fast trotzig auf mich wirkte. Ich erwiderte: »Natürlich muss nicht alles immer toll sein, das ist mir schon klar, aber alles ist toller, wenn man dort ist, wo die Sonne scheint! :)«

Es vergingen einige Minuten. Ich putzte mir unterdessen die Zähne. Es war Zeit, ins Bett zu gehen. Dann schrieb er: »Aber alles ist schwieriger, wenn andere dir das Leben schwer machen und du nicht du selbst sein kannst. Sorry, ich muss los.« Noch bevor ich antworten konnte, ging er offline.

Seltsam. War ich ihm irgendwie zu nahe getreten? Aber womit? Keine Ahnung, was mit Kais Familie los war, aber so entspannt wie meine war sie definitiv nicht. Ich hatte eine harmonische Kindheit gehabt und kannte Streitereien innerhalb meiner Familie gar nicht.

Überhaupt fand ich Spannungen zwischen Menschen furchtbar und versuchte darum generell, diese gar nicht erst aufkommen zu lassen oder sie so schnell wie möglich aus dem Weg zu räumen. Diese Harmoniesucht hatte einen riesigen Nachteil: Hatte ich das Gefühl, jemandem auf den Schlips getreten zu sein, zerbrach ich mir so lange den Kopf darüber, bis ich die Möglichkeit hatte, die Angelegenheit mit der anderen Person zu klären.

So kam es, dass ich ganze sechs Tage darüber nachdachte, was ich verkehrt gemacht haben könnte – denn von Kai hörte ich nichts. Da er sich vorher täglich gemeldet hatte, war diese Sendepause nun umso unverständlicher und schmerzhafter. Ich hatte doch gar nichts getan – oder doch? Natürlich hatte ich ihm längst geschrieben und gefragt, ob alles in Ordnung sei, darauf aber keine Antwort bekommen. Ich sorgte mich, und er fehlte mir. Vielleicht sogar eine Spur zu doll.

Zum ersten Mal wurde mir bewusst, wie viel Raum er in meinen Gedanken einnahm, wie wichtig er mir geworden war. Wie oft wir uns vorher spontan Nachrichten geschickt hatten, wenn einer von uns schnell etwas erzählen wollte oder etwas gesehen hatte, von dem er annahm, der andere fände es genauso lustig oder interessant. Und es war tatsächlich erstaunlich, wie ähnlich wir uns waren. Der gleiche Humor, die gleiche Sicht auf die Dinge, fast identische Interessen. Kai teilte sogar meine Leidenschaft für Yoga und war darin, wie Fotos belegten, viel besser als ich. Ich war selten auf jemanden getroffen, bei dem ich mir so sicher sein konnte, dass er genau verstand, was ich meinte, wenn ich ihm etwas erzählte.

Aber nun schwieg er. Und fehlte mir. Besonders schmerzlich war das Gefühl, nicht einmal zu wissen, ob ich jemals wieder etwas von ihm hören würde. Das Internet hatte es zwar möglich gemacht, dass Kai mir sehr schnell sehr nahegekommen war, aber gleichzeitig konnte er auch von einem Moment auf den anderen wieder aus meinem Leben verschwinden. Dazu gehörte nichts weiter, als mich bei Facebook, Twitter und WhatsApp zu blocken und schon war er mich los.

Ich hatte schon mit so vielen Menschen aus dem Internet Kontakt gehabt – und so viele irgendwann aus den Augen verloren. Warum machte es mir nun so viel aus, dass Kai sich ein paar Tage nicht meldete? Mir schwante Böses. Ich hatte mich doch nicht etwa verliebt? In einen Typen aus dem Netz, den ich noch nie gesehen hatte? Der jünger war als ich, zu weit weg, zu gut aussehend? Und der sich aller Wahrscheinlichkeit nach ohnehin nicht mehr bei mir meldete?! Ich gehöre nicht zu denen, die ihre Gefühle mit ihrem Verstand bekämpfen können, also fand ich mich mit der neuen Erkenntnis ab: Allem Anschein nach war ich verliebt.

Und ertappte mich dabei, dass ich viel zu oft Kais Onlinestatus bei WhatsApp checkte, um zu sehen, ob er dort aktiv war, was bedeutet hätte, dass er nur *mir* nicht schrieb. Doch laut dem dort angegebenen Datum hatte er das letzte Mal mit mir getextet und war seitdem offline geblieben. Auch bei Facebook postete er nichts. Ich war erleichtert.

Am Abend des siebten Tages fand ich endlich eine Mail von ihm in meinem Facebook-Postfach. Mir fiel ein Stein vom Herzen.

Kai Cruz Montag, 14. November 2011 um 22:02
Liebe Vicky,

ich hoffe, es geht dir gut.

Ich möchte dir etwas sagen, was mir wichtig ist, und ich hoffe, diese Mail kommt für dich nicht schräg rüber.

Du bist definitiv eine der interessantesten Frauen, die ich seit langer Zeit getroffen habe, dabei kenne ich dich (noch) nicht mal richtig. Ich habe das Gefühl, dass du es verdient hast, mehr über mich zu erfahren. Warum ich bin, wie ich bin. Ich habe es bisher nur wenigen Leuten erzählt. Also, here we go: Ich war ein ziemlich schwieriges Kind. Meine Oma, die Mutter meines Vaters, hat immer gesagt, ich wäre eine »alte Seele«, weil ich oft sehr ernst war und zu reif für mein Alter. Ich habe extrem sensibel auf alles um mich herum reagiert und jede veränderte Stimmung sofort gespürt. Wenn zum Beispiel meine Eltern Stress miteinander hatten und versuchten, es vor uns Kids zu verbergen, habe ich es trotzdem immer mitbekommen, und es ging mir dann richtig schlecht. Sogar körperlich. Wohl dadurch, dass ich unterbewusst so viel wahrgenommen habe, jede Schwingung, einfach alles, habe ich irgendwann gelernt, daraus abzuleiten, was als Nächstes kommen würde. Oma hat immer so getan, als könnte ich wahrsagen, was natürlich Quatsch war, denn ich sah nichts voraus nach dem Motto »Wir werden einen Autounfall haben«, sondern zum Beispiel, wann es mit meiner Mutter wieder schwierig werden wurde. Sie hatte viele Ups and Downs, und für uns Kinder war das sehr schwer auszuhalten. Ihre Stimmungen schlugen grundlos um, von fröhlich auf plötzlich extrem wütend oder sehr traurig. Ich kann mich noch gut daran erinnern, dass ich, als ich klein war, oft versucht habe, mit meinen Eltern darüber zu sprechen, aber die sind dann immer sauer geworden, sodass ich gelernt habe, den Mund zu halten. Ich habe alles in mich hineingefressen und versucht, meine Gefühle niemandem zu zeigen. In der Pubertät hat mich meine Sensibilität so runtergezogen und genervt, dass ich richtig dagegen angegangen bin. Ich wollte den ganzen Scheiß vergessen und habe Party gemacht, getrunken, gekifft. Mehr als einmal ist es passiert, dass ich morgens irgendwo total verkatert aufgewacht bin, mich an nichts erinnern konnte. Ich wusste nicht, wo ich war, wie viel Uhr es war und welcher Wochentag. Ich habe in meine Hosentasche gegriffen, um zu gucken, ob vom Vorabend noch Geld übrig geblieben ist. Dann versuchte ich langsam, den Abend wieder zusammenzukriegen. Von dem Moment an, als ich zu Hause losgegangen bin, bis zum Aufwachen. Manchmal war es mir sehr peinlich, wenn ich mich an das erinnerte, was ich gesagt oder getan hatte. Und natürlich hat dieses Weglaufen vor mir selbst nichts gebracht. Es hat nichts daran geändert, wie ich mich in meinem Inneren gefühlt habe. Ich war am nächsten Morgen wieder das gleiche Weichei wie vorher, der Typ, der sich alles zu Herzen genommen hat.

Als ich ungefähr siebzehn war, habe ich mich während eines Urlaubs auf Jamaika bei einer Party richtig zugedröhnt. Ein Verwandter hat mich zufällig morgens vor dem Club gefunden und nach Hause, zu meiner Oma, gebracht. Sie hat mich an dem Tag zur Seite genommen und lange mit mir gesprochen. Sie war eine tolle Frau. Sehr stark und weise. Sie hat mir die Augen dafür geöffnet, dass es ein Geschenk ist, sensibel zu sein. Eine Gabe, die es ermöglicht, dass ich eine besondere Verbindung zu dem habe, was mich umgibt. Und dass ich mich zusammenreißen und gefälligst Dankbarkeit dafür zeigen soll. Ich wusste, dass sie recht hat. Ich habe mir einfach zu viele Sorgen darum gemacht, was andere von mir denken könnten. Darum habe ich mich selbst verleugnet und den coolen Typen gespielt, statt zu mir und meinem Weg zu stehen. Ich habe damals zum ersten Mal wirklich darüber nachgedacht, was ich eigentlich vom Leben will. Und ich wusste, klar will ich Fun, aber ich will auch etwas Sinnvolles machen. Hätte ich diese ganzen Tiefs nicht gehabt, wäre ich jetzt vielleicht Animateur in irgendeinem Ferienclub. LOL Stattdessen arbeite ich mit kranken Kindern. Und das ist das, was mich zufriedenstellt. Weil ich weiß, dass ich die richtige Entscheidung getroffen habe.

Ich weiß, du und ich, wir sind uns sehr ähnlich. Auf den ersten Blick kommst du tough rüber, wie eine, die anderen gerne mal in den Hintern tritt, aber wenn man genauer hinsieht, merkt man, wie sensibel du bist. Wie viele Gedanken du dir machst. Das finde ich so faszinierend an dir, denn die meisten Menschen heutzutage sind ziemlich ignorant und oberflächlich. Wir leben in einer Gesellschaft, in der es für die meisten am wichtigsten ist, ein großes Auto, perfekte Zähne und einen schönen Hintern zu haben, dabei ist offensichtlich, dass einem diese Oberflächlichkeiten keinen inneren Frieden bringen. Eigentlich wollen wir alle doch einfach glücklich sein.

<3 K

Verdutzt starrte ich auf meinen Monitor. Kein Wort darüber, warum er sich eine Woche lang nicht gemeldet hatte. Keine Entschuldigung dafür, dass er einfach verschwunden war. Stattdessen schlug er zum ersten Mal richtig ernste Töne an und gab mir die Möglichkeit, ihn besser zu verstehen. Außerdem entging mir natürlich nicht, dass er geschrieben hatte, er fände mich interessant und faszinierend. Was bedeutete das konkret? Sagte er das allen Frauen, oder sah er in mir wirklich etwas Besonderes? Immerhin war ihm wichtig, dass ich mehr über ihn erfuhr. Ich konnte mir nicht vorstellen, dass er solche Mails an jede x-beliebige Internetbekanntschaft verschickte.

Natürlich schmeichelte mir das. Gleichzeitig gab es mir zu denken, wie leicht auch ich mich von Oberflächlichkeiten ablenken ließ. Ein hübscher Typ auf einem Surfboard, ein paar Palmen und schon unterstellte man dem Menschen, er wäre der personifizierte Sunnyboy und müsse ein paradiesisches Leben führen. Hatte ich vorher des Öfteren leichten Neid verspürt, wenn ich Kais Fotos angesehen hatte, war ich plötzlich erleichtert darüber, im Gegensatz zu ihm eine komplett normale, im positiven Sinne fast langweilige Kindheit und Jugend gehabt zu haben, die es mir ermöglicht hatte, weitgehend sorglos erwachsen zu werden.

Wie schlimm musste es sein, wenn Kinder ernsthaft unter der psychischen Disposition ihrer Mutter zu leiden hatten, sogar bis ins Erwachsenenalter hinein? Mit Sicherheit war das Verhalten seiner Mutter einer der Gründe, weswegen Kai sich so um seine Geschwister kümmerte, denn schließlich wohnten seine kleinen Brüder bei ihr. Durfte ich ihn danach fragen oder war das taktlos? Verschwand er dann wieder für ein paar Tage in der Versenkung, falls ich mich im Ton oder der Thematik vergriff? Andererseits hatte er ja von sich aus mit dem Thema begonnen. Wie sollte ich am besten reagieren? Spontan schrieb ich eine kurze Antwortmail bei Facebook und schickte sie sofort ab:

»Gott sei Dank meldest du dich! Du hast mir wirklich gefehlt, und ich habe mir Sorgen gemacht. :(Deine Mail hat mich sehr nachdenklich gemacht. Vielen Dank für dein Vertrauen! Ich hoffe, dir geht es gut?«

Schon wenige Minuten später kam Kai online, sodass wir chatten konnten:

»Du hast mir auch gefehlt. Aber manchmal brauche ich einfach Zeit für mich selbst. Das war schon immer so. Es tut mir leid, dass du dir deswegen Sorgen gemacht hast. Wenn ich mich mal ein paar Tage nicht melde, hat das mit uns beiden nichts zu tun. Bitte vergiss das nie.«

Ich schrieb: »Ich glaube, wenn es *eine* Sache gibt, die mir wirklich schwerfällt, dann *das*. Natürlich mache ich mir Gedanken, wenn du plötzlich verschwindest!«

»Ich weiß, dass es schwer ist. Meine bisherigen Freundinnen hatten alle Probleme damit. Aber ich kann nicht anders. Und letzten Endes ist doch alles eine Frage des Vertrauens. Nur durch Vertrauen funktioniert eine Beziehung. Wenn du weißt, dass der andere dich liebt, wo ist dann das Problem, nur weil er mal Freiraum braucht? Was hat das mit meinen Gefühlen zu dir zu tun?«

Hah! War das ein Geständnis? »Von welchen Gefühlen mir gegenüber sprichst du? Ist mir etwas entgangen? :D« Eigentlich war mein Kommentar augenzwinkernd gemeint gewesen, aber er antwortete unerwartet ernst.

»Ich hatte in den letzten Tagen wirklich viel Stress hier. Aber ich konnte nicht aufhören, an dich zu denken. Ich finde dich ziemlich toll. Das wird mir immer klarer. Wenn ich ehrlich zu mir sein muss, bin ich gerade dabei, mich in dich zu verlieben.«

O Gott. Damit hatte ich nicht gerechnet. »Mach keine Witze. Das ist unfair. Ich kann deinen Gesichtsausdruck nicht sehen!«, schrieb ich.

»Ich mache keine Witze. So gut müsstest du mich inzwischen kennen. Wenn ich etwas sage, dann meine ich es auch so. Und es ist okay, wenn du meine Gefühle nicht erwiderst. Dann sind wir eben Freunde. Aber ich kann so etwas nicht für mich behalten. Ich bin jemand, der Klarheit will.«

Ich fühlte, wie ich rot wurde und grinste. Dann antwortete ich ihm: »Wir sind uns wirklich ähnlich. Mir geht es genau wie dir.«

In dieser Nacht schrieben, lachten und flirteten wir bis in die frühen Morgenstunden.

»Vicky, du musst schlafen, sonst packst du den Tag nicht. Und morgen melde ich mich, sobald ich wach bin. Versprochen.«

»Ich weiß, aber ich kann nicht schlafen! Du fehlst mir jetzt schon.«

»Du fehlst mir auch. Ich wäre jetzt gerne bei dir, würde dich im Arm halten und mit dir einschlafen.«

»Das wäre schön. Es ist wirklich furchtbar, dass du so weit weg bist.«

»Ja, das stimmt. Aber Anfang Januar bin ich doch wieder in Münster. :) Ach ja, was ich dir noch gar nicht erzählt habe, weil es sich erst letzte Woche entschieden hat: Weihnachten bin ich auf Hawaii! Aloha! :D Family-Urlaub vom 23. Dezember bis zum 6. Januar. Mama, Steven, die Chaoten und ich. Und Andi, die kommt Weihnachten immer her. Das wird Stress pur. LOL Die beste Freundin meiner Mutter arbeitet in einem Reisebüro. War ein supergutes Angebot, darum haben wir es spontan entschieden. Steh mir bei, dass meine Mutter in dieser Zeit nicht zu sehr nervt. Das könnte peinlich vor den anderen Hotelgästen werden.«

Nach allem, was er mir von seiner Mutter erzählt hatte, bezweifelte ich, dass die Reise mit ihr Spaß machen würde. Doch in diesem Moment fand ich die Aussicht darauf, Kai schon in wenigen Wochen gegenüberzustehen, viel spannender.

Erst als es draußen schon wieder hell wurde, konnten wir uns voneinander trennen, und ich ging offline. Mir blieben bis zum Klingeln des Weckers noch zwei Stunden.

Der nächste Arbeitstag war hart. Ich war so müde, dass ich mehrfach der Versuchung widerstehen musste, meinen Kopf auf den Schreibtisch zu legen und kurz zu schlafen. Nur die Vorfreude auf den Abend hielt mich wach. Kai würde online sein, das hatte er mir versprochen. Er war nur noch eine Woche auf Jamaika, flog dann, das hatte sich spontan ergeben, für eine weitere Woche nach Barbados. Sein Freund Jake besaß dort eine Tauchschule, und Kai würde seine Ferienkasse ein bisschen aufbessern, indem er bei ihm ein paar Tage jobbte, bevor er in die USA weiterreiste.

Abends schaltete ich meinen Computer an. Kai hatte sich schon am späten Nachmittag, direkt nach dem Aufwachen, per WhatsApp bei mir gemeldet und mir mitgeteilt, dass er erst gegen 23 Uhr online kommen könnte. Ich beschloss, bis dahin ein wenig fernzusehen, nickte bei den beruhigenden Hintergrundgeräuschen einer Talkshow allerdings schnell ein. Die letzte Nacht war einfach zu kurz gewesen. Mein klingelndes Handy ließ mich aufschrecken. 22:45 Uhr. Ganz schön spät für einen Anruf. Ich sah auf das Display. Die Nummer war unterdrückt. Ich nahm ab: »Hallo?«

»Hi!« Eine mir unbekannte Männerstimme. Im gleichen Moment ging mir auf, wer der Anrufer war! Trotzdem fragte ich nach: »Hi. Und wer ist da?«

Er lachte. »*Hallo*? Wer wohl! Ich natürlich.«

Ich war komplett überrumpelt davon, zum ersten Mal seine Stimme zu hören. Sie war warm, jung und man konnte heraushören, dass er grinste. Ich brauchte einen kurzen Moment, um mich zu sammeln, dann kriegte ich den Mund wieder auf. »Kai! Wieso rufst du einfach so an? Unser erstes Telefonat hatte ich mir *schon* etwas anders vorgestellt! Mit vorheriger Ansage, damit ich mich seelisch darauf vorbereiten kann!«

Er lachte. »Siehst du? Und genau das wollte ich nicht. Denn dann wären wir viel zu aufgeregt gewesen, und keiner hätte sich getraut, normal zu sein. Darum dachte ich, ich ziehe es einfach durch. Und habe spontan deine Nummer gewählt.« Er machte eine kleine Pause und sprach dann leiser weiter. »Ich musste einfach deine Stimme hören. Ich denke ständig an dich.«

Mein Herz schlug schneller, und ich bemerkte, dass ich den Telefonhörer vor Aufregung so fest hielt, dass meine Fingerknöchel weiß hervortraten. »Mir geht es nicht anders.« Ich lächelte. »Und es ist schön, dich endlich zu hören. Aber ist das nicht unglaublich teuer? Aus Jamaika auf ein deutsches Handy?«

»Na klar. Aber das ist es mir wert. Allerdings wäre Skypen bedeutend billiger.«

Hilfe! Er wollte bitte, bitte jetzt nicht auch noch mit mir

spontan videoskypen? Es war fast elf. Ich hatte einen langen Tag hinter mir und in der Nacht davor kaum geschlafen, man sah mir die Müdigkeit deutlich an, und ich fühlte mich in diesem Moment wirklich unattraktiv. Bevor wir uns zum ersten Mal sahen, wollte ich wenigstens die Chance haben, mich ein wenig aufzupimpen. Ja, verdammt! Ich wollte Make-up, vorteilhafte Klamotten und schmeichelhaftes Licht! Bald würden wir uns sowieso in natura gegenüberstehen, aber damit es dazu überhaupt kam, war es vermutlich sinnvoll, ihn nicht schon vorher dadurch zu verschrecken, dass man um diese Uhrzeit aussah wie das Wesen aus dem Sumpf. Ich nahm allen Mut zusammen: »Wir können gerne skypen. Aber heute nicht mit Kamera, okay? Ich sehe schlimm aus.«

Er lachte. »Du spinnst! Aber in Ordnung. Wenn du das lieber willst, dann telefonieren wir einfach über Skype und lassen die Cam aus.«

Schon wenige Minuten später begannen wir unser erstes Telefonat via Skype. Auch in dieser Nacht fand ich nur wenig Schlaf, denn es war wunderschön, mit ihm zu sprechen. Er war mir so vertraut, als ob wir uns schon ewig kannten.

Am nächsten Morgen konnte mir die Müdigkeit nichts anhaben. Ich war glücklich, und der erste Handgriff galt meinem iPhone. War Kai noch wach? Hatte er etwas geschrieben? Und tatsächlich, mir wurde angezeigt, dass er bei Facebook aktiv gewesen war: »Kai Cruz hat ein neues Foto hinzugefügt.« Gespannt ging ich auf seine Seite. Er hatte ein Selfie gepostet. Lächelnd blickte er in die Kamera. Im Hintergrund waren die Terrasse seines Vaters und ein wunderschöner Sonnenuntergang zu sehen. »Thinking of you, Victoria <3«, stand darunter.

Ich war verdutzt und auch ein wenig peinlich berührt. All seine Freunde und sogar seine Geschwister konnten dieses Bild sehen! Und das hatten sie auch, denn es gab tatsächlich einige Kommentare darunter. Chris schrieb: »???«, Janine: »Verschweigst du uns was, Kai? :-D«, und sein Bruder Pat fragte: »Who's Victoria?«

Tja, letzten Endes war es Kais Entscheidung, was er postete und was nicht. Ich kannte seine Freunde nicht, darum war mir ihre Reaktion relativ egal. Ich selbst würde allerdings definitiv zurückhaltender gegenüber meinen Freunden sein. Nur meine engsten Vertrauten wussten von Kai, allerdings hätte ich unsere Verbindung vor ihnen niemals als echte Beziehung bezeichnet. Trotz aller Verliebtheit war mir absolut bewusst, dass Kai und ich uns erst treffen mussten, um wirklich zu wissen, was zwischen uns war. Vielleicht fanden wir uns dann gar nicht mehr so toll, vielleicht ginge uns nach zehn Minuten der Gesprächsstoff aus oder wir konnten uns schlicht und einfach nicht riechen – man musste schließlich mit allem rechnen. Vorstellen konnte ich mir das allerdings nicht, so perfekt schien es mit uns. Ich grinste, likte sein Bild, und kommentierte es mit einem Herzchen. Dann stand ich auf, bereitete das Frühstück vor und weckte die Kinder.

Nachmittags war ich gerade damit beschäftigt, für den Artikel über einen brasilianischen Schönheitschirurgen Fotos diverser Promis herauszusuchen, denen er operativ absolut identische Nasen verpasst hatte, als mir mein Telefon anzeigte, dass bei Twitter eine Direct Message eingegangen war. Ich öffnete mein Postfach und sah, dass mir Kais Freund Alex Krieger geschrieben hatte. Er folgte mir schon eine Weile, und seit ein paar Tagen gehörte auch ich zu seinen Followern. Allerdings hatte ich noch nie mit ihm kommuniziert, da ich ihn nach wie vor unsympathisch fand. Umso verwunderter war ich nun.

»Was willst du denn mit so einem jungen Kerl? ;-P«, schrieb er.

Mir stockte der Atem. Wie unverschämt! Ich wusste, es wäre klüger, nicht zu antworten, aber ich wollte so einen blöden Spruch nicht auf mir sitzen lassen. »Wir sind auf einer Wellenlänge«, antwortete ich.

»Sicher…«, kam zurück. »Und sein Aussehen ist dir natürlich ganz egal. Klar.«

Ich merkte, wie Wut in mir aufstieg. »Ja. Das ist es tatsächlich!« Und das *war* es auch. Seine Art, seine Nachdenklichkeit, seine Sensibilität, das begeisterte mich an Kai. Sein Aussehen war nur eine Art zusätzlicher Bonus. »Worauf willst du eigentlich hinaus?«

»Könnte es sein, dass du ein nettes Spielzeug suchst? Einen jungen Lover zum Zeitvertreib?«

Okay. Er hatte es geschafft. Jetzt *war* ich wütend. Ich stieß mich mit beiden Händen vom Schreibtisch ab, sodass ich auf meinem Bürostuhl anderthalb Meter nach hinten rollte, und starrte mit halb zusammengekniffenen Augen auf mein iPhone, das neben der Tastatur lag.

»Was ist los?« Besorgt hatte sich mein Kollege Richie aufgerichtet und spähte über seinen Monitor. Er war, genau wie ich, als freier Mitarbeiter in der Redaktion beschäftigt, und uns verband eine tiefe Freundschaft. Richie war einer der wenigen, die von Kai wussten. Wortlos reichte ich ihm mein Telefon. Er las. »So ein Arsch. Der kennt dich doch gar nicht und hat keine Ahnung, wie du bist. Warum sind Menschen so?« Er schüttelte missbilligend den Kopf. »Außerdem geht ihn das zwischen dir und Kai überhaupt nichts an.«

»*Junger Lover!*« Ich schnaubte, griff nach dem iPhone und tippte spontan: »Mir geht es nicht um Sex. Den könnte ich bedeutend einfacher haben. Ich habe auch keine Lust, mir von dir unterstellen zu lassen, ich würde Kai aufreißen wollen, weil er so aussieht, wie er aussieht. So bin ich nicht.«

Richie starrte mich gespannt an, und wir warteten auf Antwort von Alex, der sicher zu den Menschen gehörte, die immer das letzte Wort haben mussten. Unglücklicherweise auch ich.

Kurze Zeit später kam eine Nachricht von ihm. Ich las sie vor: »Vielleicht einfacher. Aber sexyer und exotischer? Nicht, dass du dich da in was verrennst. Ich unterstelle dir nichts, aber wenn man sich dein Twitter-Profil so anschaut, denkt man sich seinen Teil…«

»Richie! Was *meint* der?«, fragte ich lauter als beabsichtigt. »Das ist echt eine Frechheit. Ich mache bei Twitter keine sexuellen Anspielungen, flirte nicht rum. Das ist unverschämt!«

Richie legte den Arm um mich. »Hey, und selbst *wenn* du das tun würdest, ginge es niemanden etwas an. Du kannst machen, was du willst. Reg dich nicht auf. Der Typ will dich nur provozieren. Antworte ihm nicht mehr.«

Ich schüttelte den Kopf und schrieb: »›Exotischer‹. Solche Formulierungen ekeln mich an. Lass mich in Ruhe. Im Übrigen werde ich Kai von diesem Gespräch erzählen.«

»LOL! Holst du dir also Hilfe von Kai. Ist ja auch einfacher, als sich selbst zu erklären. Dann fick du dich mal weiter durch Twitter.«

Es reichte! Ich machte Screenshots unserer DMs und schickte sie Kai. Dann beendete ich die Konversation, indem ich Alex blockte. Letztes Wort hin oder her. Mit dieser Person wollte ich nichts zu tun haben. Für den Rest des Tages war mir die Laune verdorben, so wütend war ich. Auch dass Kai mir am frühen Abend schrieb, sich für seinen Freund entschuldigte und mir erzahlte, dieser habe schrecklichen Liebeskummer und wäre nur neidisch, verbesserte meine Laune nicht. »Soll ich mit ihm sprechen?«, fragte Kai.

»Mach, was du willst. Ich will mit diesem Typen nichts zu tun haben. Ehrlich nicht«, antwortete ich.

»Aber es wäre schon gut, wenn du dich mit meinen Freunden verstehst«, schrieb er. »Denn irgendwann wirst du sie kennenlernen.«

»Kein Problem. Ich lerne gerne neue Leute kennen, solange sie freundlich und entspannt sind. Aber auf Alex kann ich verzichten. Ich will niemanden treffen, der versucht, mich in den Dreck zu ziehen oder zu manipulieren.«

Dass Alex mit seiner aggressiven, unfreundlichen Art eine Ausnahme in Kais Freundeskreis war, erlebte ich wenig später, als ich bei Facebook eine Freundschaftsanfrage von Chris erhielt. Dass er ursprünglich auch aus Hamburg kam, wusste ich ja schon. *Wie* klein die Welt allerdings wirklich ist, bestätigte sich, als ich die Mail las, die er mir kurz darauf schickte.

Chris Rakete Freitag, 18. November 2011 um 02:46
HiHo, ich habe gehört, wir sind in Hamburg aufs selbe Gymnasium gegangen. Gibt's ja gar nicht!
Also du und Kai… ;-) Super! Freut mich. Der brauchte auch so langsam mal eine Frau. Nein, Scherz. Mir war gerade etwas langweilig. Da dachte ich, ich schreibe eben mal eine kurze E-Mail. Liebe Grüße aus Cali, Chris

Kai hatte also mit ihm über mich gesprochen, sonst hätte Chris nicht wissen können, auf welcher Schule ich gewesen bin. Was Kai wohl sonst noch über mich erzählt hatte? Und was für ein unglaublicher Zufall! Er war zwar einige Jahre jünger als ich, sodass wir uns knapp verpasst haben mussten, aber ich fragte mich, ob wir wohl trotzdem gemeinsame Lehrer gehabt hatten. Oder sogar gemeinsame Bekannte? Schnell antwortete ich ihm und im Laufe der nächsten Tage schrieben wir uns immer wieder.

Victoria Schwartz Freitag, 18. November 2011 um 9:12
Hi Chris, freut mich :) Die Welt ist ein Dorf! Ich habe mir ein paar Bilder von dir auf Facebook angesehen. Wir kennen uns aber nicht, oder? Du kommst mir jedenfalls nicht bekannt vor. Wo hast du denn in Hamburg gewohnt?
Liebe Grüße, Vicky

Chris Rakete Samstag, 19. November 2011 um 05:31
Hi Vicky, nein, ich kann mir auch nicht denken, dass wir uns
schon mal begegnet sind. Wirklich witzig, dass Kai jemanden
kennengelernt hat, der nicht nur aus HH kommt, sondern auch
noch auf meiner Schule war. Ich habe im öden Blankenese gewohnt, Falkentaler Weg. Obwohl es eigentlich ein recht schönes
Viertel ist. Lass es dir gut gehen, LG Chris

Victoria Schwartz Samstag, 19. November 2011 um 10:31
Hi, den Falkentaler Weg kenne ich sogar! Nette Gegend. Wieso
bist du in der City zur Schule gegangen? Ganz schön weiter
Schulweg von Blankenese aus. Welche Lehrer hattest du denn?
Kennst du zufällig noch Peter Marwitz? War mein Klassenlehrer.
Liebe Grüße, Vicky

Chris Rakete Sonntag, 20. November 2011 um 04:28
Hallo Vicky, mein Vater ist Kanadier, wir haben zu Hause
Englisch gesprochen, und ich war auf dem Gymnasium, weil es
zweisprachig ist. Peter Marwitz, war das nicht der, der immer
kurze Hosen und Segelschuhe trug? Sogar im Winter? Den hatte
ich in Englisch. Schräger Typ, aber wenigstens witzig. Besser als
diese Physiklehrerin. Jörgensen? Vorname weiß ich nicht mehr.
Die hatte jeden Tag das Gleiche an, so einen komischen Hosen-
anzug und die Haare ganz kurz. Ich glaube, ich habe nie gesehen, dass die mal gelacht hat. Kennst du die auch noch? LG

Frau Jörgensen hatte meine Klasse zwar nicht unterrichtet,
ich kannte sie aber vom Sehen und wusste noch genau, dass
ich sie ziemlich Furcht einflößend gefunden hatte. Plötzlich
erinnerte ich mich auch wieder an die ganzjährig sommer-
lichen Outfits meines alten Klassenlehrers Herrn Marwitz
und musste grinsen.

Chris und ich schrieben uns in den kommenden Monaten zwar nicht regelmäßig, hörten aber immer mal wieder voneinander. Entgegen meinem ersten Eindruck war er weder arrogant noch oberflächlich, und wir hatten viel Spaß dabei, weitere Gemeinsamkeiten aus der Schulzeit aufzudecken. Außerdem likten oder kommentierten wir ab und zu die Posts des anderen. Er nutzte Facebook schon seit Jahren regelmäßig, hatte über tausend Freunde, darunter auch eine Hamburger Bekannte von mir, die als Stylistin arbeitete.

Chris hatte nach dem Abitur kurz als Fotoassistent gearbeitet und kannte sie über einen gemeinsamen Job. Mittlerweile fotografierte er immer noch viel und sehr gut, allerdings nur noch hobbymäßig. Er hatte über dreitausend Bilder hochgeladen. Reisemotive, San Diego, Architektur, Porträts, aber auch viele private Schnappschüsse, die ihn zusammen mit Freunden, auf Partys und beim Beachlife zeigten. Mein Typ war er zwar nicht, doch ich musste zugeben, dass er sehr gut aussah. Groß, muskulös, eine etwas zu große Nase, die seinen Gesichtszügen etwas Interessant-Markantes gab, Tattoos auf beiden Armen, lässige Kleidung, die aussah, als wäre sie willkürlich aus dem Schrank gezogen worden, bei genauem Hinsehen aber perfekt aufeinander abgestimmt war. Er war nicht schön im klassischen Sinne, hatte aber definitiv das gewisse Etwas. Seine Facebook-Freundinnen sahen das genauso und likten zu Dutzenden seine Fotos oder schrieben begeisterte Kommentare, was ich amüsiert zur Kenntnis nahm.

Kai reiste für eine Woche nach Barbados. Er war ziemlich eingebunden, genoss die Zeit dort aber sehr. Sein Arbeitstag begann um neun und endete gegen 18 Uhr. Danach ging er meist mit Freunden surfen, bis die Sonne unterging und es zu dunkel wurde. Durch die Zeitverschiebung war es unmöglich, miteinander zu sprechen, aber er mailte mir jeden Abend und postete Fotos des vergangenen Tages, auf denen er zum Beispiel zwischen riesigen Wasserschildkröten schwamm oder mit blassen Feriengästen schnorchelte. Er berichtete mir von seinen Bootstouren mit den Urlaubern, den paradiesischen Stränden und grandiosen Wellen. »Es ist traumhaft hier. Nächstes Jahr würde ich gerne mit dir herfahren«, schrieb er. »Ach ja, und ich brauche deine Adresse. Ich würde dir gerne etwas schicken.«

Zwei Wochen später, Kai war inzwischen bei seiner Mutter, erhielt ich ein kleines Päckchen, abgeschickt in Athens, USA. Darin befand sich ein Anhänger aus Silber. Eine Art Plakette, blank poliert, mit einer stilisierten Wasserschildkröte und eingravierten Hibiskusblüten darauf. Dabei lag eine Postkarte aus Barbados.

Liebe Vicky! Ich hoffe, er gefällt dir. Ich habe ihn an meinem letzten Tag in Barbados gesehen, an dich gedacht und mir vorgestellt, wie du ihn trägst. Ich zähle die Tage, bis wir uns endlich treffen. Love and Thoughts! Dein Kai

Mir fehlten die Worte. Was für ein aufmerksamer Mann!

Wir hatten mittlerweile jeder einen privaten Instagram-Account angelegt, dessen Bilder nur für den anderen sichtbar waren. Fotos bei Facebook waren zwar okay, aber unsere Instagram-Profile waren wie ein geschützter Raum, der nur uns gehörte.

»Gib es zu! Ihr postet dort Nacktfotos!«, hatte meine Freundin Jana zwischen Scherz und Entsetzen vermutet, als ich ihr davon erzählte.

»Spinnst du?«, erwiderte ich kopfschüttelnd. »Wir machen Fotos von unserem Alltag. Dadurch kriegen wir viel vom anderen mit. Keine großen Sachen, eher die Details, die Normalität. Bilder vom Abendessen, Einkäufen, Dingen, die wir sehen und lustig oder interessant finden, den Klamotten, die wir gerade tragen. Und nein, ich rede hier *nicht* von Dessous!« Obwohl ich lachen musste, meinte ich es ernst. Ich hätte niemals ein intimes Bild von mir verschickt oder ins Internet gestellt. Für nichts und niemanden. »Tue niemals etwas, mit dem man dich im Nachhinein erpressen kann«, war eine eiserne Regel von mir.

Nun machte ich ein Selfie, auf dem ich Kais Anhänger an einem Lederband um meinen Hals trug, und lud es für ihn hoch. Dazu schrieb ich: »Vielen, vielen Dank, ich bin sprachlos. Er ist wunderschön! <3 <3 <3«

Es war immer wieder toll, wie einfach, schnell und direkt wir dank des Internets miteinander in Kontakt treten konnten. Ich konnte spottbillig und in Sekundenschnelle reagieren und ihm sogar zeigen, wie ich aussah, wenn ich sein Geschenk trug. Selbst die größten Internetkritiker mussten mir recht geben: Es ist großartig, dass es Menschen auf unterschiedlichen Kontinenten die Möglichkeit gibt, problemlos in Echtzeit miteinander zu kommunizieren. Sogar stundenlange, kostenlose Auslandstelefonate sind über Plattformen wie Skype möglich – und wurden von Kai und mir ausgiebig genutzt. Videoskypen war zwar immer mal Thema, letztes Endes kam es aber nicht dazu, weil es uns beiden nicht wichtig war, ich bekam ja täglich sowieso aktuelle Fotos und Videos von ihm.

So entspannt und gut gelaunt Kai auf Jamaika und Barbados gewesen war – in den USA wirkte er schon von Anfang an angespannt und gestresst.

Manchmal, wenn wir miteinander telefonierten, versuchte ich vorsichtig, ihn darauf anzusprechen, aber er winkte ab. »Mir geht es gut. Ich merke nur einfach, dass es hier drunter und drüber geht, wenn ich nicht da bin. Zwei Jungs in der Pubertät, meine Mutter überfordert, und mein Stiefvater hält sich aus allem raus. Kann ich auch verstehen. Der ist so viel älter als meine Mutter, in seinem Alter hat man keine Lust mehr auf Kinder. Und schon gar nicht, wenn es nicht die eigenen sind.«

»Sind deine Brüder denn wirklich so schwierig?« Ich hatte zahlreiche Fotos der beiden in ihren Facebook-Profilen gesehen. Der 17-jährige Patrick war ein absoluter Mädchenschwarm, gut aussehend, sportlich, cool. Nicholas war genauso hübsch, allerdings mit seinen zwölf Jahren noch deutlich kindlicher.

»Nein. Die sind nicht besonders schwierig. Für ihr Alter benehmen sie sich absolut normal. Aber sie brauchen Grenzen. Und Halt. Und einen Mann, der sich um sie kümmert. Denen fehlt mein Vater ganz schön. So oft es geht, fliegen sie rüber zu ihm. Dann würden sie jedes Mal am liebsten da bleiben, aber meine Mutter will das nicht. Und meiner Stiefmutter würde das auch zu viel werden. Die arbeitet ja den ganzen Tag. Und dann plötzlich drei Kinder… Kann man nicht von ihr verlangen.« Er seufzte. »Jamaika ist für die beiden das Paradies. Freiheit, surfen, Papa.«

»Die Armen«, erwiderte ich.

Im Hintergrund waren plötzlich Geräusche zu hören. Eine Stimme sagte leise etwas. Kai antwortete: »Yes, Nick. One second. I'm coming. Close the door, please.« Ich hörte, wie die Tür geschlossen wurde. »Sorry, Baby. Ich muss los. Wir gehen in die City. Ich hab's den beiden versprochen. In ein paar Stunden bin ich arm. Wetten?«

Wir verabschiedeten uns liebevoll, und ich wünschte Kai starke Nerven.

Eine Stunde später kam eine WhatsApp-Nachricht von ihm: »Deine Jungs, was haben die für Kleider- und Schuhgrößen?«

»Warum willst du das wissen?«, fragte ich.

»Hier gibt's total coole Jungsklamotten.«

»Aber du sollst doch meinen Kindern nichts kaufen! Echt nicht! Du gibst schon genug Geld für deine Brüder aus!«

»Ich weiß. Aber falls ich was Tolles sehe. Jetzt gib schon die Größen!«

Kais Großzügigkeit bekam ich im Lauf der Monate regelmäßig zu spüren. Es verging kaum eine Woche, in der kein Paket von ihm ankam. Oft war darin Markenkleidung für mich und die Kinder, ausschließlich von bekannten Surflabels oder Sportfirmen: T-Shirts, Trainingsjacken, Jogginghosen, Jeans, Hoodies, Sneaker. Er schickte aber auch Spielzeug, zum Beispiel große LEGO- und Playmobil-Sets, die in Deutschland ein Vermögen kosteten. Kai shoppte viel und immer, wenn er etwas sah, von dem er meinte, es würde uns gefallen, kaufte er es. Die Jungs bekamen amerikanische Süßigkeiten in lustigen Verpackungen, Zahnbürsten und Kopfhörer mit STARWARS-Motiven, Taucherflossen und Schnorchelsets, Stifte, batteriebetriebene Autos, die einen ohrenbetäubenden Lärm veranstalteten, Actionfiguren, Uhren usw. Wann immer ich zu ihm sagte, er solle nicht so viel Geld für uns ausgeben, winkte er ab und meinte, es mache ihn glücklich, uns eine Freude zu bereiten.

Kai war ein echter Traummann und ich genoss jede Minute mit ihm sehr. War ich genervt vom Alltag, dem schlechten Wetter in Hamburg, hatte Stress oder war traurig – er war da, hörte zu, brachte mich wieder zum Lachen oder gab mir in langen Gesprächen neue Denkanstöße, weil er die Dinge aus einer anderen Perspektive betrachtete als ich. Natürlich hatte ich auch in meinem direkten Umfeld Freunde zum Reden, aber Kai und ich waren nun einmal auf ganz besondere Art verbunden. Jeder, der schon einmal verliebt war, kennt dieses Gefühl.

Er überraschte mich immer wieder aufs Neue. Manchmal schickte er zum Beispiel wunderschöne Liebesbriefe per

Post, von Hand auf schwerem Briefpapier geschrieben, und eines Tages wurde sogar ein Blumenstrauß geliefert.

So offen er mir seine Liebe zeigen konnte, so ungern sprach er über das, was ihn bedrückte. Hin und wieder machte er Andeutungen, wie schwierig es mit seiner Mutter war und dass besonders Nick sehr unter ihr litt. Patrick nahm es wohl leichter. Er hatte eine feste Freundin, bei der er den Großteil seiner Zeit verbrachte. Er ging seiner Mutter aus dem Weg, ließ mit stoischer Ruhe ihre Stimmungsschwankungen an sich abprallen und wartete darauf, aufs College gehen und zu Hause ausziehen zu können. Kai genoss die Ablenkung, die er durch mich von dieser unerfreulichen Situation hatte, und sagte, er wolle die Zeit mit mir einfach nur genießen.

Eines Abends während wir telefonierten, bat er mich, mit ihm auf eine Website für hochwertigen Designermodeschmuck zu gehen, um gemeinsam Weihnachtsgeschenke für seine Schwestern auszusuchen. »Für mich sieht das ganze Zeug gleich aus«, stöhnte er. »Ich habe keine Ahnung, was Frauen mögen. Was findest du denn gut?«

Ich klickte mich mit ihm durch die Seiten, sah zwei kleine Silberringe, die mir gefielen und machte ihn schließlich auf einen wunderschönen goldfarbenen Armreifen aufmerksam. »Der ist wirklich toll! Den würde ich für Andi nehmen.« Dann fiel mein Blick auf den Preis. Er kostete umgerechnet fast 90 Euro. Für ein Schwesterngeschenk wohl deutlich zu teuer.

Kai dachte das Gleiche: »Boah! Für den Preis kann ich mir hier ein komplettes Outfit kaufen. Ich bestelle die Ringe.« Er lachte. »Freu dich, dass du Einzelkind bist. Mit fünf Geschwistern wird man arm.«

Familienbande

Der Dezember war angefüllt mit Plätzchenbacken, Basteln und Weihnachtsfeiern in Schule und Kindergarten. Dazu kam ein größerer Auftrag, sodass ich auch jobmäßig sehr eingespannt war. Kai ging es ähnlich. Ich wusste, wie schwierig die Wochen vor seiner endgültigen Abreise nach Deutschland für ihn waren, denn die Sorge um seine Brüder machte ihn fertig. Mittlerweile hatte sich herausgestellt, dass Nick große Schwierigkeiten in der Schule hatte und dringend Hilfe brauchte. Als Kai versuchte, mit seiner Mutter darüber zu sprechen, war es zu einem heftigen Streit gekommen. Einerseits fühlte sie sich überfordert und alleingelassen, andererseits beschimpfte sie Kai, er würde sich in alles einmischen und solle sich gefälligst aus ihrer Erziehung heraushalten. Am 23. Dezember flog die ganze Familie trotzdem nach Hawaii und am Morgen des 24. fand ich eine Mail von ihm bei Facebook.

Kai Cruz Samstag, 24. Dezember 2011 um 06:03
»Hi Babe,
  wir sind gut angekommen. Meine Mutter hat sich zusammengerissen, und es gab zur Abwechslung mal keinen Stress! ;) Andi ist mittlerweile auch hier. Ihr Flug von Deutschland aus war ziemlich verspätet und wohl recht turbulent. Die Hotelanlage ist wirklich schön, allerdings ist es brechend voll, Touristenhölle. :D Es gibt jede Menge Animation und Programm. Abends Disco, Karaoke, den ganzen Scheiß. Pat findet das super. Ach ja, Büfett bei allen Mahlzeiten! Ganz nach meinem Geschmack. LOL Morgen Abend ist hier großes Dinner mit Abendgarderobe. Hahaha. Die Chaoten und ich haben so was gar nicht mit, aber wir meinten schon, vielleicht merkt keiner, wenn wir mit Flip-Flops kommen. Andi ist natürlich voll aus-

gestattet. Die hat dreimal so viel Klamotten dabei, wie wir zusammen.

Patrick und ich teilen uns ein Zimmer, Andi ist mit Nick zusammen. Ist okay. Ich poste später noch Bilder für dich. Muss jetzt off. Wir gehen vorm Essen noch alle runter in die Lobby und trinken was. All inclusive you know? LOL

Ich wünsche dir nachher einen schönen Abend und viele Geschenke!

Grüß deine Mutter und die Kids von mir.

Love and Thoughts! Dein Kai

Als er die Mail abgeschickt hatte, war es bei ihm früher Abend gewesen und jetzt lag er wohl längst im Bett. Ich sah aber, dass er vorm Schlafengehen noch diverse Fotos gepostet hatte: das Hotel von außen, der Garten mit riesigen Palmen, im Hintergrund war das Meer zu sehen, ein neonblauer Pool, sein Zimmer, Nick auf seinem Hotelbett sitzend und ein Comic lesend, die Lobby, Andi an der Bar, das Büfett. »Nicht schlecht!«, dachte ich. Und trotzdem, ich hätte keinerlei Lust gehabt, mein Weihnachtsfest so zu feiern. Ich freute mich auf den Abend, den wir zusammen mit meinem Onkel und seiner Familie ganz traditionell verbringen würden.

Direkt nach den Feiertagen erhielt ich ein großes Paket aus den USA. Ich freute mich wahnsinnig und öffnete es gemeinsam mit den Kindern. Darin war für jeden Sohn eine große, in STARWARS-Geschenkpapier eingewickelte LEGO-Packung, ein flaches, weiches Päckchen mit einem »Post it«-Zettel daran: »Für deine Mutter« (*Was?* Er schickte sogar meiner *Mutter* etwas?!) und ein kleines, in buntes Papier gewickeltes Geschenk für mich. Dabei lag ein großer Umschlag mit einer hübschen Karte.

Mittwoch, 7.12.2011

Liebe Vicky,

hoffentlich gefallen euch die Geschenke. Dass du deins mögen wirst, weiß ich. ;)

Ich bin so froh, dass wir uns gefunden haben. Du bist einmalig und das Beste, was mir je passiert ist. Ein Leben ohne dich kann ich mir gar nicht mehr vorstellen, und es vergeht kein Moment, an dem ich nicht an dich denke.

Du bist ein wunderbarer Mensch. Egal was kommen wird, ich möchte, dass du weißt, dass du immer einen besonderen Platz in meinem Herzen haben wirst. Lass dir von niemandem deine Lebensfreude und Harmonie nehmen. Du hast nur das Allerbeste verdient.

Ich kann es nicht erwarten, bis wir endlich zusammen sind und ein Leben miteinander beginnen können.

Nur noch wenige Wochen!

Ich liebe dich.

Kai

Ich lächelte, nahm dann das Päckchen und öffnete vorsichtig das Geschenkpapier. Eine schwarze, flache Pappschachtel kam zum Vorschein. Ich hob den Deckel und darin lag in Seidenpapier gewickelt der Armreif, den ich ihm vor Wochen auf der Website gezeigt hatte. Er hatte ihn für mich gekauft! Ich nahm ihn aus der Verpackung, probierte ihn an, und als ich das Schmuckstück an meinem Handgelenk bewunderte, war ich vermutlich der glücklichste Mensch der Welt. Zu diesem Zeitpunkt wusste ich noch nicht, dass Kai mir zum Valentinstag ein paar Wochen später, zusammen mit einer romantischen Postkarte, als Überraschung die passenden Ohrringe schicken würde.

Kai berichtete regelmäßig aus Hawaii, schickte via WhatsApp kurze Nachrichten, Fotos und sogar spontan aufgenommene

Videos, zum Beispiel von der abendlichen Bühnenshow. Seine Mutter war ungewöhnlich entspannt, er traute dem Frieden allerdings nicht und wartete auf den großen Knall. Und sollte recht behalten.

In der Silvesternacht, die ich gemütlich mit den Kindern zu Hause verbrachte, hatte er uns kurz vor 0 Uhr einen guten Rutsch gewünscht, am nächsten Morgen gegen 11 Uhr meldete er sich erneut. Hawaii lag zeitlich 12 Stunden zurück, er befand sich also noch im Vorjahr.

»Oarrrrr!!!! Krise!!!«, schrieb er.

»Was ist los?!«

Er erzählte, es habe gerade einen riesengroßen Streit mit seiner Mutter gegeben. Andi und Pat hätten sich nach dem Essen, um die Wartezeit bis Mitternacht zu überbrücken, an die Bar gesetzt und dort einige Cocktails bestellt. Als ihre Mutter gegen 22 Uhr dazugekommen wäre, war der 17-jährige Pat leicht angetrunken. Sie wurde daraufhin wütend, beschimpfte Andi laut vor allen anderen Gästen und warf ihr mangelndes Verantwortungsbewusstsein vor.

»Dann hat sie Pat am Arm gepackt und hinter sich her in unser Zimmer gezerrt. Der hatte natürlich überhaupt keinen Bock drauf und hat den ganzen Weg über gebrüllt, dass sie ihn in Ruhe lassen soll. Dahinter lief der heulende Nick und hat Mama angefleht, Pat loszulassen!«

»Shit! O Gott, du Armer! Und jetzt?«

»Pass auf, das geht noch weiter! Mama hat erst mal mich angeschnauzt, warum ich nicht auf meinen kleinen Bruder aufgepasst hätte, meine Schwester wäre dazu ja anscheinend nicht in der Lage, die würde ja selber zu viel trinken!«

»Stimmt das denn?«

»Na ja, wenig trinkt die nicht. Die ist jetzt keine Alkoholikerin oder so, aber wenn sie Party macht, dann richtig. Trotzdem, wie unverschämt von meiner Mutter!«

»Was macht ihr jetzt? Müsste doch gleich 12 sein!«

»Warte, geht noch weiter! Mama ist raus aus dem Zimmer, hat den heulenden Nick hinter sich hergezogen. Dann rein in Andis und sein Zimmer, hat seine Sachen zusammengepackt und gesagt, dass er ab jetzt bei ihr und Steven schläft!«

»Argh! Und nun? Wo seid ihr denn jetzt?«

»Noch in unserem Zimmer. Andi ist auch hier. Wir gehen gleich runter zur Party. Mama ist mit Nick in ihrem Zimmer.«

»Was? Ihr geht zur Party??? Mit Pat?!«

»Klar. Ey, der ist vielleicht ein bisschen angetrunken, nichts weiter, der lallt ja nicht oder so. Ich sehe überhaupt nicht ein, mir den Abend von Drama-Mama verderben zu lassen. Da geht's auch ums Prinzip! Baby, ich muss jetzt off. Ist gleich 12. Ich liebe dich! Melde mich morgen.«

»Ich dich auch. Alles Gute!«

Die Situation entspannte sich in den nächsten Tagen nicht. Im Gegenteil, sie spitzte sich noch zu. Kai war es natürlich nicht mehr gelungen, mit Nick zu sprechen. Seine Mutter hatte die Tür nicht geöffnet und jedes Gespräch verweigert, sodass Kai unverrichteter Dinge wieder abgezogen war. Das ganze Ausmaß der Krise zeigte sich aber erst am nächsten Morgen, denn seitdem ignorierte sie Kai, Andi und Patrick, setzte sich im Speisesaal mit ihrem Mann und Nick an einen anderen Tisch, ja grüßte nicht einmal zurück, wenn sie ihren älteren Kindern über den Weg lief. Nick litt am meisten darunter, plötzlich von seinen Geschwistern getrennt zu sein. Trotz aller Bemühungen gelang es ihm nicht, den Fängen seiner Mutter zu entwischen. Sie passte auf ihn auf und bestand darauf, dass er an ihrer Seite blieb. Kai suchte mehrfach das Gespräch mit ihr, blitzte aber jedes Mal ab. Er war sehr angespannt. Die Sorge um seine Brüder und das Wissen darum, dass er in wenigen Tagen zurück nach Münster fliegen und sie in dieser ungeklärten Situation zurücklassen würde, machten ihn fertig. Immerhin versprach sein großer Bruder Robert, in der zweiten Januarwoche nach Athens zu fliegen und nach den Jungs zu sehen.

Am Donnerstag, einen Tag vor seiner Abreise, meldete Kai sich noch fluchend, weil er Schwierigkeiten damit hatte, all die Sachen, die sich in den letzten Monaten angesammelt hatten, möglichst platzsparend in seinem Gepäck zu verstauen. Wir waren beide wahnsinnig aufgeregt und freuten uns sehr aufeinander. Nur noch drei Mal schlafen, und wir würden uns endlich sehen.

Am Freitagmorgen schickte er eine Nachricht, dass sie unterwegs zum Flughafen waren. Dank Zwischenstopps in Los Angeles und Paris würden er und Andi erst Sonntagmittag in Frankfurt ankommen und mussten von dort mit dem Zug weiter nach Münster. Er wollte sich melden, sobald er zu Hause war, und ich würde dann abends zu ihm kommen.

Weder am Abflugtag noch am Samstag hörte ich von ihm. Verwundert war ich darüber nicht. Er saß schließlich im Flieger. Erst als ich Sonntagnachmittag immer noch keine Nachricht von ihm hatte, wurde ich nervös. Natürlich konnte es sein, dass es zu Verspätungen gekommen war und er eine Flugverbindung verpasst hatte, trotzdem hätte er sich melden können. Wir waren schließlich verabredet.

Ich schrieb ihm mehrfach, erhielt aber keine Antwort. Kein Wunder, mir wurde angezeigt, dass er seit dem Vortag nicht mehr online gewesen war. War ihm etwas passiert? Ob das Hotel etwas wusste? Den genauen Namen kannte ich zwar nicht, aber es dauerte nur wenige Minuten und ich hatte es auf einer Website für Urlaubsangebote gefunden. Ich musste nur nach dem Ort suchen und dann die einzelnen Hotelbilder auf der Seite mit seinen vergleichen. Ich notierte mir den Hotelnamen. Dort anzurufen hatte allerdings wenig Sinn, er hatte ja längst ausgecheckt.

Es war jetzt schon fast 18 Uhr, und er schien bisher noch nicht einmal in Münster angekommen zu sein. Die Fahrt von Hamburg zu ihm würde etwas über zwei Stunden dauern.

Sosehr ich mich auf Kai freute, zu spät wollte ich nicht bei ihm ankommen, denn ich wollte auf jeden Fall die Möglichkeit haben, mich spontan wieder in den Zug zurück nach Hamburg zu setzen. Mitten in der Nacht würde das schwierig werden.

Obwohl ich mir alle Mühe gab, machte sich riesengroße Enttäuschung in mir breit, je später es wurde. Was war geschehen? War ihm etwas passiert? Gab es Probleme mit dem Flug? Gut möglich, aber ehrlich gesagt hätte er sich dann trotzdem melden müssen. Auf jedem Flughafen gab es WLAN und selbst wenn er todmüde und frustriert war, eine Nachricht hätte er schreiben können. Hatte er es sich anders überlegt? Angst bekommen? Richtig vorstellen konnte ich mir das nicht. Er war kein Feigling und hätte sicher den Mut gehabt, mir gegenüber seine Zweifel zu äußern und unser Date schlimmstenfalls abzusagen. Bevor ich ins Bett ging, schrieb ich noch einmal – ohne Reaktion.

Natürlich konnte ich nicht einschlafen. Ich schwankte zwischen Angst, Wut, Enttäuschung und Traurigkeit und schaffte es nicht, meine Gedanken auszuschalten. Ich lag zusammengekrümmt in meinem Bett, weinte und wünschte den nächsten Tag herbei, an dem sich die Situation hoffentlich aufklären würde. Das iPhone lag neben mir, und den Ton hatte ich vorsorglich angelassen, damit ich sofort hörte, wenn Kai sich melden würde.

Um 4 Uhr ertönte endlich der herbeigesehnte Signalton, der eine neue Mail ankündigte.

Kai Cruz Montag, 9. Januar 2012 um 04:02

Vicky, ich weiß gar nicht, wie und was ich dir jetzt schreiben soll, denn ich könnte nur heulen. Ich muss in den Staaten bleiben. Nick hat sich geweigert, ohne mich nach Athens zu fliegen, weil er Angst vor Mamas Ausrastern hat.

Ich hätte mich eher bei dir gemeldet, habe es aber nicht hingekriegt. Erst mal, weil es alles so stressig und unklar war, und dann, weil ich einfach Angst davor hatte, es dir zu sagen und dich zu verlieren. Du wirst wahnsinnig sauer und enttäuscht sein, und das kann ich auch verstehen.

Ich versuche mal, die letzten Tage zusammenzufassen, damit du weißt, was hier gerade los ist. Wir sind am Freitag gemeinsam zum Flughafen gefahren. Der Flieger von Andi und mir wäre erst anderthalb Stunden nach dem der anderen gegangen. Steven und Mama wollten mit den Jungs einchecken, aber Nick hat meine Hand genommen und nicht mehr losgelassen. Hat sich geweigert, mit Mom zu gehen. Ich habe auf ihn eingeredet, Andi, Pat, hat alles nichts geholfen.

Mama natürlich voll am Ausflippen, hat ihn gepackt und versucht, ihn hinter sich herzuzerren, aber Nick hat sich an meinen Arm geklammert und angefangen zu weinen. Ich meine, der ist erst 12, das war schrecklich. Ein Junge, der einfach nicht mehr kann und vor allen Leuten heult, obwohl es ihm normalerweise total peinlich wäre. Mama am Fluchen und Pöbeln und dazu Steven, der in oberlehrerhaftem Ton meinte, Nick solle sich nicht wie ein Baby anstellen. Das hat Pat so wütend gemacht, dass er gesagt hat, Steven soll die Fresse halten und sich um seinen eigenen Kram kümmern, er wäre schließlich nicht unser Vater. Daraufhin hat meine Mutter ihm eine Ohrfeige gegeben, und ich wette, hätte ich da nicht mit Andi gestanden, Pat hätte zurückgeschlagen. Ich habe versucht, irgendwie Ruhe in die Situation zu kriegen. Ohne Erfolg.

Nick hat sich nicht dazu bewegen lassen, in dieses Scheißflugzeug zu steigen. Er meinte, ohne mich geht er nicht nach

Hause. Und wenn ich nach Münster muss, dann kommt er mit zu mir. Ich habe ihm natürlich erklärt, dass das nicht einfach so geht, dass man das nicht mal eben so entscheiden kann. Ihm war das schon klar, aber an der Situation geändert hat es nichts.

Na ja, erst ist der Flieger von denen ohne sie abgeflogen, dann wurde unserer aufgerufen. Ich voll in Panik! Habe an dich gedacht. Wie sehr wir uns gefreut haben. Und dass ich unbedingt zu dir will! Und wie unfair das alles ist! Aber ich habe es echt nicht übers Herz gebracht, den Kleinen wegzustoßen und einfach zu gehen. :(Andi und ich haben kurz geredet. Sie muss dringend in die Uni, weil sie im Januar wichtige Klausuren hat. Und hier kann sie sowieso nichts tun. Also ist sie geflogen. Ich wäre am liebsten gestorben, als sie eingecheckt hat und das Flugzeug ohne mich gestartet ist. Ohne Scheiß. Ich wollte einfach nur bei dir sein. Und wir haben jetzt schon so lange gewartet. Aber was sollte ich machen? Ich kann ja Nick sogar verstehen. Ich weiß noch gut, wie schlimm ich das mit Mama in seinem Alter fand, und da war ja Papa noch da und hat sich gekümmert und sie auch mal zur Vernunft gebracht, statt nur zuzugucken, so wie Steven.

Wir haben dann alles umgebucht, total kompliziert, und bekamen nur noch superlange Flüge. Kamen deswegen erst am Samstagabend in Atlanta an und mussten dann noch mit dem Auto nach Athens weiter. Alle fix und fertig. Ich hätte nur heulen können.

Ich weiß, ich hätte dir gestern schon schreiben müssen, aber ich wusste echt nicht, was ich sagen soll. Irgendwie hatte ich gehofft, dass sich die Situation entspannen würde, wenn wir erst mal drüber geschlafen haben, und ich dann eben abends von Atlanta aus nach Frankfurt geflogen wäre. Dann hätten wir uns zwar nicht heute treffen können, aber nur einen Tag später. Das wäre ja kein Drama gewesen. Darum habe ich erst mal abgewartet.

Aber heute hat sich nichts geklärt. Mama spricht mit keinem von uns. Steven hält sich raus, ich habe den nicht mal gesehen heute. Pat ist zu seiner Freundin gefahren, und Nick besteht darauf, nicht hierbleiben zu wollen. Es hilft wohl nichts, ich muss erst mal meine Familiensituation klären und mich diese Woche bei den Behörden schlaumachen.

Bitte entschuldige, dass du darunter jetzt leiden musst. Ich weiß nicht, was ich tun soll, aber ich würde dich niemals bitten, weiter auf mich zu warten oder diesen ganzen Scheiß mit mir weiter mitzumachen. Ich habe gerade keinerlei Energie mehr, um alles auf die Reihe zu kriegen. Alles, was ich sagen kann, ist, dass es mir wirklich von ganzem Herzen leidtut. Ich liebe dich und halte dich (wenn du das möchtest) so gut es geht auf dem Laufenden.

Kai

O Scheiße! Ich hätte schreien können. Und heulen. Oder beides. Kai tat mir leid, natürlich. Aber ich tat mir genauso leid. Ich hatte so viel Geduld gehabt, und jetzt hieß es wieder warten! Aber wie lange? Und warum griff der leibliche Vater nicht ein? Es ging schließlich um sein Kind! Hatte Kai den gar nicht kontaktiert? Wieso übernahm Kai eigentlich so viel Verantwortung? Da war schließlich auch noch sein großer Bruder Robert. Nick konnte doch zu ihm nach Denver gehen. Wie sollte es denn überhaupt funktionieren: ein Minderjähriger aus den Staaten, der gegen den Willen der Mutter zu seinem Bruder nach Deutschland wollte? Da würde doch kein Jugendamt mitmachen. Außerdem war Kai berufstätig und konnte sich gar nicht um einen Teenager kümmern. Oder würde er nun doch in die Staaten ziehen? Und ich wurde vor vollendete Tatsachen gestellt? Tausend Fragen schossen mir durch den Kopf, aber dennoch, trotz aller Wut konnte ich Kai verstehen. Man ließ seinen kleinen Bruder nicht einfach im Stich. Schon gar nicht, wenn man so tickte wie Kai. Und er litt ja auch. Die Umstände hatten ihn in diese Lage gebracht, nicht seine eigene Entscheidung.

Ich fand den Gedanken schrecklich, dass er Angst davor hatte, ich würde den Kontakt zu ihm abbrechen, nur weil er unsere Verabredung nicht hatte halten können. Bestimmt gab es Leute, die so waren. Ich gehörte nicht zu ihnen. Kai war ein wirklich besonderer Mensch. So jemanden kickte man doch nicht einfach aus seinem Leben, nur weil die Dinge nicht so liefen, wie man es sich gewünscht hatte. Trotzdem, seine Mail warf Fragen auf. Ich brauchte Antworten.

Victoria Schwartz Montag, 9. Januar 2012 um 04:59
Ach Kai :(Was soll ich denn jetzt machen? Den Kontakt zu dir einfach abbrechen und dich hängen lassen? In dieser Situation, in der es dir total schlecht geht? Das kann ich nicht. Ich kann meine Gefühle für dich doch nicht einfach ausknipsen und sagen: »Jetzt reicht's!« Dafür bedeutest du mir viel zu viel, das weißt du doch. Andererseits bin ich mir nicht sicher, ob ich deine Mail richtig verstehe. Was meinst du mit: »Ich muss in den Staaten bleiben«? Dass du dort hinziehen wirst? Für immer? Und du schreibst: »Ich habe gerade keinerlei Energie mehr, um alles auf die Reihe zu kriegen.« Meinst du damit auch uns? Das, was zwischen uns ist? Dann, bitte, sag mir das ehrlich. Ich will keine Egosau sein, aber ich bin gerade, genau wie du, ziemlich fertig und muss wissen, was Sache ist, mit was ich zu rechnen habe.
Ich denke an dich.
<3 Vicky

Natürlich hatte ich gehofft, Kai würde mir auf meine Mail sofort antworten. Leider tat er das nicht. Er schaltete oft seine Push-Benachrichtigungen aus, weil er, wie er sagte, sich »nicht als Sklave des Internets« fühlen wollte. »Ich will selbst bestimmen, wann ich Nachrichten erhalten und darauf reagieren möchte und mich nicht von einem Telefon dazu nötigen lassen.« Nachvollziehbar, aber in dieser Situation hätte ich es als angebracht empfunden, dass er erreichbar war.

Gegen 6 Uhr fielen mir endlich die Augen zu. Gott sei Dank hatte ich bis einschließlich Mittwoch frei und konnte ausschlafen.

Als ich am nächsten Vormittag aufwachte, sah ich, dass Kai noch nicht wieder online gewesen war.

Der Tag verging ohne Nachricht von ihm. Ich war am frühen Nachmittag spontan mit den Kindern in den Zoo gegangen, hatte trotz der schönen Ablenkung zwischendurch aber immer wieder an Kai denken müssen. Vielleicht war er längst unterwegs und klapperte Behörden ab. Ihm jetzt noch mehr Druck zu machen, fand ich nicht richtig. Ich war mir sicher, dass er sich melden würde, sobald er konnte. Als ich allerdings um Mitternacht immer noch nichts gehört hatte, fiel es mir schwer, entspannt und verständnisvoll zu bleiben. Es war mittlerweile 18 Uhr bei ihm, er hätte sich doch zumindest einmal kurz melden können. Schließlich betraf seine Familiensituation mich indirekt genauso. Statt in seinen Armen zu liegen, saß ich in Hamburg und grübelte. Das hatte ich mir wirklich anders vorgestellt… Irgendwann musste ich eingenickt sein, denn mein Telefon holte mich aus dem Schlaf. Eine Facebook-Nachricht! Aber sie kam nicht von Kai, sondern von Nick. Dazu hatte er eine Freundschaftsanfrage gestellt, die ich sofort annahm. Es musste etwas passiert sein, er hatte mir noch nie geschrieben!

Nicholas Cruz Dienstag, 10. Januar 2012 um 02:43
Hi Vicky, are you with Kai?

Was sollte *das* denn heißen?!

Victoria Schwartz Dienstag, 10. Januar 2012 um 02:44
Was meinst du damit? You don't know where he is? Isn't he with you?

Nicholas Cruz Dienstag, 10. Januar 2012 um 02:55
He came with us because I am scared of mom and now I don't know where he is. I thought he may be with you in Germany again.

Fragte er gerade ernsthaft, ob Kai bei mir in Deutschland wäre? Schön wär's... Aber wieso war er verschwunden? Und warum wusste nicht einmal sein eigener Bruder, wo er steckte?

Victoria Schwartz Dienstag, 10. Januar 2012 um 03:05
No, he isn't. I have no idea where he is! What happened?

Nicholas reagierte nicht mehr. Mir schlug das Herz bis zum Hals. Was war los? Kai hatte so niedergeschlagen gewirkt. Es war definitiv kein gutes Zeichen, dass er plötzlich verschwunden war. Vielleicht wusste sein Bruder Patrick mehr? Auch zu ihm hatte ich bisher keinen Kontakt gehabt, nun beschloss ich, ihn anzuschreiben. Ich wusste, dass er relativ gut Deutsch sprach.

Victoria Schwartz Dienstag, 10. Januar 2012 um 03:15
Patrick? Hi. Wo ist Kai? Ist der nicht bei euch?

Hoffentlich sah er meine Nachricht überhaupt. Da wir bei Facebook nicht befreundet waren, würde sie in seinem »Sonstiges«-Mailordner landen, einem Ordner, von dessen Existenz viele Menschen nicht mal wussten. Bei Patrick hatte ich jedoch Glück. Eine Viertelstunde später reagierte er.

Patrick Cruz Dienstag, 10. Januar 2012 um 03:17
Nein, wir haben keine idea. Dachten bei dir?

Victoria Schwartz Dienstag, 10. Januar 2012 um 03:18
Nein! Aber er ist doch mit euch nach Hause geflogen?

Patrick Cruz Dienstag, 10. Januar 2012 um 03:21
Er war hier, aber es gab heute morgen aerger mit Mama und die hat ihn rausgewerfen. Jetzt weiss ich nicht wo er ist.

Victoria Schwartz Dienstag, 10. Januar 2012 um 03:23
O Shit. Er hat sich bei mir nicht gemeldet. Ich mache mir jetzt ziemliche Sorgen.

Patrick Cruz Dienstag, 10. Januar 2012 um 03:27
Er war wuetend und hat sich geschaemt weil er dich haengengelassen hat. Ich glaube er hat angst vor deiner reaction. because he mentioned something along the lines of why would you put up with his shit.

Victoria Schwartz Dienstag, 10. Januar 2012 um 03:30
Ich habe ihm schon gestern geantwortet, dass alles okay ist und ich nicht sauer bin. Er war bisher nicht mal im Internet und hat es deswegen gar nicht gelesen.
  Habt ihr versucht, ihn anzurufen?

Patrick Cruz Dienstag, 10. Januar 2012 um 03:38
Yes, we called and left messages and emailed and texted. But nothing yet. I don't know.

Victoria Schwartz Dienstag, 10. Januar 2012 um 03:43
Wie lange ist Kai schon weg? Er ist doch extra mit euch geflogen, um Nick zu helfen. Der haut doch nicht ohne ein Wort wieder ab. Und wo ist sein Gepäck?

Patrick Cruz Dienstag, 10. Januar 2012 um 03:45
Hier ist nichts mehr. Als ich gestern nacht von meiner freundin kam, war er schon im bett. Heute morgen hat Mom wieder stress gemacht und mit uns gestritten. Kai hat gesagt, sie soll uns nicht anbrüllen. Da hat sie ihn rausgeworfen. Er hat seine Sachen genommen und ist weg. Kai definitely wasn't happy. I dont know how upset he really is.

Victoria Schwartz Dienstag, 10. Januar 2012 um 03:50
Shit :(((Das Schlimme ist, dass ich gar nichts tun kann, solange er sich nicht bei mir meldet. Hat er irgendwelche Freunde in der Nähe?

Patrick Cruz Dienstag, 10. Januar 2012 um 04:03
Ja. Er hat einen freund nicht so weit weg. Lukas. Aber ich habe ihn schon angerufen und er weiss auch nichts. Kai ist stubborn. Stur

Victoria Schwartz Dienstag, 10. Januar 2012 um 04:10
Ich denke, dass Kai sich ein Hotel gesucht hat und das Jugendamt kontaktiert. Der haut nicht einfach ab, ohne irgendwas versucht zu haben.

Patrick stimmte mir zu. Wir verabschiedeten uns und versprachen, uns gegenseitig Bescheid zu geben, falls Kai sich melden sollte.

Ich fand keine Ruhe und machte mir entsetzliche Sorgen. Natürlich hoffte ich, dass Kai im Flugzeug nach Deutschland saß, aber insgeheim war mir klar, dass das nicht der Realität entsprach. Ich kannte ihn gut genug, um zu wissen, dass er seine Familie immer über seine eigenen Bedürfnisse stellte. Wenn Andi Unterstützung während des Studiums brauchte, Pat einen Zuschuss zu einem neuen Computer wollte oder

Nick Probleme hatte – Kai kümmerte sich. Und ich empfand seine Verwandten noch nicht einmal als besonders dankbar. Sie nahmen seine Hilfe als selbstverständlich hin. Kai war ledig, musste noch keine eigene Familie ernähren, war nicht fest angestellt, verdiente aber trotzdem gut. Damit war er allzeit für sie verfügbar. Vielleicht war es einfach eine Frage der Herkunft seiner Eltern? Kais Vater hatte ja auch die gesamte Verwandtschaft unterstützen müssen. Weil es eben seit Generationen so war.

Das Gefühl, in dieser Situation nicht aktiv werden zu können, machte mich wahnsinnig. Draußen wurde es schon hell und ich zwang mich, mich hinzulegen, um eventuell doch noch ein wenig Schlaf zu bekommen.

Der folgende Tag war furchtbar. Wie anders hatte ich mir meine freien Tage vorgestellt: in Münster, zusammen mit Kai. Nun saß ich wie auf Kohlen und kontrollierte alle paar Minuten mein Handy, aus Angst, eine Nachricht von ihm übersehen zu haben.

Ich konnte an nichts anderes mehr denken als an Kai. Um mich abzulenken, traf ich mich am Abend mit Jana. Sie war entsetzt, als ich ihr erzählte, dass unser Treffen in Münster nicht stattgefunden hatte. Ich erzählte ihr, was in den letzten Tagen vorgefallen war.

Sie schüttelte den Kopf. »Vicky, hast du wirklich Lust auf so einen Typen? Soll sich bitte der Vater um seine Kinder kümmern! Was hat Kai damit zu tun? Der lässt sich von seiner Familie auf der Nase herumtanzen. Du wirst immer in der zweiten Reihe stehen. Mein Ding wäre das nicht.«

Natürlich hatte sie recht, es wäre die Sache des Vaters gewesen. Andererseits wusste Jana gar nicht, wie es sich anfühlte, für andere Menschen verantwortlich zu sein. Sie war Single, selbstständig, hatte keine Kinder. Das Einzige, worum sie sich kümmern musste, war sie selbst. Natürlich verstand sie Kai nicht. Klar, ich hätte es auch lieber gehabt, dass er für mich alles stehen und liegen lässt. Aber so war das Leben nun einmal nicht. Und man musste es realistisch betrachten: Kai und ich kannten uns bisher nur aus dem Internet. Sicher, wir hatten große Gefühle füreinander, aber man gab nicht einfach alles auf für einen Menschen, den man erst vor kurzem kennengelernt hatte, der weit weg war und den man noch nicht mal persönlich getroffen hatte. Wären wir schon länger ein echtes Paar gewesen, hätte es anders ausgesehen. Trotzdem, bei allem Verständnis, mittlerweile war ich doch ziemlich sauer darüber, dass Kai es nicht für nötig hielt, mir wenigstens eine kurze Nachricht zu schicken. Ich erwartete ja keine lange Mail, nur ein, zwei Sätze darüber, wo er sich aufhielt und wie es ihm ging. Er wusste doch, dass ich mir Sorgen machte! Und ich hätte auch gerne seine Antworten auf meine Fragen gehört. Was war denn jetzt eigentlich mit ihm und mir?

In dieser Nacht kam ich erst spät nach Hause, denn Jana hatte es sich zur Aufgabe gemacht, mich auf andere Gedanken zu bringen und zog von einer Bar zur nächsten mit mir. Endlich im Bett, war ich tatsächlich so müde, dass ich sofort einschlief. Am nächsten Morgen setzte mein Herz einen Schlag lang aus, als ich sah, dass Kai geschrieben hatte.

Kai Cruz Mittwoch, 11. Januar 2012 um 05:51
Nein, natürlich will ich das mit dir nicht beenden! Ich meinte nur, dass ich es verstehen könnte, wenn du keine Lust mehr auf den ganzen Mist mit mir hättest. Ich bin jetzt im Hotel. Hatte Stress mit meiner Mutter. Der passt es nicht, dass ich mit hergeflogen bin. Klar, sie hat natürlich Angst vor dem, was jetzt kommt. Sie ist ausgeflippt, hat eine totale Szene gemacht. Ich war so sauer. Hab meinen Kram gepackt und bin gegangen. Nick und Patrick habe ich jetzt Bescheid gesagt, wo ich bin. Ey,

ich brauchte einfach mal 'ne Auszeit. Meine Ruhe. Zeit zum Denken. Vorhin habe ich mit Papa geredet. Der wird nächste Woche herkommen und das Ganze hoffentlich regeln.

Ich werde nachher versuchen rauszukriegen, was die nächsten Schritte sind. Pat kommt vorbei und bringt mir sein Auto. Ich hoffe, dass das hier alles nicht zu lange dauert und ich nächste Woche nach Hause fliegen kann. Weiß auch gar nicht, wie ich das mit meinem Job regeln soll. Ich kann doch nicht ewig wegbleiben. Und im Mai kommt dann ja noch China. Keine Ahnung, wie ich das finanziell packen soll, wenn ich nicht langsam mal wieder was verdiene.

Melde mich heute Abend.

Love and Thoughts, Kai

China … Es war mir tatsächlich gelungen, diese Reise erfolgreich zu verdrängen. Kai hatte mir schon ganz zu Anfang erzählt, dass er im Mai in China sein würde, weil er über einen Bekannten das Angebot bekommen hatte, dort Vorträge zu halten. Im Gegenzug bekam er die Flüge und Hotelkosten bezahlt. Er hatte mich sogar gefragt, ob ich nicht mitkommen wolle, denn es würde wohl kaum einen Unterschied machen, ob seine Gastgeber ihm ein Einzel- oder Doppelzimmer zahlten, und ich müsste dann nur für den Flug aufkommen. Natürlich hatte ich Lust darauf, aber ich konnte nicht weg. Egal, bis zum Mai war es noch so lange hin, und jetzt hatten wir ganz andere Probleme. Ich war gespannt, was Kai mir abends erzählen würde.

Gegen Mitternacht meldete er sich via WhatsApp.

»Hi Babe, ich sitze zum ersten Mal heute. Bin nur rumgerannt.«

»Wo bist du?«

»Beim Inder. Schmeckt okay.« Auf meinem Display erschien ein Foto seines Abendessens: Reis und eine undefinierbare gelbe Pampe mit Stückchen.

»Sieht lecker aus«, heuchelte ich. »Wie ist der Tag gelaufen? Weißt du schon mehr?«

»Joa. Kompliziert. Ich habe mit so einer Frau vom Jugendamt telefoniert und ihr die Lage geschildert. Ich muss morgen zum Anwalt, der übernimmt das dann.«

»Und was ist mit Nick?«

»Was soll ich tun, ey? Bis hier irgendwas offiziell entschieden wurde, kann ich den ja nicht einfach meiner Mutter wegnehmen. Und Papa kann ihn auch nicht bis dahin zu sich nach Jamaika holen. Nick muss schließlich hier zur Schule.«

Das stimmte natürlich. Gut, wir würden abwarten müssen, was der Anwalt sagte.

Am nächsten Abend waren wir schlauer – und leider auch ein Stück weit desillusionierter, was Kais Rückkehr nach Deutschland betraf. Wir telefonierten, und er erzählte mir, was der Anwalt gesagt hatte. Ein Richter musste sich mit dem Fall befassen und würde dann die Familie zu einer Anhörung vorladen. Es konnte ganz schnell gehen, schlimmstenfalls aber auch bis zu drei Monaten dauern. Je nachdem, wie die Dringlichkeit eingestuft wurde. Wollte man den Prozess beschleunigen, hätte man einen Härtefallantrag stellen müssen. Dann konnte es aber passieren, dass das Kind übergangsweise in einem Heim untergebracht wurde, und das wollten natürlich weder Kai noch sein Vater.

»Und jetzt?«, fragte ich. »Fliegst du erst mal nach Hause?«

»Wie denn? Die Vorladung kann jederzeit kommen. In solchen Kindeswohl-Fällen geht das dann ganz schnell. Da hast du plötzlich einen Termin für den nächsten Tag. Und dann kann ich denen wohl kaum sagen: ›Moment, ich bin gerade in Deutschland und muss erst mal einen Flug buchen. Ich melde mich bei Ihnen, sobald ich meine Ankunftszeit weiß.‹ Da nehmen die den Fall dann ja auch nicht mehr ernst.«

»Und was ist, wenn die Vorladung erst in zwei Monaten kommt? Es kann doch keiner von dir verlangen, dass du
tatenlos in Amerika rumsitzt! Wenn das jetzt echt bis April
dauert und du im Mai nach China musst, wann sehen wir
uns dann? Im Juni?«

Kai wurde lauter: »Scheiße, Vicky, ich kann es nicht ändern! Das kommt doch total unglaubwürdig, wenn ich einerseits behaupte, meinem kleinen Bruder geht es so schlecht,
dass er psychischen Schaden erleidet, andererseits aber so
entspannt bin, dass ich erst mal das Land verlasse und ihn in
der Situation allein lasse. Ich habe keinen Plan, was ich tun
soll!« Ich seufzte. Ehe ich etwas sagen konnte, fuhr er leiser fort: »Bitte, mach es mir nicht noch schwerer.« Er hörte
sich an, als kämpfte er mit den Tränen. »Ich finde es genauso
schlimm wie du, dass ich nicht bei dir bin. Aber ich kann es
nicht ändern! Der Anwalt hat ja auch nur gesagt, *schlimmstenfalls* dauert es bis zu drei Monaten. Normalerweise geht
es wohl viel schneller.«

Eine Gesprächspause entstand. In die Stille hinein hörte
ich leise, unterdrückte Schluchzer. Er weinte jetzt wirklich.
Sofort kam ich mir wie eine gnadenlose Egoistin vor. »Hey,
es tut mir leid«, flüsterte ich. »Es wird schon alles gut werden.«

Stillstand

Es wurde nicht alles gut. Die nächsten Wochen waren schwierig und emotional aufgeladen. Kai erfuhr, dass das Familien-
gericht ein psychologisches Gutachten benötigte. Allein das
kostete noch mehr Zeit. Seine Laune sank in den Keller, und
obwohl ich mir große Mühe gab, Verständnis für seine Situation aufzubringen, fiel mir das Warten zunehmend schwerer.

Als sich nach zwei Wochen immer noch nicht abzeichnete,

wann es endlich zu dem ersehnten Gerichtstermin kommen würde, zog Kai aus dem Hotel aus und zu seinem Freund Lukas, einem Deutschen, der für einen Autohersteller arbeitete und in einer Kleinstadt, etwa eine Stunde entfernt von Athens, wohnte. Ich hatte ihn schon öfter bei Facebook gesehen, wo er immer mal wieder Fotos und Statusmitteilungen von Kai kommentierte.

Hatte Kai vorher jede freie Ferienminute mit angenehmen Aktivitäten gefüllt, hatte er nun plötzlich gezwungenermaßen sehr viel Zeit, aber nichts zu tun. Statt an traumhaften Palmenstränden hing er nun in einem Ort fest, der außer einer Hauptstraße mit Fast-Food-Restaurants und einem Einkaufszentrum eigentlich nichts zu bieten hatte. Dieser Zustand schlug sich natürlich auf seine Stimmung nieder. Er war weiterhin liebevoll und aufmerksam, aber sobald Meinungsverschiedenheiten zwischen uns aufkamen oder ich den geringsten Druck auf ihn ausübte, reagierte er abweisend und verbat sich die kleinste Einmischung. Fragte ich nach und erwischte ihn auf dem falschen Fuß, konnte es passieren, dass er dichtmachte, das Gespräch beendete oder sogar für ein paar Tage untertauchte. Ich empfand dieses ambivalente Verhalten als sehr anstrengend und belastend. Einerseits überschüttete er mich mit Liebesbekundungen und Aufmerksamkeit, andererseits konnte er, wenn ich mich in seinen Augen falsch verhielt, von einer Sekunde zur anderen knallhart und abweisend werden. Eine falsche Frage, der Anflug einer Kritik an seinem Verhalten – und weg war er.

Um Stress zu vermeiden, sparte ich gewisse Gesprächsthemen aus oder behielt meine Meinung für mich. Eigentlich kannte ich mich so gar nicht. Normalerweise scheute ich mich nicht zu sagen, was ich dachte, aber in Kais Fall wusste ich, dass Streitereien nie zu etwas Produktivem führten. Und er hatte ja auch recht. Es gab Situationen im Leben, die man hinnehmen musste, auf die man keinen Einfluss hatte. Natürlich hätten wir jeden Tag den Zustand beklagen können, dass er noch in den USA bleiben musste. Aber es hätte uns in keiner Weise weitergebracht. Mehrmals sagte er: »Setz dich in den Flieger und komm rüber.« Das war natürlich total unrealistisch. Ich hatte meine Söhne, keine Ferien und zu viele Bedenken, ihn so weit weg von zu Hause zu treffen. Und jetzt hatte ich schon so lange gewartet, da waren ein paar Wochen mehr dann auch egal… So seltsam es sich anhören mag, gerade weil er mir so vertraut war, konnte ich mich damit arrangieren, weiter auf ein Treffen zu warten. Ich wusste ja, wie er war. Und ich wusste, dass sich das Warten lohnen würde.

Die Zeit verstrich. Kai verbrachte die Tage monoton, und ich wunderte mich über seine ungesunde Lebensweise. Er bewegte sich wenig und aß fast ausschließlich Fast Food. Irgendwann kannte ich alle Schnellrestaurants vor Ort, denn er schickte mir täglich Fotos seiner Mahlzeiten.

In der übrigen Zeit hing er vor dem Fernseher und guckte Cartoons, schlief viel oder shoppte für mich und die Kinder. Natürlich sagte ich ihm, er solle lieber sparen, denn sein Geld ging zur Neige und er machte sich große Sorgen wegen seines Verdienstausfalls. Er ließ sich aber nicht beirren und beteuerte, dass es ihm Spaß mache, nach Schnäppchen zu stöbern, weil er dann wenigstens etwas zu tun hätte. Immer noch kamen regelmäßig Pakete von ihm und der DHL-Mann und ich duzten uns mittlerweile. »Wieder was von deiner reichen Tante aus Amerika«, war sein persönlicher Running Gag, den er lachend jedes Mal anbrachte, wenn ich ihm die Tür öffnete.

Da Lukas beruflich sehr eingebunden war, unternahmen er und Kai selten etwas miteinander. Etwas Abwechslung brachte Chris, der für ein Wochenende zu Besuch kam. Die beiden waren ein Kapitel für sich. Sie waren sich unglaublich ähnlich, hatten den gleichen Humor, die gleichen Interessen, die gleichen Ansichten über Frauen und das Leben. Einerseits waren sie fast ein wenig niedlich, diese männlichen »Busenfreundinnen«, andererseits konnten sie im Doppelpack mit ihren feststehenden Meinungen, die sie gerne und oft äußerten, ziemlich anstrengend sein. Postete ich bei Facebook ein Video oder einen Link, irgendetwas, das ihnen missfiel, scheuten sie sich nicht, ironisch-kritische Kommentare zu schreiben und sich mit anderen, die ebenfalls kommentiert hatten, unendliche Diskussionen zu liefern. Ich schämte mich vor meinen Freunden oft ein wenig für die beiden und ihre wenig diplomatische Art. Bei bestimmten Themen gab es für sie nur schwarz und weiß, nichts dazwischen. Widerspruch war zwecklos. Frauen, die Fotos von sich im Bikini posteten, waren zum Beispiel »Attention Sluts« – »Nutten, die nur Aufmerksamkeit wollen«.

Dass Chris unzählige oberkörperfreie Strandbilder von sich hochgeladen hatte, auf denen er seinen trainierten Körper zur Schau stellte, war in seinen Augen etwas ganz anderes. Er hatte es nach eigenen Angaben schließlich »nicht nötig«. Der Typ konnte ein unglaublicher Macho sein! Generell war Social Media für ihn und Kai ein immer wiederkehrendes Lästerthema. Gern machten sie sich über die Menschen lustig, die dort aktiv waren: »Alles Leute, die ihr Leben nicht auf die Reihe kriegen.«

Einen anderen Grund, wegen dem sie das Internet kritisierten, fand ich seltsam: Angeblich hatten gleich mehrere gekränkte Exfreundinnen mithilfe des Netzes ihnen hinterherspioniert, sie regelrecht gestalkt. Natürlich konnte das vorkommen. Aber mehrere? Und gleich bei beiden? Ganz ehrlich, da musste schon vorher in den Beziehungen ganz gehörig was falsch gelaufen sein. Außerdem: Wenn sie doch alles so furchtbar fanden, warum waren sie dann trotzdem bei Facebook, Instagram und Twitter aktiv? Chris betrieb zusätzlich sogar noch ein Blog.

Ich verstand diese Widersprüchlichkeit zwischen Worten und Taten nicht, und manchmal fand ich ganz besonders Chris unerträglich. Entfreunden wollte ich ihn aus diplomatischen Gründen nicht, denn ich hatte keinerlei Lust auf Rechtfertigungen gegenüber Kai, und manchmal war Chris ja auch lustig und nett. Eines Tages erledigte sich die Sache aber von selbst. Er schrieb mir:

Chris Rakete Montag, 20. Februar 2012 um 07:07
Du bist ganz schön populär bei Twitter. Vor allem bei den Männern. Wie ist das so, wenn man in der Öffentlichkeit steht? LOL

Ich hatte keinen blassen Schimmer, wovon er redete. Ich hatte seit Wochen nicht mehr getwittert und eigentlich war ich gerade in einer Phase, in der ich die Plattform ziemlich uninteressant fand.

Victoria Schwartz Montag, 20. Februar 2012 um 07:09
Häh? Wieso? Ich schreibe da doch gar nicht mehr und stehe somit auch nicht in der Öffentlichkeit. Und populär bei den Männern? Verstehe ich nicht.

Chris Rakete Montag, 20. Februar 2012 um 07:10
he he he, ist klar ;)

Victoria Schwartz Montag, 20. Februar 2012 um 07:12
Ich weiß echt nicht, was du meinst.
    Hat da einer etwas über mich geschrieben? Ich gucke da nicht mal mehr.

Was war jetzt wieder los? Warum hatte Chris plötzlich aus dem Nichts heraus das Bedürfnis, mich zu provozieren? Wovon sprach er überhaupt? Mir blieb nichts anderes übrig, als nachzusehen. Und tatsächlich, ich hatte mich mittags mit einem befreundeten Pärchen in einem Café getroffen. Beide waren bei Twitter aktiv, und er hatte ein Foto unserer drei Kaffeetassen gepostet und meinen Twitter-Namen in seinem Tweet erwähnt. Völlig unspektakulär. Was bezweckte Chris mit seiner Provokation? Am gruseligsten war die Tatsache, dass er speziell nach Tweets gesucht haben musste, die mich erwähnten, sonst wäre er gar nicht darauf aufmerksam geworden. Warum machte er das? Kontrollierte er mich?

Victoria Schwartz Montag, 20. Februar 2012 um 07:19
Aha... Jetzt habe ich geguckt. Das verstehst du also unter »öffentlich leben«. Was der Tweet allerdings mit Popularität bei Männern zu tun hat – kapiere ich nicht. Das ist der Freund einer Freundin. Wir waren zu dritt was trinken. Fertig. Aber eine Frage mal: Wieso beschäftigst du dich so mit mir? Was interessiert dich mein Twitter-Account, der für mich selbst gar nicht mehr wichtig ist? Wirkt, als würdest du darauf lauern, irgendetwas Kompromittierendes zu finden. Kai und du werft Frauen vor, sie würden euch stalken. Für mich fühlt sich das gerade ähnlich an. Als ob du mich überführen willst, dass ich andere Typen treffe oder so. Ja, ich treffe mich manchmal mit Freunden und Freundinnen. Zum Beispiel zum Kaffee. Und ob die darüber twittern oder nicht, ist mir relativ egal.

Chris war bisher noch nie mit offener Kritik von mir konfrontiert worden. Damit umgehen konnte er anscheinend genauso wenig wie Kai, denn eine Antwort erhielt ich nicht. Stattdessen entfreundete er mich Minuten später bei Facebook und blockte mich bei Twitter. Was für ein schräges Verhalten. Wer austeilte, musste auch einstecken können. Aber vielleicht war es besser so. Ich hatte keine Lust, mich für irgendetwas rechtfertigen zu müssen. Dennoch sprach ich

Kai darauf an und erzählte ihm, dass sein bester Freund mir hinterherspioniert hatte. Er nahm es locker. »Ach, dem war bestimmt nur langweilig. Keine Ahnung. Müsst ihr unter euch klären.« Na dann …

Ende Februar flog Kai für ein paar Tage zu seinem Vater, denn sein Touristenvisum für die USA galt nur drei Monate und er war gezwungen, kurz das Land zu verlassen und wieder neu einzureisen. Als wir zwei Tage vor seiner Abreise nach Jamaika via Skype miteinander sprachen, klingelte sein Smartphone. »Warte kurz«, sagte er, »das ist mein Vater, geht schnell.« Sie sprachen darüber, wann Kai ankommen würde und dass ihn niemand abholen solle, sondern er sich ein Taxi nach Hause nähme. Ich konnte zwar nicht jedes Wort verstehen, dafür war das Gespräch zu leise, aber ich hörte dennoch, dass sein Vater eine viel tiefere Stimme als Kai hatte und fand es sehr nett, als er mich zum Abschied grüßen ließ.

Ende März besuchte er dann mit Nick für ein langes Wochenende eine alte Freundin in Fort Lauderdale. Sie war Psychologin und hatte versprochen, ein benötigtes Gutachten von Nick anzufertigen. Kai genoss die Tage mit seinem kleinen Bruder und postete Fotos, auf denen beide sehr glücklich aussahen. Dem Kleinen fiel danach die Rückkehr nach Hause zu seiner Mutter umso schwerer. Es war rührend, wie Kai versuchte, mich in sein Leben miteinzubeziehen, denn kurze Zeit später erhielt ich aus Fort Lauderdale eine Postkarte und parallel dazu meine Söhne ein Päckchen mit T-Shirts von dort.

Im April kam es endlich zu dem ersehnten Gerichtstermin, bei dem Kai, sein Vater, Patrick und Nick befragt werden würden.

Ich saß wie auf Kohlen, denn dieser Termin würde darüber entscheiden, wann Kai endlich nach Deutschland kommen konnte. Gespannt las ich die Mail, in der er später berichtete, wie es gelaufen war.

Kai Cruz Dienstag, 17. April 2012 um 03:59
Hi Babe, war ein langer Tag.
Na ja, war nichts heute mit Sorgerecht. Die Richterin konnte es rechtlich nicht vereinbaren, einen amerikanischen Teenager gegen den Willen der Mutter nach Deutschland zu schicken, auch wenn sie uns geglaubt hat, dass es für Nick eine große Belastung ist, bei Mama zu sein. Stattdessen hat sie Mama zu psychologischer Behandlung verdonnert, inklusive Medikation. Sie muss 12 Stunden hin und es auch beim Gericht nachweisen. Nick bleibt also erst mal bei ihr. Mein Papa hat sofort Klage eingereicht und das Sorgerecht beantragt. Er will es nicht riskieren, dass alles so weiterläuft wie bisher und Mama das alleinige Sorgerecht hat. Selbst wenn Mama in Zukunft alles auf die Reihe bekommt, will er mitbestimmen können und Nick zur Not zu sich nach Jamaika holen.
Das mit dem Sorgerecht hätte er gleich machen sollen, sagt die Richterin. Sie meinte, er hat als Elternteil ganz andere Rechtsansprüche als ich. Das ist jetzt wieder ein neues Verfahren, aber die Richterin kümmert sich so schnell es geht darum, und der neue Termin ist schon nächste Woche Mittwoch.
Ich bin erst mal erleichtert. Ist auf jeden Fall besser, wenn Eltern sich um ihre Kinder kümmern. Und weniger Stress für mich. LOL
Natürlich ist Nick nicht glücklich und ziemlich verwirrt, aber ich glaube, jetzt geht es wieder so einigermaßen.
Hope all is well. Ich muss ins Bett.
Love, dein K

Ich wusste nicht so recht, was ich von dem Urteil halten sollte. Einerseits war es unbefriedigend, weil sich vorerst an Nicks Situation nichts ändern würde, andererseits fiel von

Kai eine riesige Belastung ab. Endlich übernahm sein Vater die Verantwortung.

Womit ich allerdings echte Probleme hatte, war, dass sich alles noch weiter hinzog. Kai würde sich wohl kaum umgehend in den Flieger setzen und nach Deutschland reisen, sondern erst das endgültige Urteil am 25. April abwarten. Unter normalen Umständen wäre es auf diese paar Tage auch nicht mehr angekommen, aber: Exakt eine Woche später, am 2. Mai, würde Kai nach China reisen! Ich sah unsere Chancen schwinden, uns vorher noch zu sehen! Seit Monaten hatte ich mich zurückgenommen, den Mund gehalten und Verständnis gezeigt. Nun aber noch einen weiteren Monat zu warten, schien mir unmöglich. Wir würden uns unter allen Umständen vorher treffen müssen. Egal wie. Und wenn es nur für 10 Minuten am Frankfurter Flughafen war. Ich wollte wissen, was das zwischen uns war. Ich brauchte Nägel mit Köpfen.

Abends sprach ich mit Kai, und er erzählte mir tatsächlich, er würde den Gerichtsbeschluss am Mittwoch noch abwarten, am Donnerstag zu Lukas fahren, dort seine Sachen packen und am Freitag endlich nach Deutschland fliegen. Wir könnten uns Samstag wahrscheinlich schon treffen! Wir hätten zwar nicht viel Zeit miteinander, aber immerhin doch ein paar Tage, bis er wieder abreisen müsse. Einerseits freute ich mich, andererseits war ich noch misstrauisch. In dieser Familie war nichts vorhersehbar. Was, wenn Nick wieder rebellierte? Oder die Mutter einen weiteren Nervenzusammenbruch bekam? Mich wunderte nichts mehr…

Kais letzte Tage in Amerika verstrichen. Ich war wahnsinnig aufgeregt, schwankte zwischen Vorfreude und einer seltsam negativen Grundstimmung. Vielleicht wollte mein Unterbewusstsein schon vorbeugen und mir eventuelle Enttäuschungen ersparen.

Donnerstagabend telefonierten Kai und ich, um die Details unserer Verabredung zu klären. Ich sollte am Samstagabend nach Münster fahren, und er würde mich am Bahnhof abholen.

Meine Angst nahm zu, je realistischer ich mir unser Treffen ausmalte. Es war auf so vielen Ebenen aufregend und nervenaufreibend. Ich redete mit Richie darüber. »Was ist, wenn Kai in Wirklichkeit ein irrer Axtmörder ist?«, fragte ich ihn halb im Spaß.

»Dann hätte er dich schon vor Monaten zerlegen können«, antwortete er lachend.

»Und wenn er mir am Bahnhof gegenübersteht und sagt, er hat es sich anders überlegt, findet mich zwar als Mensch ganz toll, aber eine Beziehung passt leider doch nicht in sein Leben? Richie, davor habe ich mittlerweile *wirklich* Angst! Das wäre ein echter Super-GAU. Ich wüsste wirklich gerne, ob Kai diese Ängste gar nicht hat.«

»Dann frag ihn doch. Danach geht's dir bestimmt besser, und du kannst entspannter nach Münster fahren«, beruhigte mich Richie.

Ich nahm allen Mut zusammen und sprach Kai abends, als wir telefonierten, darauf an: »Darf ich dich um etwas bitten? Ich weiß, es ist nicht gerade cool, aber ich bin so aufgeregt und für mich ist es wirklich wichtig. Wenn sich bei dir gefühlsmäßig etwas geändert haben sollte, dann sag mir das bitte jetzt. Ich glaube, dann will ich dich lieber gar nicht erst treffen. Denn wenn ich dich erst mal gesehen habe, täte eine Abfuhr tausendmal mehr weh als jetzt, wo ich dir noch nie begegnet bin.«

Er konnte meine Gedanken nicht nachvollziehen. »Frauen, ey! Ihr seid echt hysterisch. Einfach gechillt bleiben könnt ihr nicht, oder?« Er lachte. »Macht total Sinn, erst Monate auf dich zu warten, um dir dann beim ersten Date eine Abfuhr zu erteilen.« Er hatte ja recht... Ich war erleichtert. Wir unterhielten uns noch einige Zeit und malten uns aus, wie wir die gemeinsamen Tage verbringen würden, dann verabschiedeten wir uns.

Während meiner Mittagspause am nächsten Tag erhielt ich eine Facebook-Nachricht von Kai.

Kai Cruz Freitag, 27. April 2012 um 14:16
Hi Babe, ich muss ja sagen, dass ich ein wenig verwirrt bin, was das Gespräch gestern angeht. Wie kommst du darauf, ich könnte keine Beziehung mehr mit dir wollen? Wieso hast du gesagt, dass du mich dann gar nicht erst treffen willst? Hast *du* es dir anders überlegt? Und hast gehofft, ich würde dir irgendeine Entscheidung abnehmen? Ich grüble die ganze Zeit darüber nach.
　Na ja, fahre jetzt nach Athens, um Pats Auto abzugeben und dann zum Airport.
　xx K

Wollte er mich falsch verstehen? Ich hatte es am Vortag doch überhaupt nicht so gemeint. Ich war eben nervös gewesen, und am Ende des Gesprächs war doch alles geklärt gewesen. Aber anscheinend hatte er meine Frage total in den falschen Hals bekommen! Sofort antwortete ich, doch Kai war schon wieder offline gegangen.

Die Stunden vergingen – keine Message von Kai. Nichts. Dieser Mann trieb mich an den Rand des Wahnsinns mit seiner eingeschnappten, verstockten Art. Er war anscheinend allen Ernstes ins Flugzeug gestiegen, ohne sich vorher gemeldet zu haben.

Auch in dieser Nacht fand ich keinen Schlaf. Mir kam dieser ganze Streit mittlerweile konstruiert vor. Ich drehte mich von einer Seite auf die andere und grübelte. Würde ich ihn nun morgen treffen, oder waren wir verstritten? Saß er überhaupt im Flieger? Meine Gedanken kreisten in einer Endlosschleife zwischen Sorge um ihn, Vorfreude auf ihn, Ärger über sein Schweigen und Angst vor der unbekannten Situation. Irgendwann drückte mein Körper die STOP-Taste, und mich überrollte eine Migränewelle von solcher Stärke wie selten zuvor. Ich nahm zwei Tabletten, die aber nichts halfen, und lag schließlich unbeweglich und mit fest geschlossenen Augen auf dem Rücken – nur so waren Kopfschmerz und Übelkeit einigermaßen auszuhalten. So konnte ich auf gar keinen Fall nach Münster fahren. Aber erst mal musste Kai sich überhaupt melden…

Endlich, am nächsten Vormittag, tat er es:

Kai Cruz Samstag, 28. April 2012 um 10:19
Ich bin gerade gelandet und total fertig. Weiß nicht, ob das nur Jetlag ist, ich fühle mich richtig krank. Meine Arme tun von diesen Scheißimpfungen, die ich vor China bekommen musste, tierisch weh und sind geschwollen. Ich will nur noch ins Bett und habe mir überlegt, dass heute kommen doch echt zu viel wird. Bitte sei nicht sauer, aber es ist wahrscheinlich besser, es auf morgen zu verschieben. Wollte dir auf jeden Fall rechtzeitig Bescheid sagen. :(Ich muss jetzt noch mit dem Zug nach Münster und lege mich hin, sobald ich zu Hause bin. Melde mich dann nachher nach dem Pennen. Sorry, aber morgen ist es bestimmt besser. Ich fände es nicht gerade toll, wenn wir uns das erste Mal sehen und ich krank bin. Wegen Organisation: Hier am Flughafen ist WLAN, deswegen kann ich dir schreiben. Ich habe aber zurzeit keinen deutschen Handyvertrag mehr. Ich versuche, mir heute Nachmittag wenigstens eine Prepaidkarte zu holen, dann können wir wegen morgen alles absprechen.
Bis dann xxx <3

Ich war einerseits enttäuscht, gleichzeitig aber erleichtert, weil er mir die Entscheidung abgenommen hatte. Ich wollte ihm nach all den Monaten nicht wie ein Häufchen Elend, übermüdet und mit Kopfschmerzen gegenübertreten. Mir ging es schlecht wie selten. Dementsprechend kurz fiel meine Antwort aus.

Victoria Schwartz Samstag, 28. April 2012 um 10:57
Hallo Kai. Passt mir gut. Ich habe heute Nacht extreme Migräne bekommen. Tabletten haben nichts geholfen. Habe keine Minute geschlafen und liege flach. Lass uns später sprechen, wenn du die Prepaidkarte hast.

    <3

Nachdem ich nun von ihm gehört hatte, konnte ich endlich einschlafen. Erst am frühen Nachmittag wachte ich auf. Er hatte sich noch nicht wieder gemeldet.

Die Stunden verstrichen, es wurde Abend. Ich wartete. Mein Verständnis war mittlerweile auf dem Nullpunkt.

Sein egoistisches Verhalten ging mir wirklich auf die Nerven. Jedem anderen Mann hätte ich einen Vogel gezeigt und ihn aus meinem Leben gekickt. Warum konnte ich das bloß bei Kai nicht? Warum hatte ich meine Gefühle nicht im Griff? Die Erklärung war einfach: Er war ein Traummann. Die Monate mit ihm waren toll, wir waren immer füreinander da gewesen, er hatte mich mit Liebe und Aufmerksamkeiten überschüttet. Wir hatten miteinander gelacht und geweint und alle Krisen zusammen durchgestanden. Jetzt endlich, nach der langen Wartezeit, wollte ich die Früchte meiner Geduld ernten. Sonst wäre doch alles umsonst gewesen! Ich versuchte, ruhig und cool zu bleiben, und zwang mich, Kai erst einmal nicht zu schreiben, aber als ich am nächsten Tag immer noch nichts von ihm gehört hatte, schickte ich ihm mehrere kurze Facebook- und WhatsApp-Nachrichten. Er las keine einzige davon, sondern blieb offline. Ich kämpfte mittlerweile ununterbrochen mit den Tränen.

Erst am späten Nachmittag kam die erlösende Facebook-Mail, allerdings nicht von Kai selbst, sondern von seiner Schwester!

Andi Cruz Sonntag, 29. April 2012 15:02
Hallo Victoria, Kai ist bei mir, weil es ihm nach dem Flug sehr schlecht ging und er Angst hatte, allein zu sein, falls ihm was passiert. Er meinte, dass du heute nach Münster kommen wolltest. Jetzt ist schon Nachmittag, und er ist immer noch am Schlafen. Ich habe schon ein paarmal nach ihm geguckt, aber er wacht nicht auf. Ich hoffe, es ist nur Jetlag. Ich dachte, ich sage wenigstens Bescheid, damit du dir keine Sorgen machst.
    LG Andi

Gott sei Dank! Ich hatte doch gewusst, dass es eine logische Erklärung geben musste. Ich bedankte mich bei Andi für ihre beruhigende Nachricht, aber sosehr ich mich auch bemühte, mich damit zufriedenzugeben – ich konnte den Gedanken nicht ausblenden, dass Kai in Andis Wohnung bestimmt WLAN hatte und mir gestern, nachdem er bei ihr angekommen war, ganz einfach eine kurze Message hätte schicken können, damit ich mir keine Sorgen machte. Was war mit diesem Mann los? Einerseits überhäufte er mich mit Liebesbezeugungen und Geschenken, andererseits blendete er, wenn es ihm schlecht ging oder er genervt war, alles aus, und ich schien ihm total egal zu sein. Wieso brannte er nicht, genau wie ich, darauf, dass wir uns endlich treffen? Was stimmte nicht mit ihm?

Ich hatte genug von meiner Grübelei. Ich wollte Fakten schaffen und fasste einen Entschluss. Heute war es schon zu spät, aber morgen würde ich definitiv nach Münster fahren. Wenn es wirklich stimmte, dass es ihm so schlecht ging, konnte ich mich um ihn kümmern. Und wenn es eine Ausrede war und er mich einfach nicht sehen wollte, dann sollte er mir das gefälligst ins Gesicht sagen. Damit er zu Hause sein würde und um ihn nicht ganz unvorbereitet ins Messer rennen zu lassen, teilte ich ihm meinen Plan und meine Ankunftszeit sofort mit. Außerdem war ich selbst keine große Freundin von Überraschungsbesuchen. Er sollte wenigstens die Chance haben, vorher noch zu duschen und sich anzuziehen, bevor ich bei ihm klingelte.

Bis zum nächsten Morgen hörte ich natürlich nichts. In meiner Verzweiflung schrieb ich Andi eine Nachricht. Schließlich kannte sie ihren Bruder viel besser als ich. Vielleicht hatte er ihr auch erzählt, warum er sich mir gegenüber so verhielt.

Victoria Schwartz Montag, 30. April 2012 um 08:12
Hallo Andi, ist Kai noch bei dir? Er meldet sich nicht, darum nehme ich an, dass er mich nicht sehen will. Warum, kann ich mir nicht erklären. Es ist nichts vorgefallen zwischen uns.

Sie antwortete wenige Minuten später und blieb online, sodass wir kurz chatten konnten. Aber auch Andi wusste nichts weiter, nur, dass er nicht mehr bei ihr war; und sie bestätigte mir seine Adresse. Mittags schrieb ich Kai ein letztes Mal, bevor ich mich in den Zug nach Münster setzte.

Victoria Schwartz Montag, 30. April 2012 um 11:57
Hallo Kai.
Wenn sich andere Menschen mir gegenüber so verhalten würden, wäre ich dermaßen verletzt, dass ich mich nie wieder melden würde. Bei dir ist das anders, denn nach all dem, was uns in den letzten Monaten menschlich verbunden hat, kann ich mir einfach nicht vorstellen, dass plötzlich alles weg ist. Selbst wenn du nicht mehr in mich verliebt sein solltest, muss

da doch noch ein kleiner Rest Menschlichkeit in dir sein, der dich dazu bringt, mir gegenüber fair zu sein und mir Antworten zu geben.

Ich denke, dass irgendetwas mit Nähe und Distanz zu anderen Menschen im Real Life schwierig für dich ist. Du müsstest aber inzwischen wissen, dass ich für (fast) alles Verständnis habe. Also sag mir, was los ist. Warum kannst oder willst du mich nicht treffen?

Auch wenn ich vorher nichts mehr von dir hören sollte: Ich werde gleich zu dir fahren und bin um 16:02 in Münster. Ich brauche Klarheit. Auch wenn sie wehtun sollte.

Vicky

Natürlich antwortete er nicht. Es war ein furchtbares Gefühl, in den Zug zu steigen, ohne zu wissen, was mich erwartete. Ich rechnete mit allem, nur nicht mehr damit, dass er mir die Tür öffnen und wir uns in die Arme fallen würden. Als der Zug in den Münsteraner Bahnhof einfuhr, glomm einen kurzen Moment lang ein Funke Hoffnung auf, er würde auf dem Bahnsteig stehen und mich erwarten, aber selbstverständlich war niemand dort.

Statt Kai leitete mich nun Google Maps durch die Straßen der fremden Stadt. Mit klopfendem Herzen und vor Aufregung schmerzendem Magen erreichte ich schließlich mein Ziel. Es handelte sich um einen weitläufigen, aus mehreren Häusern bestehenden Neubaukomplex. Thuja-Hecken rahmten schmale Wege, die zu den einzelnen, verwinkelt liegenden Eingängen führten. Es gab nicht nur fortlaufende Hausnummern, sondern dazu auch noch jeweils die Eingänge A bis F, sodass es nicht leicht war, seinen zu finden, aber nach einigem Suchen gelang es mir doch. Wie anders hatte ich mir unser erstes Treffen vorgestellt! Nun waren sämtliche romantische Vorstellungen purer Angst gewichen. Ein Blick auf das Klingelschild bestätigte meine größte

Angst: Ich sah an die zwanzig Klingeln, einige davon unbeschriftet – Kais Nachname war nicht dabei. Verdammt! Verdammt!! VERDAMMT!!!

Ich versuchte, einen klaren Kopf zu bewahren. Es musste eine logische Erklärung dafür geben. Stand ich vor der falschen Tür? Ein Blick auf die Hausnummer bestätigte mir, dass ich richtig war: Hachtmannstraße 12. Ich wollte nur noch weg. Ich drehte mich um, und während ich zurück Richtung Innenstadt ging, konnte ich die Tränen nicht mehr zurückhalten. Langsam stieg eine unbändige Wut in mir auf. Wieso hatte Kai mir das angetan? Im nächstbesten Café auf dem Weg zum Bahnhof suchte ich mir einen Platz und schrieb an Andi und ihn.

Victoria Schwartz Montag, 30. April 2012 um 17:34
Hi Andi!
Kai wohnt da nicht. Ich habe mir vorher extra die Hausnummer von dir bestätigen lassen. Was soll das? Warum deckst du die Lügen deines Bruders?

Victoria Schwartz Montag, 30. April 2012 um 17:49
Okay, Kai. Ich bin jetzt in Münster und stand eben vor »deinem« Haus. Du wohnst dort nicht. Dein Name steht nicht auf dem Klingelschild. Nun weiß ich also, dass du (UND ANDI!) mir absichtlich eine falsche Adresse genannt habt. Aber was ich einfach nicht verstehe: Was hast du denn davon? All das Geld, das du für uns ausgegeben hast. All diese Geschenke. Die Briefe. Der ganze Aufwand! Wofür!? Das, was du mir über deine Gefühle gesagt und geschrieben hast… ALLES Fake?! Warum?!?!?! Und gerade DU! Der immer von Ehrlichkeit geredet hat? Ich habe dir vertraut! So etwas macht man nicht mit einem anderen Menschen!
Bitte gib mir die Auflösung. Wer bist du? Was ist deine wahre Geschichte? Dein Motiv? Hast du nie etwas für mich empfun-

den? Wie kann man das alles dann durchziehen? Und du kannst dir sicher sein, locker lassen werde ich nicht. Ich bin kein Opfer. Das war ich noch nie und werde auch niemals eines sein. Erklär mir, was das soll, dann sehen wir weiter!

Mir war klar: Es hatte keinen Sinn, weiter in Münster zu bleiben. Er hatte mir eine falsche Adresse genannt, und es war unmöglich, seine richtige herauszufinden. Vielleicht befand er sich nicht einmal in Münster. Letzten Endes wusste ich gar nichts mehr. Ich setzte mich in den Zug zurück und wartete auf irgendeine Reaktion auf meine Mails. Mich überraschte, dass Andi tatsächlich antwortete:

Andi Cruz Montag, 30. April 2012 um 19:12
Was gehst du mich jetzt so an? Der wohnt in einem Studioapartment dort. Ich wüsste auch nicht, warum er lügen sollte. Das hat er nicht nötig. Einen Besseren als ihn kenne ich nämlich gar nicht – und das hat nichts damit zu tun, dass er mein Bruder ist. Ich glaube kaum, dass er Tausende an Dollar für euch ausgegeben hätte, wenn es fake war.
Er wird schon einen guten Grund haben. Ich misch mich da jetzt nicht mehr ein und lass mich anmachen. Kannst du mit Kai allein regeln.

Mit so einer empathielosen Reaktion hatte ich beim besten Willen nicht gerechnet.

Victoria Schwartz Montag, 30. April 2012 um 19:29
Wenn er da wohnt, wo hätte ich denn klingeln müssen? Ich hab kein Klingelschild mit seinem Namen gefunden. Wie hättest du dich da gefühlt?
Und eins muss ich doch noch loswerden. Es geht nicht darum, dass ich mich dafür rechtfertigen müsste, dass ich an Kais Ehrlichkeit zweifle, so kommt es nämlich gerade rüber. Eigent-

lich geht es darum, dass Kai sich ohne Begründung und ohne, dass etwas vorgefallen ist, nicht mehr meldet. Da, denke ich, ist es legitim, dass man Dinge hinterfragt!

Andi Cruz Montag, 30. April 2012 um 20:26
Ich habe nichts damit zu tun und halte mich da raus. Ich habe weder gelogen, noch hätte ich dich vor etwas warnen müssen, und deswegen verstehe ich deine Reaktion mir gegenüber nicht. Sag all das Kai und nicht mir. Ich habe keine Ahnung von euren Absichten und Plänen. Ich erreiche ihn genauso wenig wie du und weiß auch nicht, was gerade los ist. Wie ich Kai kenne, gibt es aber einen guten Grund, sonst hätte er sich bei uns gemeldet.

Seine Wohnung betreffend, weiß ich gerade gar nicht, ob er den Namen an der Klingel hat oder nicht. Ich glaube aber, er steht dran. Er wohnt gleich bei so einer Reinigungsfirma. Kai hat einen Kindergarten von der evangelischen Kirche um die Ecke, einen Supermarkt und einen kleinen Park. Da ist eine ganze Reihe von grauen Häusern mit ziemlich viel Grünfläche drum herum.

Mir ist es relativ egal, ob du ihm traust oder sauer bist. Ich will es nur nicht abbekommen und Rechenschaft ablegen, denn es betrifft mich nicht.

Wenn ich was höre, werde ich mich melden.

Ich hatte weder eine Reinigungsfirma noch einen Kindergarten oder einen Supermarkt gesehen. Ja, die Häuser waren grau gewesen und Grünflächen gab es auch, aber der Rest stimmte nicht. Verarschte sie mich jetzt weiter? Oder – und *das* wäre richtig peinlich gewesen – hatte ich vor dem falschen Haus gestanden?

Ich tippte Kais Adresse erneut in Google Maps, zoomte die Häuser dicht heran und besah mir die Umgebung. Tatsächlich. Auf der anderen Seite des Häuserblocks befand sich eine kleine Parkanlage mit einem Kindergarten. Dort war auch ein Supermarkt. Und dann sah ich sogar die Reinigungsfirma! Ich zoomte noch näher heran und klickte dann auf den Namen: Eine Seite öffnete sich. Egon Steinhausen, Gebäudereinigung, Hachtmannstraße 12, 48159 Münster. Das durfte doch nicht wahr sein! Wieso befand sich diese Firma auf der Rückseite des Gebäudes, hatte aber die gleiche Hausnummer wie Kai? Wieso war ich nicht einfach um das Haus herumgegangen und hatte die Eingänge dort auch überprüft? Wieso war ich einfach geflohen? Wie konnte ich nur so dämlich sein!!! Wenn Andi die Wahrheit sagte, und allem Anschein nach sah es so aus, war ich ganz dicht bei Kai gewesen. Hätte ich nicht gleich aufgegeben, sondern weitergesucht, hätte ich ihn gefunden. Stattdessen hatte ich blöde Kuh mich direkt wieder in den Zug zurück gesetzt.

Nun war es zu spät. Aber eins durfte ich, selbst wenn ich heute einen Fehler gemacht hatte, nicht vergessen: Kai benahm sich unmöglich, schließlich hatte er sich immer noch nicht gemeldet. Bei aller Liebe, das war absolut nicht okay. Es war glasklar, dass er mich vor China nicht mehr sehen und eventuell so die ganze Sache zwischen uns auslaufen lassen wollte. Es war seine Entscheidung. Unfair und mies, aber was konnte ich schon tun? Nichts. Mit Sicherheit würde ich nicht noch einmal nach Münster fahren. So viel Stolz besaß ich dann doch, dass ich diesem Mann nicht weiter nachrennen würde, wenn er mir so deutlich zeigte, dass es vorbei war.

Der Dienstag kam und dann der Mittwoch. Trotz allem war ich geschockt, dass Kai sich wirklich nicht mehr bei mir gemeldet hatte. Heute würde er nach China reisen und dort war es, selbst wenn er gewollt hätte, nicht so einfach mit der Kommunikation via Internet. Klar, normale Mails gingen, aber Facebook konnte er nicht nutzen und ob Skype funktionierte, war bei unserem letzten Gespräch noch unklar gewesen. Ich versuchte, sämtliche Hoffnungen zu begraben. Ein wenig leichter machte es die Tatsache, dass er seit Tagen weder bei WhatsApp noch Facebook online gegangen war. Pat, Nick und einige seiner Freunde hatten ihm in seiner Timeline einen guten Flug und viel Spaß in China gewünscht, aber er hatte nicht darauf reagiert.

Distanz

In den folgenden Tagen lenkte ich mich ab, so gut ich konnte. Ich unternahm schöne Dinge mit den Kindern und traf abends Freunde, aber wenn ich nachts im Bett lag, überfiel mich der Liebeskummer mit voller Wucht. Ich hätte niemals gedacht, dass man sein Herz so sehr an jemanden verlieren kann, den man noch nie gesehen hatte. Zugegebenermaßen hatte ich vorher auch nie darüber nachgedacht. Die Geschichte mit Kai und mir war einfach so passiert, niemand hatte etwas forciert, es war eine ganz natürliche Entwicklung gewesen.

In der vierten Nacht nach Kais Abreise nach China klingelte gegen 0:30 Uhr plötzlich das Festnetztelefon. Ich erschrak sehr, denn wenn jemand um diese Zeit anrief, musste es ein Notfall sein. Die Nummer war unterdrückt.

Ängstlich nahm ich den Hörer ab. Es rauschte in der Leitung. »Hallo?«, fragte ich.

Es rauschte weiter. Schließlich hörte ich wie aus weiter Ferne Kais Stimme: »Hi. Ich bin's!« In derselben Millisekunde fing ich an zu weinen. Die Anspannung der letzten Woche, die Wut, Angst und Enttäuschung – alles brach aus mir heraus. Ich schluchzte, konnte und wollte mich nicht zusammenreißen.

»I'm soooo sorry...« Kai sprach sehr leise und ein Echo

lag über seiner Stimme. Er klang aufrichtig geknickt. Eine Pause entstand, in der ich weiter weinte und Kai schwieg. Was hätte ich sagen sollen? »Okay, alles wieder gut. Jetzt meldest du dich ja. Und, ist China toll?« Nein. Es war nicht alles wieder gut.

Irgendwann brach Kai das Schweigen. »Baby, es tut mir so leid. Die letzte Woche… Ich konnte einfach nicht mehr. Ich war so ausgelaugt, fühlte mich sterbenskrank. Wahrscheinlich wegen dieser Scheißimpfungen. Und dazu der Jetlag. Als ich in Münster ankam, bin ich spontan vom Bahnhof aus direkt zu Andi und am nächsten Tag dann nach Hause. Die ganze Wohnung total verdreckt nach der langen Zeit. Dazu zwei Koffer voller Dreckwäsche. Kein Telefon. Kein Internet. Ist mir alles zu viel geworden. Hab mich ins Bett gepackt und nur noch geschlafen. Ich habe die ganze Woche bis zum Abflug meine Wohnung nicht verlassen. Ich *wollte* dich treffen. Aber ich habe es einfach nicht auf die Reihe gekriegt.«

»Kai! Hast du vielleicht *ein einziges* Mal daran gedacht, wie es *mir* geht? Dass ich am Ende bin? Wie sehr du mich verletzt? Und wenn du von einem Nachbarn aus angerufen hättest! Aber sich *gar* nicht melden, das ist einfach nur mies!« Ich hatte lauter gesprochen als beabsichtigt.

»Es tut mir wirklich leid. Klar habe ich an dich gedacht. Ich war einfach so fertig. Mir erschien das alles unüberwindbar schwierig. Und ich wollte dir auch nicht wie der letzte Hänger gegenüberstehen. Ich fühlte mich einfach nur scheiße.«

Wieder schwiegen wir beide. Nach einer unendlich langen Pause sprach er weiter: »Ich habe erst auf dem Flughafen direkt vor dem Abflug nach China deine Mails gelesen. Du warst in Münster und nur ein paar Meter von mir entfernt! Das macht mich total fertig. Warum hast du nicht weitergesucht, sondern bist gleich wieder gegangen? Du wärst echt mein rettender Engel gewesen!«

Ja, toll … Machte er mir jetzt etwa Vorwürfe? Andererseits dachte ich das Gleiche. Warum hatte ich nur nicht … Egal, es war zu spät.

»Wo bist du denn jetzt überhaupt?«, fragte ich.

»In Peking. In einem Studentenwohnheim. Bin erst mal hier untergebracht, aber ziehe wohl irgendwann in ein kleines Hotel in der Nähe vom Campus um. Ich habe keine Ahnung. Ich bin hier bis jetzt fast immer in Begleitung von chinesischen Professoren oder Studenten gewesen, die sich um mich kümmern. Die haben hier ein Telefon auf dem Flur. Ist jetzt noch ganz früh, und ich bin allein, deswegen habe ich dich schnell angerufen. Hab erst seit gestern eine Telefonkarte. Na ja, und Internet ist schwierig. Auf den Zimmern gibt's wohl welches, aber bis jetzt bin ich mit meinem Computer nicht rein geko…« Es knackte in der Leitung, dann hörte das Rauschen schlagartig auf. Das Gespräch war beendet.

Ich stand da, den Hörer in der Hand und wusste nicht, was ich denken sollte. Ich hätte ihm gerne verziehen, er hatte sich ja nun gemeldet und mir auch eine Erklärung geliefert, aber ich fühlte, dass etwas kaputtgegangen war. Mein Grundvertrauen in ihn und seine Verlässlichkeit war weg. Ich hatte keine Ahnung, wie es weitergehen sollte.

Menschen, die in Gefühlsdingen klar und konsequent handeln können, sind in solchen Situationen absolut im Vorteil. Jana zum Beispiel. Ihr wäre es ganz leichtgefallen. »Arschloch. Abhaken. Der Nächste bitte!«, war ihre Devise, wenn es um Liebeskummer oder Ärger mit Männern ging.

Aber ich konnte das nicht. Natürlich wollte ich, wenn ich verliebt war, den anderen nicht verlieren. Ich hatte dann für fast alles Verständnis, verzieh viel zu leicht, glaubte an das Gute im Menschen und daran, dass jeder Mensch Gründe für sein Verhalten hatte. In Kais Fall ging es weniger um die Frage des Verzeihens, als um Grundsätzliches. Es war offensichtlich, dass er psychische Probleme, vermutlich Depressionen hatte, die ihn in schwierigen Situationen so in Beschlag nahmen, dass alles andere verdrängt wurde. Konnte ich mit so etwas umgehen? Könnte ich mich in einer Beziehung damit arrangieren? Was wäre, wenn er aus China zurückkam und sich das Ganze wiederholte? Wenn er einfach nicht dazu fähig war, im Real Life, im echten Leben, Nähe zuzulassen? Ich wusste keine Antwort auf diese Frage.

Die Situation zwischen uns war unverändert. Er liebte mich. Er war unerreichbar weit weg – noch vier weitere Wochen lang. Entweder ich hielt so lange durch und sah dann, was passierte, oder ich beendete es sofort. Im Grunde hatte ich die Entscheidung längst getroffen: Auf keinen Fall würde ich den Kontakt einfach abbrechen, ohne diesen Mann jemals gesehen zu haben. Dann hätte ich das Gefühl gehabt, dass all die Zeit, all die Gefühle verschwendet gewesen wären. Als hätte sich ein Sportler monatelang auf einen Marathon vorbereitet, nur um dann doch nicht teilzunehmen, weil der Schnürsenkel seiner Laufschuhe gerissen war.

Die Chinawochen vergingen schnell. Es war nicht einfach, Kontakt zu halten, aber Kai gab sich alle Mühe. Wann immer er Internet hatte und allein war, schrieb er mir Mails. Besonders freute ich mich auch über zwei lange Briefe und mehrere Postkarten. Es gelang uns sogar, miteinander zu skypen, aber der Hall und das Geknister in der Leitung ließen vermuten, dass das Gespräch abgehört wurde, sodass wir beschlossen, darauf zu verzichten.

Kai machte sich in diesen Wochen große Sorgen, wie es für ihn in Münster beruflich weitergehen sollte, denn durch die lange Abwesenheit musste er sich natürlich erst wieder einen neuen Kundenstamm aufbauen und alte Kontakte reaktivieren. Seine finanzielle Situation war mittlerweile katastrophal. Zu seinem großen Glück schrieb ihm zwei

Wochen vor seiner Rückkehr eine Kollegin und bat ihn, für sie die Schwangerschaftsvertretung zu übernehmen. Er war außer sich vor Freude. Einziger Nachteil: Er würde an einem Montag zurückkommen und musste schon ab Dienstag arbeiten, hatte also keine Zeit, sich vom Jetlag zu erholen und erst einmal in Ruhe anzukommen. »Egal. Wird hart, aber ich packe das schon«, sagte er.

Am 4. Juni landete Kai dann endlich in Deutschland. Er meldete sich vom Flughafen aus und klagte über den anstrengenden, langen Flug. Er war todmüde und hatte sich zu allem Überfluss in den letzten Tagen in China noch eine Mageninfektion zugezogen, sodass er sich sterbenselend fühlte. Aber es half nichts. Am nächsten Morgen musste er sehr früh zur Arbeit. Spät abends telefonierten wir, und er erzählte mir, wie anstrengend der Tag für ihn gewesen war. Klar, nach all den Monaten musste er sich erst wieder an regelmäßiges Arbeiten gewöhnen.

Gut, dass wir es dieses Mal ruhiger angehen ließen. Da klar gewesen war, dass er in der ersten Woche immens Stress haben würde, hatten wir uns erst für das Wochenende verabredet. Ich wollte von Freitagabend bis Montagmorgen nach Münster fahren. Mittwoch schrieb ich ihm.

Victoria Schwartz Mittwoch, 6. Juni 2012 um 17:18
Hi, ich hoffe, dein heutiger Tag war besser als der gestrige. Ich muss ein bisschen planen und habe gerade nach Zügen geguckt. Es kommen am Freitag zwei infrage. Ankunft Münster 22:01 oder 23:02. Für mich geht beides.
   <3

Natürlich hatte ich gehofft, er würde mir noch am gleichen Abend antworten, bei unserer gemeinsamen Vorgeschichte hätte er eigentlich übersensibel bei diesem Thema sein müssen. Aber ich wartete vergebens. Verdammt noch mal, wiederholte sich jetzt alles? Ich wurde wütend. Nachts um 2 Uhr hielt ich es nicht mehr aus und schrieb erneut.

Victoria Schwartz Donnerstag, 7. Juni 2012 um 01:52
Kai, ich versuche immer, für dich und dein Verhalten Verständnis aufzubringen, aber jetzt bin ich an einem Punkt angelangt, an dem das nicht mehr geht. Ich bin sauer und habe ein Déjà-vu …
 Ich will endlich Ehrlichkeit. Was ist das mit uns? Was willst du?

Am nächsten Morgen immer noch keine Antwort. Meine Diplomatie war am Ende. Sollte er sich doch unter Druck gesetzt fühlen, das war mir jetzt egal.

Victoria Schwartz Donnerstag, 7. Juni 2012 um 11:44
Sprich mit mir! Ich muss heute Abend meine Sachen fürs Wochenende packen und morgen früh zur Arbeit mitnehmen. Ich muss von dir verbindlich wissen, welchen Zug ich nehmen soll.

Keine zehn Minuten später kam die Antwort.

Kai Cruz Donnerstag, 7. Juni 2012 um 11:53
Oarrr, Vicky, ey! Ich bin krank und war so was von müde nach der Arbeit. Bin ins Bett gefallen und sofort eingepennt. War keine Absicht.
 Ich verstehe dich ja, ist aber trotzdem irgendwie anstrengend für mich, weil ich so nicht ticke. Ich muss kommendes Wochenende arbeiten und fühle mich immer noch schlecht, das weißt du.

So, so. Er musste kommendes Wochenende arbeiten …

Victoria Schwartz Donnerstag, 7. Juni 2012 um 11:56
Kann ich trotzdem kommen? Oder war das jetzt 'ne Absage?

Kai Cruz Donnerstag, 7. Juni 2012 um 12:05
Ich will dich ja treffen, aber durch deine letzten Mails bekommt
das zwischen uns langsam echt etwas Beklemmendes. Dieses
»Ich brauche«, »Ich will, »Du musst«, das alles Entspannte und
Lockere aus dem Treffen rausnimmt. Da ist nur noch Druck.
    Ich liebe dich und du bedeutest mir alles, aber irgendwie ist
nichts mehr so, wie es mal war. Ich komme damit nicht klar.
Du weißt, dass es mir schlecht geht und ich trotzdem jeden
Tag 12 Stunden arbeiten muss. Statt Rücksicht zu nehmen,
bombardierst du mich mit Forderungen und redest nur von dir.
    Ich weiß, was ich gesagt habe, und hätte dir schon rechtzei-
tig auf alle Fragen zum Wochenende geantwortet. Tue ich jetzt
ja auch – in meiner Mittagspause. Statt etwas zu essen, schreibe
ich dir. Ich finde, du kannst dich da echt nicht beschweren.
Das ist ziemlich unfair von dir. Egal wo ich war und was ich
gemacht habe, ich habe dich immer auf dem Laufenden gehalten. Sogar aus China. Du müsstest inzwischen wissen, dass
ich mich immer melde. Manchmal kann ich eben nicht sofort
antworten. Warum machst du daraus immer so ein Drama?

Kai war sauer und umschiffte geschickt unser geplantes Treffen am Wochenende. Aber er musste sich äußern.

Victoria Schwartz Donnerstag, 7. Juni 2012 um 12:09
Kai, gib uns die Chance, uns am Wochenende zu treffen.
    Für mich geht mittlerweile alles darum, dass ich dich ein-
fach sehen muss, um wieder locker zu werden.

Kai Cruz Donnerstag, 7. Juni 2012 um 12:11
Ey, wie oft soll ich es noch sagen? Im Ernst? Einmal ist nicht
genug?

Aber was *hatte* er denn gesagt? Nichts. Er hatte sich gar nicht konkret geäußert.

Victoria Schwartz Donnerstag, 7. Juni 2012 um 12:11
Ich kann verstehen, dass du gestresst bist. Aber mich verstehe ich auch. Also, was *ist* mit dem Wochenende?

Kai Cruz Donnerstag, 7. Juni 2012 um 12:13
Yeah, right… Ich muss zurück zur Arbeit. Schreib dir, wenn ich zu Hause bin.

Kai war off. Er zog sich schon wieder aus der Affäre. Das Schlimme: Obwohl ich wusste, dass ich im Recht war, hatte ich ihm gegenüber automatisch ein schlechtes Gewissen, sobald ich ihn kritisierte oder kein Verständnis für ihn aufbrachte.

Mein Mitgefühl ihm gegenüber endete gegen zwei Uhr nachts. Diese Psychospielchen konnte er in Zukunft ohne mich spielen.

Victoria Schwartz Freitag, 8. Juni 2012 um 00:57
Okay, Kai. Wieder lässt du mich hängen. Genau wie ich es befürchtet habe. Fakt ist: Meine Angst davor war nicht unbegründet. Und es ist einfach nicht fair, mir jetzt die Schuld zuzuschieben. Alles Misstrauen hätte sich bei einem Treffen mit einem Schlag in Luft aufgelöst. Zu »Liebe« gehört für mich nun mal das Real Life. Und all die vergangenen Monate ohne ein Treffen sind mehr als genug.

Ich dachte, unser gemeinsames Ziel wäre eine Beziehung im echten Leben. Dafür müsste man sich allerdings erst mal kennenlernen…

Einen Menschen so zu behandeln, ist nicht okay.

Mitten in der Nacht antwortete Kai. Mir war klar, dass seine Mail nicht freundlich ausfallen würde. Ich las sie mit klopfendem Herzen.

Kai Cruz Freitag, 8. Juni 2012 um 04:48
Bei dem ganzen Gelaber und tausendmal die gleiche Antwort hören wollen und keine Ruhe geben, hat irgendwann keiner mehr Bock drauf. Irgendwann reicht's dann auch einfach.

Er blieb online, sodass ich sofort antwortete.

Victoria Schwartz Freitag, 8. Juni 2012 um 04:49
Über welche Antwort sprichst du? Du hast mir noch gar keine gegeben.

Kai Cruz Freitag, 8. Juni 2012 um 04:51
Dass man(n) keinen Bock hat, alles zehnmal sagen zu müssen. Dann wächst nämlich, statt der Vorfreude aufeinander, nur der Druck.
   Hast du schon mal etwas von »The law of attraction« gehört? Dem Gesetz der Anziehung? »Denke negativ und Negatives wird passieren«? Kommt mir so vor, als wäre das in der letzten Zeit Thema bei uns. Deine negative Art, dein Misstrauen… Und dann wunderst du dich, wenn alles den Bach runtergeht. Du ziehst mich da mit rein.

So ging es noch eine gefühlte Ewigkeit weiter. Er beschuldigte mich, pessimistisch zu sein und durch mein Verhalten die jetzige Situation heraufbeschworen zu haben, ich versuchte, mich davon nicht beeinflussen zu lassen, und fragte gebetsmühlenartig nach einem Treffen. Es steigerte sich immer weiter, bis ich mir die Frage nicht mehr verkneifen konnte:

Victoria Schwartz Freitag, 8. Juni 2012 um 05:36
Was willst du? Den Kontakt abbrechen?

Kai Cruz Freitag, 8. Juni 2012 um 05:36
So weit habe ich gar nicht gedacht. Ich möchte einfach nur
Frieden und Ruhe. Keinen Druck. Ich kann es nicht bringen,
dich zu fragen, ob du wartest, bis ich mich wieder frei und
unbeschwert fühle.

Victoria Schwartz Freitag, 8. Juni 2012 um 05:38
Nee, das kannst du nicht. Hätten wir uns heute getroffen,
hätten wir uns all das sparen können.

Kai Cruz Freitag, 8. Juni 2012 um 05:38
Meinst du, ein Treffen unter solchen Umständen hätte uns
Spaß gemacht? Das Fass war schon übergelaufen, bevor ich
nach China musste. Als du mich beschimpft hast, weil du meine
Klingel nicht gefunden hast und mir unterstellt hast, ich hätte
dich die ganze Zeit belogen. Nach allem, was zwischen uns
war! Was ich für euch getan habe. Das hat mich fertiggemacht
und wirklich verletzt.

Victoria Schwartz Freitag, 8. Juni 2012 um 05:40
Und das sagst du mir jetzt? Wow. Das ist grausam.

Kai Cruz Freitag, 8. Juni 2012 um 05:41
Ich bin grausam, weil ich sage, was ich fühle?

Victoria Schwartz Freitag, 8. Juni 2012 um 05:42
Warum hast du dann immer noch behauptet, dass du mich
liebst?

Kai Cruz Freitag, 8. Juni 2012 um 05:42
Weil ich es tue. Wäre doch viel leichter, wenn ich es nicht täte.

Dann hätte ich einfach sagen können, dass ich dich nicht mehr liebe und dich deswegen nicht mehr treffen will. Aber daran liegt es nicht.

Victoria Schwartz Freitag, 8. Juni 2012 um 05:50
Du beendest das Ganze jetzt also allen Ernstes hier via Facebook-Chat? Wie so ein 15-Jähriger?

Kai Cruz Freitag, 8. Juni 2012 um 06:00
Ja super. Dreh das so hin. Ich hatte gar nicht vor, mich zu trennen, als wir angefangen haben zu chatten! Aber gut…

Victoria Schwartz Freitag, 8. Juni 2012 um 06:24
Ich wusste seltsamerweise genau, dass es so kommt, wenn du in Münster bist.

Kai Cruz Freitag, 8. Juni 2012 um 06:25
Klar wusstest du, dass das so kommt. Hast du ja auch so manipuliert. Man kriegt, was man gibt.

Ich war es leid. Ich wollte einfach nur, dass dieses Gespräch aufhörte. Und das nach Möglichkeit friedlich und freundschaftlich. Ich empfand diesen zermürbenden Dialog wie einen Sturm im Wasserglas.

Victoria Schwartz Freitag, 8. Juni 2012 um 06:47
Ich habe keine Lust mehr auf Problemgespräche. Entweder wir versuchen, wieder eine Leichtigkeit hinzubekommen, oder wir müssen es aufgeben.

Kai Cruz Freitag, 8. Juni 2012 um 06:52
Ich habe null Kraft mehr. So eine Beziehung macht mich unglücklich. Liebe oder nicht. Ich sitze hier jeden Abend und habe das Gefühl, ich muss mich für irgendetwas rechtfertigen

und genüge nie deinen Ansprüchen. Es hat mich echt total viel Überwindung gekostet, mich bei Facebook einzuloggen. Ich will mich einfach nicht so fühlen. Ich habe es geliebt, online zu kommen, hab mich auf deine Mails gefreut. Nun habe ich nur noch Panik davor.

Victoria Schwartz Freitag, 8. Juni 2012 um 06:55
Ich wollte doch einfach nur ein verlässliches Treffen!

Kai Cruz Freitag, 8. Juni 2012 um 07:02
I know … I have to go. Really. Es ist schon nach 7 Uhr.

Er würde für immer gehen und ich ohne Antworten zurückbleiben. Ich wollte und konnte das so nicht!

Victoria Schwartz Freitag, 8. Juni 2012 um 07:03
Und jetzt? Wollen wir versuchen, Freunde zu bleiben?

Kai Cruz Freitag, 8. Juni 2012 um 07:04
Yeah.
    I do love you.
    I really do.

So kam es, dass wir weiter den Kontakt hielten. Es war unausgesprochen geblieben, was das zwischen uns nun war. Reine Freundschaft? Obwohl er gesagt hatte, dass er mich liebte? Ich befand mich in einer Art Warteschleife, handlungsunfähig und unglücklich.

Noch immer wollte ich Kai treffen, daran hatte sich nichts geändert, im Gegenteil, der Wunsch war inzwischen übermächtig geworden und überschattete alles. Allerdings wusste ich, dass ein falscher Satz ihn entweder endgültig in die Flucht schlagen oder Streit nach sich ziehen würde. Also schwieg ich und saß es aus.

Kai hatte sich zum Ziel gemacht, sein Konto so schnell wie möglich wieder aufzufüllen. Er whatsappte mir so oft er konnte, wir unterhielten uns auch weiterhin via Skype, aber seine Zeit war sehr viel knapper bemessen als vorher, denn er arbeitete extrem viel, oft auch am Wochenende, und in seiner Freizeit schlief er sich meist aus.

Meine Gefühle waren extrem ambivalent. Einerseits wusste ich, dass es nicht normal war, wie er mich behandelte und dass etwas nicht stimmen konnte, andererseits gelang es mir nicht, einen Schlussstrich zu ziehen. Mein Herz klammerte sich mit aller Macht an ihn. Doch mein Gehirn konnte ich auch nicht ausschalten. Mein Misstrauen wuchs und ich konnte nichts dagegen tun. Ich sprach mit meinen Freunden. Fast alle waren aus der Medienbranche und täglich beruflich und privat im Internet unterwegs. Wir waren uns einig: Entweder er spielte mit mir, verarschte mich und wollte mich deswegen nicht treffen – dagegen sprach allerdings seine liebevolle Art, die teuren Geschenke und die Tatsache, dass es keinerlei Sinn ergab, so viel Zeit und Geld in einen Streich zu investieren, von dem er letzten Endes nichts hatte. Eine andere Möglichkeit war, dass er mich nicht treffen *konnte*. Vielleicht befand er sich bereits in einer Beziehung. Dann war es allerdings eine reife Leistung, heimlich so viel Zeit für mich aufzuwenden.

Die realistischste Erklärung war, dass er ein ernsthaftes psychisches Problem hatte, das es ihm unmöglich machte, eine Beziehung im Real Life zu führen. Nur im rein virtuellen, geschützten Rahmen gelang es ihm, Gefühle zuzulassen. So hatte er jemanden, der für ihn da war und um den er sich kümmern konnte – aber immer mit der nötigen Distanz und Fluchtmöglichkeit.

Egal was es war – ewig konnte ich so nicht weitermachen, denn der Zustand zehrte an meinen Nerven. Fast war es eine

Erleichterung, dass ich bis zu den Sommerferien beruflich viel um die Ohren hatte. Zumindest tagsüber war ich so abgelenkt, dass ich gar keine Möglichkeit hatte, mir Gedanken zu machen. Kai hatte versprochen, wir würden in den Ferien ein paar Tage miteinander verreisen. Daran glauben konnte ich nicht mehr.

Irgendwann schrieb Kai, er würde meinen Söhnen gerne zu ihren Geburtstagen Skateboards schenken. Er selber skatete seit seiner frühen Kindheit und meine Jungs hatten schon oft seine Skatefotos auf Facebook bewundert. Er erzählte, dass Chris Beziehungen zu einem Shop hätte, sodass er viel günstiger an die Sachen rankäme.

»Erinnerst du dich nicht mehr, dass Chris und ich zerstritten sind? Er hat mich bei Facebook entfreundet und bei Twitter sogar geblockt«, erinnerte ich Kai.

»Ach, der hat das garantiert schon wieder vergessen. So schnell, wie er sich über etwas aufregt, regt er sich auch wieder ab«, erwiderte er. »Mach dir da mal keine Gedanken.«

Und tatsächlich, kurz darauf schickte mir Chris eine neue Freundschaftsanfrage auf Facebook.

Ein paar Wochen später brachte der Paketbote zwei riesige, sperrige Pakete. »Jetzt hat sich deine reiche Tante aus Amerika aber richtig in Unkosten gestürzt, was?! Was ist denn da drin?«, fragte er.

»Ich glaube Skateboards«, antwortete ich.

»*Wie* bitte? Mal im Ernst: Ich meine, es geht mich ja nichts an, aber allein das Porto war...«, er guckte auf die Pakete, »...über 70 Dollar! Der Typ, der dir das schickt, ist der Millionär?«

»Tja. Um ehrlich zu sein: Ich habe *keine* Ahnung.« Ich zuckte mit den Schultern. Er sah mich ungläubig an, und wir mussten beide lachen.

Verwirrung

Ich hatte bei Facebook schon immer meine Freundesliste auf »privat« gestellt, das heißt, nur ich kann sehen, mit wem ich befreundet bin. Für mich eine Frage der Privatsphäre, sowohl meiner eigenen als auch der meiner Freunde.

Nachdem Chris und ich nun aufs Neue befreundet waren, kommentierte er wieder regelmäßig meine Posts. Er liebte es zu provozieren, und Jana sprang mit Freude darauf an.

So blöd sie Kai fand (sie ließ kaum eine Gelegenheit aus, mir das zu sagen), so interessant fand sie Chris. Beide lieferten sich schlagfertige Diskussionen und nach kurzer Zeit waren auch sie befreundet. Sie setzten ihre Wortduelle in ihren eigenen Accounts fort und begannen recht schnell, miteinander zu flirten und privat zu chatten. Jana zufolge schrieben sie täglich, abends oft mehrere Stunden lang. Obwohl sie teilweise extrem konträre Ansichten hatten, waren sie sich im Grunde sehr ähnlich. Beide attraktiv und extrem selbstbewusst. Jana scheute sich nicht, ihm knallhart ihre Meinung zu sagen, sie scherte sich nicht darum, ob er danach beleidigt war oder nicht. Trotz allen Streits zwischen ihnen waren sie begeistert voneinander und luden sich sogar gegenseitig nach Hamburg und San Diego ein. Ich fand es okay, wunderte mich allerdings über Jana. Sie gehörte eigentlich zu den Personen, die stets stolz betonten, sie bräuchten das Internet nicht zu ihrem Glück. Außerdem hegte sie ein großes Misstrauen gegen »Typen aus dem Internet«. Nun verbrachte sie selbst jede freie Minute online.

Chris' Verhalten irritierte mich aber fast noch mehr, denn er war ganz offensichtlich nicht nur an Jana, sondern auch an meiner besten Freundin Maren interessiert... Er hatte ihr Profilbild neben einem Kommentar auf meiner Seite gesehen und war seitdem fasziniert von ihr. Maren hatte privat eine schwierige Zeit hinter sich, nun ging es ihr aber wieder richtig gut, denn sie war glücklich verliebt in Marc, einen Marketingberater, den sie bei Twitter kennengelernt hatte. Seit einigen Wochen waren die beiden ein Paar.

»Wow, she is a Hottie! Meinst du, ich kann sie irgendwie kennenlernen?«, fragte Chris mich eines Tages.

»Sie ist vergeben. Ich glaube nicht, dass sie Interesse hat«, antwortete ich.

Chris schien ernsthaft geknickt. »Ich habe gelesen, was sie auf Twitter schreibt. Sie ist ein wirklich interessanter Mensch. Ich will sie doch nur kennenlernen«, meinte er.

»Dann schreib ihr halt und warte, was passiert«, erwiderte ich.

»Die weiß doch gar nicht, wer ich bin«, sagte er. »Da komme ich doch rüber wie ein Spinner!«

»Wenn es dir hilft, kann ich deine Mail an sie weitergeben«, versprach ich.

Ich hatte damit gerechnet, dass er ihr eine kurze, unverfängliche Nachricht schreiben würde. Der Brief, den er mir allerdings am nächsten Tag zum Weiterleiten schickte, überraschte mich sehr. Der Text war lang, und ich fand ihn für eine erste Kontaktaufnahme sehr privat, aber meine Meinung war in diesem Fall nicht gefragt. Und irgendwie war es auch rührend, dass er sich solche Mühe gegeben hatte:

Chris Rakete Samstag, 23. Juni 2012 um 05:25
Hallo Fremde,

ich weiß, du hast keine Ahnung, wer ich bin und warum ich dir schreibe. Letzteres weiß ich selbst nicht. Ich gestehe, ich finde es selbst ein wenig gruselig, obwohl ich es bin, der dich kontaktiert…

Zuerst einmal weiß ich kaum etwas über dich, alles, was ich weiß, habe ich von Vicky. Und sie hat sich mit Informationen über dich nicht gerade überschlagen.

118

Darum habe ich mich sporadisch durch deinen Twitter- und Instagram-Account geklickt. Keine Angst, ich beurteile Bücher nicht nach ihrem Cover und habe nichts hineininterpretiert.

Nun sitze ich also hier, an einem Freitagabend, und schreibe einer komplett Fremden. Ich glaube, manche Leute würden das verrückt nennen. Ich sehe das ein wenig anders. Manchmal haben gerade die Dinge, die man ohne viel Nachdenken tut, die interessantesten Folgen.

Am besten, ich erzähle ein bisschen über mich, damit du weißt, mit wem du es zu tun hast. Also, wo fange ich an…

Ich brauchte schon immer viel Freiheit und Raum für mich. Ich war gerne allein und unabhängig und konnte mit jeder Situation fertigwerden. Dann habe ich einen mir sehr wichtigen Menschen verloren. Das hat alles verändert.

Bis dahin habe ich mich immer tough gefühlt, aber plötzlich wurde mir bewusst, dass wir im »großen Ganzen« ein Nichts sind. Ich fühlte mich nur noch leer, und diese Leere habe ich mit Beziehungen jeder Art gefüllt. Nicht nur Liebesbeziehungen. Jede Art von Beziehungen. Online oder offline.

Ich gehe hier jetzt nicht zu sehr ins Detail, aber irgendwann habe ich mich selbst im World Wide Web aus den Augen verloren. Ich sehnte mich nach Trost, nach Aufmerksamkeit und Bewunderung. Ich habe mich noch nie so allein gefühlt wie in den letzten Jahren. Besonders wenn ich zu viel Zeit zum Nachdenken habe. Ich bin abhängig von der Aufmerksamkeit anderer geworden, statt mit mir selbst und meinem Leben zufrieden zu sein.

Amerika ist ziemlich oberflächlich, grausam und fake, aber ich bohre gerne nach, um mehr über mich und die Menschen zu erfahren. Ich staune zum Beispiel jeden Tag, warum wir gerade die Menschen lieben, die wir lieben. Manchmal kann ich über die menschliche Dummheit nur den Kopf schütteln. Dennoch glaube ich, dass es gerade die menschliche Nähe, Liebe und Hoffnung ist, die uns in jeder Situation weitermachen lässt.

Wenn ich Menschen beobachte, komme ich mir vor wie ein Kind, das Ameisen bei ihrem täglichen Überlebenskampf zusieht. Dadurch lernt man eine Menge über sie. Allerdings sind die meisten Menschen eher langweilig. Es braucht schon jemand Besonderen, um mich länger bei der Stange zu halten. Aber alle zusammen, in der Masse, sind sie immer gut für einen Lacher oder ein paar unterhaltsame Geschichten.

Manchmal kann ich nur die Schultern zucken, wenn ich darüber nachdenke, wie gerne sich Menschen selbst belügen und wie wenig sie sich ihrer eigenen Dämonen bewusst sind. Wenn sie nicht auf ihre Gefühle hören und sich selbst verbieten, ihr Leben erfüllt zu leben. Das Leben ist zu kurz dafür!

Ich ecke öfter mal bei »der Gesellschaft« und ihren Werten an und gehe meine eigenen Wege. Auch mit dieser Mail: Ich mag diese besonderen Momente, in denen man überraschenderweise etwas Schönes findet, ohne danach gesucht zu haben. Und wer weiß, vielleicht ist das hier einer davon.

Vicky erzählte, du reist im Herbst beruflich in die Staaten. Auch wenn du hier arbeiten musst, ich wünsche dir eine super Zeit. Falls du Ablenkung vom Job brauchst: Komm gerne auf ein »Cuppa Joe« im sonnigen Kalifornien vorbei.

Und wenn ich dich nicht verschreckt habe oder deine einzige Reaktion auf diese Mail ein »WTF?« ist, würde ich mich über eine Antwort von dir freuen.

Cheers, Chris

Ich kopierte die Mail und schickte sie mit einer kurzen Erklärung an Maren. Ich hatte keine Ahnung, wie sie darauf reagieren würde. Da ich sie als kommunikativen und äußerst freundlichen Menschen kannte, nahm ich an, sie würde sich zwar wundern, ihm aber antworten. Zugegebenermaßen spielte Chris' gutes Aussehen dabei definitiv eine Rolle. In Kombination damit wirkte der Inhalt seines Briefes gleich tiefsinniger und interessanter. Hätte ein unattraktiver Typ einer fremden Frau so einen Brief geschickt, hätte man es vermutlich gruselig oder zumindest ziemlich schräg gefunden. Ganz schön ungerecht, aber leider Realität.

Tatsächlich entwickelte sich in den folgenden Tagen eine Mailkonversation zwischen Chris und Maren. Sie stellte allerdings von vornherein klar, dass sie an ihm als Mann kein Interesse hatte, sosehr er auch versuchte, mit ihr zu flirten. Chris schien das nicht zu stören. Mit ihr schrieb er über seine Gefühle und sein Seelenleben, fürs Flirten und sexuelle Anspielungen hatte er Jana, die damit umgehen konnte und ihm mit dem nötigen Humor regelmäßig den Kopf gerade rückte, wenn er zu fordernd wurde.

Kai lachte über das Verhalten seines besten Freundes. »Der hat Liebeskummer wegen so einer blöden Flugbegleiterin, mit der er was am Laufen hatte, die ihm aber jetzt die kalte Schulter zeigt. Und außerdem hat er gerade zu viel Zeit und Langeweile. Liegt mit einer Knieverletzung zu Hause. Ist doch nett, wenn man da Ablenkung und ein bisschen Spaß hat. Die eine fürs Brain, die andere für den Body.«

Chris nutzte meine Freundinnen lediglich als Ablenkung für seinen Liebeskummer? Na fantastisch ... Ich glaubte auch kaum, dass Jana sich mit der Rolle, die ihr Kai zuteilte, zufriedengegeben hätte. Andererseits tat sie grundsätzlich nur das, was sie wollte. Um sie brauchte ich mir keine Sorgen zu machen.

Mehr Gedanken machte ich mir um Maren. Mir war etwas zu Ohren gekommen, von dem ich nicht wusste, wie ich es einschätzen sollte. Kai hatte von seiner alten Schulfreundin Tina etwas erfahren, das er mir sofort weitererzählte. Ich chattete daraufhin bei Facebook mit ihr und sie bestätigte mir, dass sie in den letzten zwei Wochen bei Twitter regelmäßig mit Marens Freund Marc kommuniziert hatte. Zuerst war es um politische Themen gegangen, aber seit Kurzem schrieben sie sich DMs, in denen er wohl heftig mit ihr flirtete. Sie fand es lediglich amüsant und schrieb, sie wäre in keinster Weise an ihm interessiert. Er allerdings hatte ihr gegenüber behauptet, er wäre Single. Sein Verhalten gab mir Rätsel auf, ich kannte ihn nur von wenigen Treffen, aber er war mir sehr ehrlich und nett erschienen. War es meine Aufgabe als gute Freundin, Maren darauf anzusprechen? Nach langem Überlegen tat ich es.

Sie reagierte entsetzt und stellte Marc sofort zur Rede. Er gab zu, Tina zwar geschrieben, aber niemals mit ihr geflirtet zu haben.

Maren glaubte ihm und beide machten kurzen Prozess: Marc blockte Tina, und Maren stellte sofort jeden Kontakt zu Chris ein. Sie sagte mir, sie habe »kein gutes Gefühl ihm und dem ganzen Freundeskreis gegenüber« – und ich konnte sie gut verstehen. Es war extrem unwahrscheinlich, dass Tina *ganz zufällig* ausgerechnet mit Marc geflirtet hatte. Es schien eher so, als ob sie im Auftrag von Chris oder Kai seine Treue hatte testen sollen. Vielleicht wollte sie einen Keil zwischen Marc und Maren treiben, damit Chris bessere Chancen bei ihr hatte? Unrealistisch war diese Theorie nicht, denn Chris' Verhalten ließ kaum vermuten, dass er an Maren nur als Mensch und nicht als Frau interessiert war. Er war übermäßig auf sie fokussiert, hatte sie mit endlos langen Mails überhäuft ohne Gefühl für eine angemessene Distanz – schließlich war er ein völlig Fremder für sie. Sogar ein Päckchen war schon auf dem Weg nach Deutschland, das er an mich adressiert hatte, da Maren ihm ihre Adresse nicht geben wollte.

Kai reagierte völlig verständnislos auf das Verhalten von Maren und Marc. »Sind die hysterisch?«, pöbelte er. »Erst flirtet der Typ mit Tina und dann tut er, als wäre es ihre Schuld gewesen. Das ist das Letzte. Was für ein Idiot! Und was hat Chris bitte damit zu tun? Nichts! Er ist total fertig, weil Maren ihn plötzlich ignoriert.« Kai war wirklich sauer.

»Chris ist ein super Typ. Deine Freundinnen haben den gar nicht verdient...«

Ich merkte, wie in mir die Wut aufstieg. Egal wie unmöglich seine Freunde sich benahmen: Stets stellte er ihr Verhalten als unfehlbar hin. Sie waren der Inbegriff von Loyalität, Ehrlichkeit und Intelligenz – und alle anderen konnten im Grunde nur von ihnen lernen.

»Ich finde meine Freundinnen ziemlich toll. Und außerdem hat *er* sie angeschrieben, nicht anders herum«, erwiderte ich verärgert. »Ach ja, im Übrigen habe *ich* damit wirklich *gar* nichts zu tun!«

Ich merkte, dass ich immer häufiger an Kai zweifelte. Mit seinem Schwarz-Weiß-Denken konnte ich nicht umgehen. Mein Misstrauen wuchs. War es wirklich möglich, dass ein selbstständiger Physiotherapeut so viel arbeitete? Hatte ich tatsächlich nur vor dem falschen Hauseingang gestanden? Ja sicher, Google Maps hatte mir bestätigt, dass die Hausnummern dort verwirrend liefen. Aber theoretisch konnte es auch nur ein für Kai günstiger Zufall sein, der praktischerweise seine Lüge deckte.

Wie ich es drehte und wendete, alles führte immer nur zu der Erkenntnis, dass er log, weil er psychisch wohl ein so großes, tief sitzendes Problem hatte, dass er mich jetzt unter keinen Umständen treffen konnte. Es gelang mir immer weniger, meine Unzufriedenheit für mich zu behalten. Sicher, wir führten nach wie vor schöne, innige und gute Gespräche, aber oft konnte ich kleine verbale Spitzen nicht unterdrücken. Er reagierte darauf unwirsch und unterstellte mir Egoismus, denn er konnte schließlich nichts für seine momentane Situation...

Egoistisch war in Kais Augen auch Maren. Chris litt immer noch sehr darunter, dass sie den Kontakt zu ihm abgebrochen hatte. Er lieferte sich mit Kai endlose Diskussionen darüber und steigerte sich in die Situation in einem Maß hinein, das ich nicht normal fand. Vor allem weil er nebenbei immer noch täglich stundenlang mit Jana chattete und so etwas wie eine Onlineaffäre mit ihr hatte. Warum, um Gottes willen, war Marens Verhalten so ein Problem? Chris und sie hatten nur wenige Tage Kontakt gehabt. Ging es einfach nur um sein gekränktes Ego, oder steckte mehr dahinter?

Dann kam das Paket für sie an. Mir war klar, dass sie es nicht annehmen würde, und so lag es nun bei mir. Was sollte ich damit tun? Es zurückschicken? Chris' Adresse hatte ich nicht, also fragte ich Kai via WhatsApp. Seine Reaktion war klar: Er beschimpfte Maren als undankbar und unsensibel. Auf meine Frage, wo denn eigentlich das Problem sei, druckste er herum, meinte dann aber, es befände sich etwas in dem Päckchen, das Chris sehr wichtig sei. Abends mailte er mir:

Kai Cruz Donnerstag, 12. Juli 2012 um 22:37
Hi Vicky,

ich habe mit Chris geredet. Er sagt, ich darf mit dir über seine Story sprechen. Ich habe ihm nicht gesagt, dass Maren sein Päckchen nicht annehmen will. Besser, er erfährt nichts davon, denn es würde ihn fertigmachen.

Keine Ahnung, warum diese Frau ihm so wichtig ist, aber er scheint etwas in ihr zu sehen, was mir verborgen bleibt.

Ich habe ihr eine Mail geschrieben und gerade abgeschickt. Sie soll wenigstens die Hintergründe kennen. Ich habe sie dir kopiert:

Hallo Maren,
ich mische mich nicht gerne ein, aber ich muss etwas loswerden, auch wenn ich weiß, dass du bestimmt keine Lust hast, es anzu-hören. Es beschäftigt mich sehr. Vicky hat mir gesagt, dass du das Paket von Chris nicht annehmen willst. Mir ist egal, wieso oder weshalb. Allerdings solltest du vielleicht wissen, was drin ist, bevor du Nein sagst, da ich es schade finde, wenn du es ablehnst.

Ich möchte, dass diese Mail unter uns bleibt, weil es durch dich schon genug Drama gab, das alle runtergezogen hat.

Keine Angst, diese E-Mail ist nur der Hintergrund dessen, was sich in dem Paket befindet. Was du dann damit machst, ist deine Sache.

Vor einigen Jahren war Chris verlobt und seine damalige Verlobte war im 6. Monat schwanger. Alles im Leben schien für die beiden super zu laufen. Dann nahm ein betrunkener Autofahrer Chris alles. Er hat seine Freundin überfahren und sie hat es nicht überlebt. Das Baby konnte zunächst gerettet werden, war aber noch viel zu klein und starb nach wenigen Tagen im Brutkasten.

Danach war Chris fertig mit der Welt. Er hatte sein Leben kaum noch im Griff und hat jede Menge Scheiß gebaut.

Irgendwann war er plötzlich weg. Hat sich ein paar Monate lang bei niemandem gemeldet. Er ist in der Zeit durch Asien gereist, wie sich später herausstellte. Er hat mir erzählt, dass er in Tibet einen alten Mönch kennengelernt und viel mit ihm über alles geredet hat. Als Chris zurück in die Staaten musste, hat der Mönch ihm einen antiken buddhistischen Anhänger geschenkt. Eine Art Talisman. Er sollte Chris helfen, zu seinem Leben zurückzufinden und wieder glücklich zu werden.

Asien hat Chris verändert. Maren, den Anhänger hat Chris seit damals getragen und nie abgelegt. Daran hing sein Leben. Nun hat er ihn dir ins Päckchen gelegt. Er ist der Meinung, jetzt sollst du ihn haben, weil du ihn brauchst. Ich weiß, dass sich das total schräg anhört, ist ja auch schwer zu verstehen. Als er mir gesagt hat, dass er ihn dir schickt, habe ich es wirklich nicht verstanden.

Ich finde es einfach wichtig, dass du die Geschichte des Anhängers kennst. Ich habe vor spirituellen Dingen Respekt – und das solltest du vielleicht auch. Ich möchte nicht, dass es irgendwie schlechtes Karma bringt. Ich glaube, das kannst du genauso wenig gebrauchen wie wir.

Lieben Gruß, Kai

OH! MEIN! GOTT! Was war das für eine furchtbare Geschichte? Ich schwankte zwischen Entsetzen und spontanem Zweifel an ihrer Echtheit. War ich gemein? Vielleicht, aber ich hatte vor ein paar Jahren ein Drehbuchseminar besucht, und hätte ich dort diese Story als Plot vorgelegt, hätten mich die Dozenten ausgelacht. Eine Schwangere, ein betrunkener Autofahrer, ein sterbendes Baby, ein alter Mönch und ein mysteriöser Anhänger – das war doch ein wenig zu dramatisch. Andererseits schrieb manchmal das Leben die seltsamsten Geschichten...

Ganz und gar nicht okay war allerdings, wie er Maren unter Druck setzte. Was hatte das Ganze, bitte schön, mit Karma, dem buddhistischen Gesetz von Ursache und Wirkung zu tun? Gar nichts. Wenn Maren den Anhänger nicht annahm, würde sie definitiv weder von einem Blitz getroffen werden noch würde etwas anderes Schlimmes passieren. Dennoch, Maren war ein sensibler Mensch. Mit Sicherheit gingen Kais Zeilen nicht spurlos an ihr vorbei. Ich rief sie an.

Sie war außer sich. »Was bildet dieser Typ sich ein? Die Geschichte ist furchtbar, aber ich kann immer noch für mich allein entscheiden, mit wem ich Kontakt habe und mit wem nicht.« Mit sanfterer Stimme fuhr sie fort: »Vicky, im Ernst, ich möchte nichts, aber auch wirklich *gar nichts* mit denen zu tun haben. Weder mit Chris noch mit Kai oder Tina. Behalt das Paket. Oder schmeiß es weg. Mir egal. Ich will es nicht.« Okay, das war deutlich.

Das Paket stand in meinem Bücherregal. Immer wieder musste ich zu ihm hinüberschauen. Und ich war unglaublich neugierig... Und jetzt, wo Maren das Päckchen definitiv nicht wollte...?

Irgendwann hielt ich die Spannung nicht mehr aus und löste die Klebestreifen.

Es befand sich nicht nur der Anhänger darin, zuerst sah

ich ihn nicht einmal. Ich fand einen vier Seiten langen, auf dem Computer geschriebenen Brief, eine Packung amerikanische Kekse, zwei Schokoriegel, ein Päckchen Kaugummi, einen Lippenpflegestift und eine Einwegkamera. Seltsam …
Dann kam endlich das Amulett zum Vorschein. Es war etwa 4 × 5 cm groß und flach. Vorsichtig wickelte ich es aus. Es handelte sich um das buddhistische Symbol eines »endlosen Knotens« – ineinander verflochtene Stränge ohne Anfang und Ende – aus Messing, mit türkisfarbener Emaille verziert. Ich besah es mir genauer, es hatte keinerlei Gebrauchsspuren. Auch das Lederband, an dem es hing, wirkte nagelneu. Ich besaß selbst einige buddhistische Schmuckstücke, aber man musste kein Experte sein, um zu sehen, dass dieser Anhänger kein mystischer, antiker Talisman aus einem Tempel in Tibet war, sondern definitiv Neuware, vermutlich in Indien oder China produziert. What! The! Fuck! Was spielten Kai und Chris für ein merkwürdiges Spiel? Wollte Chris sich mit seiner herzerweichenden Geschichte einfach nur Marens Aufmerksamkeit und Zuwendung erschleichen? Wie billig und geschmacklos.

Durfte ich den an Maren gerichteten Brief lesen? In Anbetracht der Umstände entschied ich mich dafür, holte mir aber zur Sicherheit via WhatsApp ihre Erlaubnis ein.

Chris schrieb wirklich gut. Entgegen meiner Vermutung erzählte er Maren gar nicht von seiner verstorbenen Verlobten, sondern blieb allgemeiner. Er erklärte, die Kekse und Schokoriegel sollten ihr schon einmal einen Vorgeschmack auf Amerika geben, mit der Einwegkamera könne sie besondere Momente für die Nachwelt festhalten und Kaugummi und Lippenpflegestift wären praktisch, falls sie unterwegs spontan Lust bekäme, mit jemandem zu knutschen … Ich rollte mit den Augen. Er konnte es einfach nicht lassen.

Was den Anhänger betraf, erzählte Chris, er habe ihn von einem alten Mönch in Asien geschenkt bekommen und er sei für ihn zu einem Symbol dafür geworden, wieder zu sich selbst und seinem inneren Frieden zu finden. Er schrieb:

Nachdem ich das verloren hatte, was mir das Wichtigste war, nahm ich mein Leben als eine große, oberflächliche Party wahr, weil ich dachte, ich müsste meine eingeschränkte Zeit auf der Erde voll auskosten, jede Sekunde, jede Minute, jeden Tag. Ich glaube, an der Vorstellung an sich ist nichts verkehrt. Natürlich geht es im Leben auch um Spaß. Aber viel wichtiger für den inneren Frieden sind Tiefe und Wahrheit. Nach Asien habe ich mir selbst versprochen, immer ehrlich zu mir zu sein und auf meine innere Stimme zu hören, egal was andere über mich denken. Ich hoffe, es kommt jetzt nicht so rüber, als wolle ich dir sagen, was du zu tun hast oder, dass ich denke, du wärest nicht mit dir selbst im Reinen. Ich fühle einfach nur, dass es an der Zeit ist, ein bisschen positives Karma an jemanden weiterzugeben, der es verdient. Und für mich bist du diese Person. Du stellst dich bei Twitter als eine dieser Spaß liebenden und über den Dingen stehenden Frauen dar, die schon alles im Leben gesehen haben, aber ich kann zwischen den Zeilen lesen und sehe dort eine ganz andere Person. Und genau darum schicke ich dir meinen Anhänger. Weil ich glaube, dass du ihn gebrauchen kannst.

Das kam mir bekannt vor. Ähnliches hatte Kai mir auch gesagt. Schon in einer seiner ersten Mails war es ihm gelungen, mich ziemlich treffend zu analysieren, fast, als könne er in mein Innerstes sehen. Auch bei Maren lag Chris richtig. Sie und ich hatten eine starke Seite und spielten gerne den Klassenclown, andererseits waren wir nachdenklich und sensibel. Wenn ich ehrlich war, traf das aber wohl auf den Großteil aller Menschen zu ...

Hatte mich in den ersten Monaten Kais Tiefsinn noch faszinierte, empfand ich es mittlerweile fast als ein wenig lächerlich, dass gerade er und Chris sich permanent bemüßigt fühlten, anderen Leuten Ratschläge für ein erfülltes, glückliches Leben zu geben: Kai, der es psychisch nicht einmal schaffte, die Frau, die er angeblich liebte, zu treffen, und Chris, der in der Gegend herumflirtete und sich seinen oberflächlichen Fun nicht nur im Internet holte, sondern – den unzähligen Partypics bei Facebook nach – auch im Real Life. Theoretisch mochten sie den Schlüssel zum Glück gefunden haben, sie verbissen sich ja regelrecht in das Thema, ihre Erkenntnisse selber umzusetzen war ihnen aber anscheinend nicht möglich. Für mich hatte ihr Verhalten fast etwas Sektiererisches. Wahrscheinlich gehörten sie irgendeiner amerikanischen Heilsbringersekte an und suchten im Internet nach neuen Mitgliedern, die sie dann im Sonnenuntergang irgendeiner esoterischen Gottheit auf einem Altar aus Surfbrettern opfern konnten. Ich musste lachen.

Trotzdem, das alles war sehr, sehr seltsam …

Am nächsten Tag telefonierte ich mit Jana und erzählte ihr alles. Sie war weniger überrascht, als ich gedacht hatte. »Von Chris' Verlobter und seinem Baby weiß ich schon lange. Das muss furchtbar gewesen sein. Hast du denn das Bild von Skye nicht gesehen?«, fragte sie.

»Wer ist Skye?«, fragte ich verdutzt. Ich stand komplett auf dem Schlauch.

»Na, seine kleine Tochter. Irgendwann letzte Woche war ihr Todestag. Da hat er ihr Foto bei Facebook gepostet. Ich fand das ziemlich geschmacklos, habe aber ausnahmsweise mal meinen Mund gehalten.«

»Warte«, sagte ich und rief seinen Facebook-Account auf. Nein, da war kein Bild. Hatte ich es doch gewusst. Jana guckte nun auch.

»Bei mir ist es noch da.« Sie schickte mir einen Screenshot seiner Chronik. Tatsächlich, ich sah ein winziges, verkabeltes Frühchen mit einer viel zu großen, blauen Strickmütze. Die Bildunterschrift lautete: »Skye. Unforgotten and always in my heart.« Gleich mehrere seiner Freunde hatten Kommentare in Form von Herzen oder traurig blickenden Smileys geschrieben, darunter auch Kai. Wie grausam oberflächlich im Grunde diese Facebook-Welt doch war.

Was mir aber noch auffiel, war, dass Jana teilweise andere Bilder sah als ich. Chris nutzte augenscheinlich verschiedene Listen für seine Freunde und sortierte so, wer welche Inhalte sehen konnte. Wir begannen zu vergleichen. Während ich künstlerisch hochwertige Porträts und Reisefotos von ihm sah, bekam Jana zusätzlich viel privatere präsentiert, die mich laut auflachen ließen: Chris hatte auf dem Rücken liegend an sich hinunter fotografiert, sodass sich die Wölbung seines Genitals deutlich unter seiner Hose abzeichnete. Wenn Chris allen Ernstes Bilder dieser Art – von meinen Freunden und mir scherzhaft »Hidden Cock«-Fotos genannt – bei Facebook postete, dann begab er sich endgültig auf das Niveau der »Attention Sluts«, über die er immer gelästert hatte.

Wie man es drehte und wendete, mit Kai und Chris war irgendetwas ganz gewaltig nicht in Ordnung.

Moral

Die Sommerferien in Hamburg hatten längst begonnen, und ich hatte mir die Demütigung erspart, Kai zu fragen, ob und wann wir gemeinsam etwas unternehmen wollten. Die ersten vier Wochen musste ich sowieso arbeiten, aber nun lagen weitere zwei freie Wochen vor mir, und mir war völlig unklar, was ich damit anfangen sollte. Felix wollte mit den Kindern einige Tage später bis zum Ferienende an die Nordsee fahren. »Was ist mit dir und Kai?«, fragte er. »Lässt er dich schon wieder hängen?« Da er nach wie vor ein wichtiger Vertrauter für mich war, hatte er sämtliche Ups und Downs mitbekommen. »Was machst du denn jetzt? Willst du echt in Hamburg bleiben?« Ich zuckte mit den Schultern. Was blieb mir denn anderes übrig? Sicher, ich hätte allein wegfahren können, aber in den Sommerferien, in denen alle anderen mit ihren Kindern verreisten, fand ich den Gedanken irgendwie traurig. Felix merkte, wie zerknirscht ich war. »Weißt du was?«, er klopfte mir auf die Schulter. »Komm doch einfach bei uns mit. Dann nimmt jeder mal die Kinder und der andere hat etwas Zeit für sich. Und die Jungs freuen sich sowieso. Da profitieren doch alle davon.«

Hm, war das eine gute Idee? Was würde Kai dazu sagen? Er hatte in der Vergangenheit schon öfter betont, dass er fände, nach dem Ende einer Beziehung müsse man einen klaren Trennstrich ziehen und könne nicht mehr miteinander befreundet sein. Ich fand diese Einstellung ziemlich unreif. Felix und ich hatten viele Jahre unseres Lebens geteilt und wir hatten Kinder miteinander. Die Trennung war friedlich abgelaufen, und wir verstanden uns gut. Warum hätten wir unseren Kontakt jetzt abbrechen sollen? Und ganz ehrlich, musste ich wirklich Rücksicht auf die Befindlichkeiten eines Mannes nehmen, der auf meine keine nahm? Nein. Der Fairness halber würde ich ihn fragen, aber egal, was er sagte, ich würde fahren. Felix war zwar mein Ex, aber er war auch ein guter Freund. Und niemand konnte mir verbieten, mit einem Kumpel zu verreisen.

Am gleichen Abend sprach ich mit Kai. Er hatte Verständnis für meine Situation und sagte, dass es meine eigene Entscheidung sei und er selbstverständlich nichts dagegen hätte, weil er mir voll vertraue.

Wenige Tage später fuhren wir. Es war ungewöhnlich schönes Wetter für deutsche Verhältnisse, und ich bereute es keine Sekunde. Während ich mit unserem älteren Sohn einen Surfkurs machte, unternahm Felix etwas mit dem Kleinen. So gut wir uns verstanden und sosehr ich die Tage genoss, freute ich mich doch jedes Mal sehr, wenn Kai sich trotz seiner langen Arbeitstage meldete. Und nicht nur er ließ von sich hören: Irgendwann in der ersten Woche, es war schon fast 1 Uhr, schrieb mir Chris bei Facebook. Ich hatte nicht einschlafen können und freute mich zunächst über die nächtliche Ablenkung. Das änderte sich aber sehr schnell. Nach einigen höflich-unverfänglichen Sätzen, kam er direkt zum Punkt.

Chris Rakete Mittwoch, 18. Juli 2012 um 00:43
Ich finde es komisch, dass du mit deinem Mann im Urlaub bist.

Victoria Schwartz Mittwoch, 18. Juli 2012 um 00:43
Häh? Wie kommst du jetzt darauf?

Chris Rakete Mittwoch, 18. Juli 2012 um 00:45
Ich habe gerade mit Kai gesprochen. So richtig super geht's dem nicht bei dem Gedanken.

Victoria Schwartz Mittwoch, 18. Juli 2012 um 00:46
Ach, das sagt er dir? Ich habe ihn vorher gefragt, und er fand es okay. Eigentlich wollten wir was zusammen machen. Aber er hat es wieder nicht hingekriegt.

Chris Rakete Mittwoch, 18. Juli 2012 um 00:47
Geht ja wohl auch schlecht, wenn er arbeiten muss.

Victoria Schwartz Mittwoch, 18. Juli 2012 um 00:48
Das sehe ich anders. Wenn man etwas wirklich will, dann kriegt man es auch hin.

Chris Rakete Mittwoch, 18. Juli 2012 um 01:04
Das hört sich jetzt fies an und ich meine es nicht böse, also
nicht sauer sein, aber ich wundere mich, wie viel er überhaupt
noch für dich und deine Kinder tun kann. Wie oft er an euch
denkt, bei all dem Scheiß, der bei ihm los ist. Und ich finde, ihr
habt immer im Mittelpunkt gestanden, bei allem. Egal was ist,
der ruft an oder schreibt. Und schickt euch teure Geschenke. Ay
sorry, aber wenn du das nicht sehen kannst, dann weiß ich auch
nicht… Du bist immer so negativ. Ohne wirklichen Grund.

Victoria Schwartz Mittwoch, 18. Juli 2012 um 01:05
Ohne Grund?! Na ja… Das Problem ist, dass es für mich einfach
immer schlimmer wird, je länger ein Treffen hinausgezögert wird.

Chris Rakete Mittwoch, 18. Juli 2012 um 01:06
Dann zieh deine Konsequenzen. Entweder du kriegst es hin,
oder du distanzierst dich. Machst Schluss. Keine Ahnung.

Victoria Schwartz Mittwoch, 18. Juli 2012 um 01:06
»Es hinkriegen« heißt in meinem Fall, dass ich stillhalten und es
ertragen soll?

Chris Rakete Mittwoch, 18. Juli 2012 um 01:07
Ich schätze mal, schon.
  Genieß lieber, was du hast Man weiß nie, wann es vorbei ist.
  Ich kann es nicht ab, wenn Leute, die glücklich sein könnten,
rumjammern. Das, was du hast, ist vielleicht nicht perfekt, aber
wohl mehr, als die meisten Menschen haben. Du bist ganz
schön undankbar. Statt dich glücklich zu schätzen, willst du
noch mehr. Immer passt dir irgendwas nicht.

Victoria Schwartz Mittwoch, 18. Juli 2012 um 01:08
Das stimmt doch gar nicht. Ich glaube einfach, unsere Situation
ist sehr speziell.

Chris Rakete Mittwoch, 18. Juli 2012 um 01:08
Ay, du hast jemanden, der dich liebt! Und auf den du dich
verlassen kannst. Kai ist einer der zuverlässigsten Menschen, die
ich kenne. Wenn er etwas sagt, dann steht er dazu und macht
das auch. Und wenn er es nicht macht, dann kann er es gerade einfach nicht. Kein Grund, sich da reinzusteigern. Er ist ja
schließlich auch entspannt und zweifelt nicht ständig an dir. Ich
persönlich finde, du trägst nicht gerade dazu bei, dass es »easy
going« mit euch beiden ist, wenn du mit der ganzen Familie im
Urlaub bist. Aber Kai nimmt das alles hin, weil er dich liebt.

Victoria Schwartz Mittwoch, 18. Juli 2012 um 01:10
Was heißt »hinnehmen«? Wir haben vorher drüber gesprochen,
und er hatte keine Probleme damit.

Chris Rakete Mittwoch, 18. Juli 2012 um 01:11
Ich hätte auch nicht »Nein« gesagt, wenn du mich gefragt
hättest, weil es deine Entscheidung sein muss. Ich würde meiner
Freundin nie etwas vorschreiben, aber es wäre für mich ein
Problem. Gebe ich gerne zu. Bei so etwas bin ich konservativ. Es
gibt Dinge, die tut man einfach nicht. Mit dem Ex in den Urlaub
zu fahren sollte nicht mal eine Option sein. Das hat was mit
Respekt seinem Partner gegenüber zu tun.

Victoria Schwartz Mittwoch, 18. Juli 2012 um 01:12
Respekt? Wenn ich ernsthaft frage, gehe ich davon aus, dass
ich eine ehrliche Antwort bekomme und keine, die mein Gegenüber gar nicht so meint! In Hamburg säße ich allein rum
und wäre traurig, weil ich eigentlich gedacht hatte, Kai und ich
würden was machen.

Chris Rakete Mittwoch, 18. Juli 2012 um 01:13
Und das macht es okay, was du tust? Nein!
 Und nur weil *Kai* sich nicht traut, dir die Meinung zu sagen,

heißt es nicht, dass *ich* das nicht mache. Aber du scheinst es echt nicht zu sehen …

Na dann viel Spaß noch. Ciao.

Und weg war er. Ich bemerkte, dass ich vor Anspannung zitterte. Dieser Chat hatte von Anfang an nur den einen Zweck verfolgt: mir ein schlechtes Gewissen zu machen. Unglaublich! Ich kämpfte mit den Tränen. Im gleichen Moment sah ich, dass Jana bei Facebook noch online war. Erleichtert öffnete ich den Chat und berichtete ihr, was passiert war. Sie reagierte sofort. »Was für Arschlöcher!«, schrieb sie, »Chris kann ein echter Idiot sein. Und Kai – du kennst meine Meinung zu ihm. Das ist ein Psycho. Schieß ihn in den Wind, der soll sich eine andere Dumme suchen.« Ihre Meinung zu Kai stand fest. Wo für sie allerdings der Unterschied zwischen ihm und Chris lag, war mir total unklar. Chris war auf seine Art genauso seltsam, auch mit ihm stimmte etwas nicht. Warum war sie von ihm trotzdem hingerissen? Sie hatte ihm sogar Bikinifotos von sich geschickt und mich gebeten, aktuelle Bilder von ihr zu machen, die sie dann bei Facebook für ihn postete.

Nun allerdings war Jana sauer. Und zwar richtig: »Ich schreibe dem jetzt und sage ihm, dass ich sein Verhalten unmöglich finde!« Mir war inzwischen schon alles egal, sollte sie es doch tun.

Wir verabschiedeten uns und ich ging off. Hunderttausend Gedanken wirbelten in meinem Kopf herum, und ich hatte immer mehr das Gefühl, mich in einer ausweglosen Situation zu befinden.

Wenig später vibrierte mein Telefon. Chris hatte erneut geschrieben. Ich ging online und las.

Chris Rakete Mittwoch, 18. Juli 2012 um 02:03
Hast du einen Vollschaden? Wieso muss ich mir von Jana anhören, was für ein Arsch ich bin? Was soll das? Dann frag

mich nicht nach meiner Meinung, wenn du danach Jana voll-
heulst.

Victoria Schwartz Mittwoch, 18. Juli 2012 um 02:05
Ich habe dich nicht nach deiner Meinung gefragt.

Chris Rakete Mittwoch, 18. Juli 2012 um 02:06
Ganz klar … Hab ich keinen Bock drauf. Wieso erzählst du der
überhaupt, worüber wir sprechen? Kapiere ich nicht.
    Whatever … Lass mich in Zukunft aus eurem Scheiß raus.

Er ging offline. Mein Herz klopfte bis zum Hals. Wie unverschämt! Er und Kai erzählten sich alles, worüber sie mit uns
sprachen, ich und Jana durften das aber nicht? *Ganz klar …*
    Doch so gerne ich die Sache auf die leichte Schulter ge-
nommen hätte, so wenig gelang es mir. Mit Sicherheit würde
Chris sofort mit Kai darüber sprechen. Um weiterem Stress
vorzubeugen, beschloss ich, ihm zuvorzukommen und Kai
die ganze Sache selbst zu erzählen. Ich öffnete unsere Face-
book-Mails und wollte ihm schreiben, aber das Texteingabe-
feld war nicht mehr vorhanden! An seiner Stelle stand dort:
»Du kannst nicht auf diese Unterhaltung antworten.« Ich
versuchte, auf sein Profil zu gehen, aber es erschien: »Diese
Seite ist leider nicht verfügbar.« Das konnte doch wohl nicht
wahr sein! Kai hatte seinen Account gelöscht – und damit
unsere gemeinsame Zeit, alle schönen Erinnerungen. Mir
kamen die Tränen. Mit zitternden Fingern tippte ich eine
WhatsApp-Message, aber er kam nicht online.

Erst am nächsten Tag reagierte er und schrieb kurz und
knapp, er habe keine Lust mehr, sich in mein Drama mit hi-
neinziehen zu lassen. Es wäre klar, dass meine Freundinnen
mir nach dem Mund reden würden, aber unser Verhalten
wäre auf Kindergartenniveau und er habe genug Stress in

seinem Leben, da bräuchte er uns nicht noch zusätzlich. Ich riss mich zusammen und antwortete nicht darauf.

Die nächsten Tage waren schrecklich. Er schwieg, aber mittlerweile wusste ich, dass es im Durchschnitt höchstens eine Woche dauerte, bis er sich wieder meldete, und so war es auch dieses Mal. Es renkte sich zwischen uns mehr oder weniger wieder ein. Auch Chris schrieb wieder und tat, als wäre nichts gewesen, ich blieb ihm gegenüber aber nun viel reservierter.

Jede neue Krise machte mehr kaputt. Als wäre unsere Liebesgeschichte ein großes, schönes Puzzle gewesen, aber bei jedem Streit verschwanden einzelne Puzzleteilchen, sodass sie nicht mehr in ihre Lücken passten und das perfekte Ganze unwiederbringlich zerstört war.

Jana merkte, wie ich litt. Sie schimpfte über Kai, schwärmte aber weiter von Chris, mit dem sie immer noch in engem Kontakt stand. Je länger dieser allerdings andauerte, desto mehr Ungereimtheiten fielen auf. Zum Beispiel verabredeten sie sich zum Videoskypen, aber die Verbindung kam aus dubiosen Gründen nicht zustande. Laut Chris musste es an ihrem Rechner liegen, was natürlich absoluter Nonsens war. Um zu beweisen, dass er wirklich gerade vor der Cam saß und ihn keine Schuld traf, filmte er sich spontan und schickte ihr das Video per Mail. Leider hatten sowohl sie als auch ich Probleme, es zu öffnen, und wir konnten nur die erste Sekunde sehen, die ihn tatsächlich vor dem Rechner sitzend und in die Kamera grinsend zeigte.

Mein Misstrauen wuchs rapide. Ich versuchte mir Kai gegenüber nichts anmerken zu lassen, denn hätte ich ihn auf all die kleinen Dinge angesprochen, die ich seltsam fand, hätten wir uns nur noch gestritten, und dafür fehlte mir mittlerweile jegliche Energie. War ich nett, hielt still, drängte auf nichts und stellte nichts infrage, war es ein Traum mit Kai. Nur gelang mir das kaum noch.

Alles eskalierte, als er mir eines Tages per WhatsApp ein Foto von sich schickte. Es zeigte ihn in Boxershorts vor seinem Badezimmerspiegel. Dazu schrieb er: »Heute Morgen für dich aufgenommen. ;)«

Ich hatte schon so viele Bilder seines nackten Oberkörpers gesehen… Mich interessierte viel mehr, wie sein Badezimmer in Münster aussah. Ich betrachtete das Foto genauer, achtete auf die Details – und dann fiel mir etwas auf, über das ich bei aller Harmoniesucht und Rücksicht auf seinen psychischen Zustand nicht hinwegsehen konnte. Bevor ich es mir anders überlegte, tippte ich: »Wow! ;) Heute noch vor der Arbeit aufgenommen? Das ist aber lieb von dir!«

Er reagierte sofort: »Klar. Damit du siehst, dass ich immer an dich denke. :)«

»Und du bist dir sicher, dass du in Münster bist?«, fragte ich.

»Häh? Was ist denn jetzt schon wieder verkehrt?«

Ich nahm allen Mut zusammen und antwortete: »Wenn du dieses Bild heute aufgenommen hast und dich wirklich in Münster befindest, hast du amerikanische Steckdosen in deiner Wohnung. Du musst zugeben, dass das ein wenig seltsam ist.«

Ihm war mein zynischer Ton nicht entgangen und seine Reaktion war dementsprechend scharf: »Spinnst du jetzt total oder was?«

»Ich denke nicht, dass ich spinne. Ich bin nicht blöd. Und ich weiß, was ich sehe. Das sind amerikanische Steckdosen. Du bist nicht in Deutschland. Und deswegen kannst du mich auch nicht treffen.«

»Weißt du was? Mir reicht es jetzt. Diesen Mindfuck kannst du mit jemand anderem abziehen. Ich bin weg. Und falls es dich interessiert: Ja, es sind amerikanische Steckdosen. Die habe ich mir aus den Staaten mitgebracht und selbst eingebaut. Tschüss. Einen schönen Tag noch.« Er ging offline.

Ich wusste, dass er log. Ich wusste, dass etwas Grundlegendes nicht stimmte und ich die Wahrheit herausfinden musste. Aber das Schlimme war: Ich konnte nicht. Ich hätte mich entsetzlich dabei gefühlt, ihm hinterherzuspionieren. Was, wenn ich zum Beispiel die Krankenhäuser anrief, in denen er angeblich arbeitete – und man ihn dort kannte? Kai wäre außer sich und wahnsinnig enttäuscht von mir gewesen, wenn er es erfahren hätte. Ich war hin- und hergerissen zwischen Loyalität ihm gegenüber und meinem Verstand, der sich nicht mehr abschalten ließ. Einerseits hatte ich noch Gefühle für ihn, andererseits wurde ich von Minute zu Minute wütender. Was sollte ich nur tun? Ich musste den Kopf frei kriegen, mich ablenken! Ich rief Jana an, und wir beschlossen spontan, uns später zu treffen und etwas trinken zu gehen.

Der Abend begann wie immer. Wir zogen von Kneipe zu Kneipe, trafen zufällig Freunde, verabschiedeten uns nach einiger Zeit, zogen weiter und blieben schließlich in unserer Lieblingsbar hängen. Wir bestellten uns etwas zu trinken, und Jana lenkte das Gespräch auf Chris. Ich hatte eigentlich vorgehabt, wenigstens an diesem Abend das Thema auszublenden. Zu frisch war meine Wut auf Kai und zu groß meine Unsicherheit ihm gegenüber. Und Jana war eigentlich die Letzte, mit der ich über ihn reden wollte. Aber nun sprudelte mein Ärger aus mir heraus. Ich erzählte ihr, was vorgefallen war, und schloss mit den Worten: »Ich sollte noch einmal zu seiner angeblichen Adresse nach Münster fahren. Kommst du mit?«

Sie sah mich an. Dann begann sie zu sprechen. »Wir müssen nicht hinfahren. Es gibt keinen Kai Cruz in Münster. Ich habe das Einwohnermeldeamt kontaktiert und in den letzten beiden Tagen bei allen infrage kommenden Krankenhäusern angerufen. Niemand kennt ihn. Und auch keinen, der so aussieht. So jemanden gibt es dort nicht. Ich habe sogar mit der Sekretärin seines angeblichen Gymnasiums telefoniert. Weder er noch seine Geschwister sind dort zur Schule gegangen. Ach ja, beim gemeinsamen Gymnasium von Chris und dir habe ich auch angerufen. Sein Name taucht in der Liste der ehemaligen Schüler auch nicht auf. Uns hat jemand verarscht. Und zwar ganz gehörig.« Das saß. Ich hatte das Gefühl, mir würde der Boden unter den Füßen weggezogen. Mit keinem Wort hatte sie mich darauf vorbereitet, im Vorfeld keine einzige Andeutung gemacht. Ich war schockiert. Selbst wenn sie es nur gut gemeint hatte, fühlte ich mich von ihr hintergangen – ein absoluter Vertrauensbruch. Diese Last wog in dem Moment fast genauso schwer wie die Tatsache, dass Kai nicht existierte. Jana hätte mich mit einbeziehen müssen, denn ich war vielleicht emotional nicht in der Lage, *selber* die betreffenden Anrufe zu machen, aber ich hätte ihr nicht verboten, es an meiner Stelle zu tun.

Ich versuchte, mich zusammenzureißen. Schlagartig stellten sich mir unzählige Fragen. »Hast du herauskriegen können, wer dahintersteckt? Ich muss das wissen!«, stammelte ich.

»Nein! Wen interessiert das? Das ist doch total egal. Vermutlich irgendwelche Freunde, denen es Spaß macht, Frauen erst in sich verliebt und dann fertigzumachen. Die lachen doch über uns, diese Arschlöcher! Ich habe sofort alle Accounts geblockt und den Kontakt abgebrochen. Und das wirst du auch tun.«

Ich merkte, wie Wut in mir aufstieg. Es war *eine* Sache, dass Jana ohne mein Wissen recherchiert hatte – natürlich hatte sie es nur gut gemeint! –, mir aber vorschreiben zu wollen, wie ich mich in Zukunft zu verhalten hatte, ging zu weit. Ich ließ mich nicht bevormunden. »Ich entscheide selbst, was ich tue«, entgegnete ich und stand auf.

Jana rollte theatralisch mit den Augen und schüttelte dabei betont mitleidig den Kopf. »Du spinnst doch! Aber bitte, dann lass dich weiter verarschen …« Beim Abschied sah sie mir in die Augen, und als sie zu sprechen begann, verzog sich ihr Mund zu einem Lächeln: »Ich habe es dir von Anfang an gesagt, aber der unglaublich tolle Kai war ja in deinen Augen unantastbar.« Sie klopfte mir auf die Schulter: »Komm gut nach Hause. Und tu dir nichts an.« Ich erstarrte. Was sollte das?

Unsere Freundschaft hatte einen tiefen Riss bekommen. Wenig später brachen wir den Kontakt zueinander ab, denn Jana fehlte jegliches Verständnis dafür, warum ich die Sache nicht einfach abhakte.

Während der gesamten Rückfahrt war ich seltsam gefasst. Ich wunderte mich über mich selbst. Eigentlich hätte ich geschockt sein müssen, in Tränen ausbrechen, mir die Haare raufen, schreien oder hysterische Anfälle kriegen. Aber das echte Leben war eben keine Vorabendserie, es hatte seine ganz eigene Dramaturgie.

Selbstverständlich weinte ich, sobald ich zu Hause war, aber ich spürte auch Erleichterung. Plötzlich ergab alles einen Sinn. Natürlich konnte Kai mich nicht treffen, er existierte in dieser Form ja gar nicht. Aber irgendjemand *steckte* dahinter. Jemand, der sich wahnsinnig viel Mühe gegeben hatte. Der losgegangen war und liebevoll Geschenke für mich und die Kinder ausgesucht hatte, der all die Briefe und Karten geschrieben und mir über Monate seine volle Zuwendung geschenkt hatte. Warum hatte die Person das getan?

Die ganze Dimension des Lügengebildes wurde mir erst am nächsten Tag bewusst, als ich mir klarmachte, dass – wenn Kai ein Fake war – der Großteil seiner Familie und Freunde bei Facebook auch nicht echt sein konnte. Alle, die so getan hatten, als würden sie ihn kennen …

In meiner Mittagspause zählte ich die beteiligten Accounts

in den diversen Social Networks durch. Viele seiner Freunde waren ja nicht nur bei Facebook aktiv, sondern bloggten, twitterten oder posteten Fotos bei Instagram. Ich fand allein 17 Facebook-Profile, dazu kamen sieben Instagram-, acht Twitter- und zwei SoundCloud-Accounts sowie drei Blogs. Sechs seiner Freunde hatten ihre Skype-Namen bei Facebook angegeben, dementsprechend waren sogar bei Skype Fake-Accounts angelegt worden!

Wer zum Teufel betrieb so einen Aufwand? Und wofür? Ich schwankte zwischen Entrüstung darüber, dass ein anderer Mensch mir so etwas angetan hatte, und Verblüffung, dass ihm diese großartige Täuschung gelungen war.

Über mich und mein Verhalten in den letzten Monaten konnte ich nur den Kopf schütteln. Als wäre plötzlich ein Schalter umgelegt worden, als hätte endlich jemand den »On«-Knopf betätigt. Ich hatte zwar gewusst, dass mit Kai etwas nicht stimmte. Niemals aber hatte ich an der Echtheit seiner Existenz gezweifelt. Er hatte ein so umfassendes Bild geschaffen, in seinem Account befanden sich mittlerweile über zweitausend Fotos seiner Familie, seiner Freunde und seines Lebensumfelds! Immer wieder hatten seine Freunde in ihren eigenen Accounts Fotos gemeinsamer Unternehmungen gepostet... Und was war mit Kais Videos? Ich erinnerte mich zum Beispiel an ein ganz besonders beeindruckendes. Wir hatten telefoniert, und er erzählte, dass eine Orkanwarnung für seine Region bestünde. Der Höhepunkt würde gegen 22 Uhr seiner Zeit erwartet werden. Er schickte mir den Link zur Website einer US-Wetterstation, und ich sah auf dem Satellitenbild, wie das Unwetter über das Land hinwegwalzte. Es war beängstigend. Kai beruhigte mich. »Mach dir keine Sorgen. Für uns ist das nichts Besonderes.« Am nächsten Morgen sah ich bei Facebook, dass er in der Nacht ein Video gepostet hatte. Er stand im Wintergarten seiner Mutter und filmte durch die Glaswände nach draußen. Der

Regen prasselte fast waagerecht gegen die Scheiben, und die Bäume bogen sich im Sturm. Dann schwenkte er das Smartphone am lang ausgestreckten Arm auf sein Gesicht und lächelte in die Kamera.

Woher stammte all das Bildmaterial, und wer war der Mann darauf? Er hieß nicht Kai Cruz, das stand fest. Verwendete er einfach nur einen falschen Namen, aber der Rest stimmte? Nein, das ergab absolut keinen Sinn, denn dann hätte er bestimmt darauf bestanden, mit mir videozuskypen, denn es hätte seine Authentizität ja noch zusätzlich bestätigt. Stattdessen hatten wir das Thema »Videoskypen« in den vergangenen zehn Monaten irgendwie unter den Tisch fallen lassen. Es war nicht so gewesen, dass Kai sich geweigert hatte. Wir waren sogar einmal dazu verabredet gewesen, und wegen *mir* war der Termin dann geplatzt, weil ich plötzlich länger arbeiten musste! Traurig war ich darüber nicht gewesen. Ich mochte das Skypen mit Bild absolut nicht und vermied es sogar mit meinen engsten Freunden. Statt sich auf das Gespräch, die Stimme und den Tonfall des Gegenübers zu konzentrieren, achtete man darauf, ob man richtig ausgeleuchtet war oder aussah wie ein Zombie, und immer wieder fror der Gesprächspartner kurz in der Bewegung ein oder seine Lippenbewegungen entsprachen nicht dem, was man hörte. Im Nachhinein war es natürlich ein riesiger Fehler, das Ding war nur: Ich hatte ja nic an der Echtheit seiner Existenz gezweifelt und brauchte deshalb keinen Beweis. Mir war nicht wichtig gewesen zu sehen, wie er sich bewegte oder sprach. Das wollte ich mir – ganz romantisch – für unser erstes Treffen aufbewahren.

Wer hätte denn *ahnen* können, dass ein Mann, dessen ganzer Freundeskreis permanent seine Existenz bestätigte und der Unsummen an Geld für mich ausgegeben hatte, ein Fake war? Ich war ja nicht allein auf ihn hereingefallen! Nicht einmal meine Freunde hatten an diese Möglichkeit gedacht. Wir waren uns einig gewesen, dass etwas mit ihm nicht stimmte – aber doch nicht *das*! Bis zu diesem Zeitpunkt hatte ich niemals, wirklich *niemals*, eine so abwegige Story wie die von mir und Kai gehört...

LEE

Spurensuche

Am Abend, als ich die Kinder ins Bett gebracht hatte und sie eingeschlafen waren, schaltete ich den Computer ein. Ich brauchte Antworten, egal wie weh sie taten. Ich wollte damit beginnen, den Mann auf den Fotos zu suchen. Erst wenn ich ihn gefunden hatte, konnte ich wirklich hundertprozentig begreifen, dass Kai nicht existierte.

Ich hatte seit dem Gespräch mit Jana so gut es ging vermieden, »seine« Fotos anzusehen. Nun öffnete ich schweren Herzens die Google-Bildersuche. Ich überprüfte ein Foto nach dem anderen. Zehn, zwanzig, dreißig, vierzig, fünfzig – kein einziges Ergebnis. Ich wiederholte das Ganze mithilfe der Website www.tineye.com. Auch hier – nichts.

Ich musste einen anderen Weg gehen. Verrieten die Bilder selbst vielleicht irgendetwas Greifbares? Ich fing mit den Aufnahmen an, auf denen Innenräume zu sehen waren. Auf einigen erkannte ich eindeutig amerikanische Steckdosen und auch die Fenster- und Türgriffe waren nicht europäisch. Dann konzentrierte ich mich auf die anderen Fotos. Kai vor einem riesigen Wasserfall, in einer gut besuchten Open-Air-Bar, an diversen Stränden…

Ich begann, Touristenattraktionen auf Jamaika zu googeln, und wurde tatsächlich schnell fündig. Dort war der Wasserfall. Und sogar die Bar fand ich. Wirklich weiterhelfen tat mir das aber nicht…

Ich suchte weiter und mein Blick blieb an einer Reihe von Bildern hängen, die »Kai« zusammen mit seinem angeblichen Bruder Nick und anderen Kindern am Rande einer Skate Bowl zeigten. Das war interessant. Es schien sich um eine Art Skatepark zu handeln. Bestimmt gab es davon auf Jamaika nicht sehr viele. Ich tippte »Skatepark, Jamaika« in die Suchzeile von Google und klickte mich durch die Ergebnisse. Es dauerte nicht lange, bis ich Bilder der identischen Skate Bowl fand und mit ihrer Hilfe zu der Website des Skateparks gelangte. Es gab darauf Unmengen an Fotos und Videos. Ich sah mir eines nach dem anderen an. Plötzlich stockte mir der Atem. Den Jungen auf dem Bild kannte ich. Es zeigte den skatenden »Nick«! Unter dem Foto stand sein richtiger Name: Adam Melrose.

Natürlich war mir klar, dass auch Kais Geschwister Fakes sein mussten, aber den Beweis dafür nun schwarz auf weiß vorliegen zu haben, war erschreckend. Denn es bedeutete, dass Kais Erzählungen über seine Kindheit, die Probleme, die er und seine Geschwister mit ihrer Mutter hatten, die Termine vor Gericht, dass wirklich *alle* Details seiner Story der Fantasie eines mir völlig unbekannten Menschen entsprungen waren. Wie gruselig.

Es gab noch mehr Bilder von Adam und ich fand schließlich heraus, dass er der Sohn des Skatepark-Besitzers Nathan Melrose war. Die Wahrscheinlichkeit, dass beide den echten »Kai« persönlich kannten, war ziemlich groß, denn es gab viele Fotos, die ihn und Adam gemeinsam zeigten.

Was sollte ich tun? Eine Mail an den Skatepark schicken? Dort anrufen? Die Vorstellung, einem fremden Menschen auf Englisch meine wirre, komplizierte Geschichte zu erzählen, überforderte mich. Diese Variante wollte ich mir als letzten Versuch aufsparen.

Ich starrte auf die Website und dachte nach. Plötzlich fiel mein Blick auf einen Button am unteren Rand der Seite: »Follow us on Facebook«. Wenn der Skatepark auf Facebook war, dann hatten vielleicht auch Nathan und Adam

Melrose dort Accounts. Ich loggte mich ein und suchte zuerst nach Nathan. Schnell war er gefunden. Ich hatte Glück, seine Freundesliste war für die Öffentlichkeit sichtbar. Die Anzahl seiner Freunde allerdings ließ mich genervt mit den Augen rollen: 3565! Es würde dauern, alle anzusehen, aber das war es wert. Ich scrollte mich langsam durch die Liste und hing dabei meinen Gedanken nach. Wie absurd es doch war, über so viele »Freunde« zu verfügen. Wie viele dieser Menschen kannte Nathan Melrose wohl tatsächlich, und wie viele waren Fremde oder reine Internetbekanntschaften? Der Begriff »Freund« verlor bei Facebook komplett seine ursprüngliche Bedeutung und wurde inflationär für jede noch so flüchtige On- und Offlinebekanntschaft verwendet…

Ich scrollte und scrollte, als plötzlich mein Herz einen Moment lang aussetzte. Mein Körper hatte schneller reagiert als mein Verstand. Ich starrte auf einen Avatar. Er zeigte Kais Schwester Andrea. Ihr echter Name war Lilian Turner. Dann sah ich ihn. Direkt neben ihr. Es war wie ein Schlag in die Magengrube. Ein Albtraum. Ich kannte sogar das Foto. Kai hatte es eine Zeit lang als Profilbild bei Twitter verwendet. Er hieß Lee. Lee Turner. Mir liefen Tränen die Wangen hinab, als ich begann, mich durch seinen Account zu klicken. Er legte anscheinend nicht sehr viel Wert auf seine Privatsphäre. Es gab Dutzende Bilder, die meisten waren mir bekannt. Wer auch immer hinter Kai steckte, hatte das gesamte Leben von Lee übernommen und lediglich die Personen umbenannt. Seine Eltern, seine Schwestern, seinen Bruder. Jamaika, USA, Barbados. Alles war identisch.

Lee machte Yoga und seinen Statusmeldungen nach war er sehr spirituell. Er surfte, er tauchte, er reiste. Er war mir so vertraut. Und dabei ein vollkommen Fremder, der von meiner bloßen Existenz nicht den geringsten Schimmer hatte.

Sämtlicher angestauter Schmerz entlud sich, und ich

konnte nicht aufhören zu weinen. Warum hatte dieser seltsame Mensch hinter dem Fake gerade *mir* das angetan? Wer
spielte so grausam mit Gefühlen und Hoffnungen anderer Menschen? Hatte ich mir etwas vorzuwerfen? War ich
zu vertrauensselig und naiv gewesen? Zu offen und freundlich? Unvorsichtig? *Natürlich!* Aber, verdammt noch mal,
es konnte doch niemand ahnen, dass es Leute gab, die so
einen Aufwand betrieben, nur um andere hereinzulegen!
Hätte Kai jemals etwas von mir verlangt, Geld, Nacktfotos,
was auch immer, ich wäre sofort hellhörig geworden. Aber
er hatte immer nur gegeben!

Nun, da ich Lees Fotos gesehen hatte, wurde mir schlagartig bewusst, dass ein Bild natürlich nie ein Beweis für die
Authentizität einer Story war. Nein, man musste einfach nur
zu einem vorhandenen Bild die passende Story konstruieren.
Die Medien machten Tag für Tag nichts anderes, ich selbst
kannte das doch aus meinem Job! Irgendwann beruhigte
ich mich so weit, dass ich eine Mail an Lee verfassen und
ihm von der ganzen Sache berichten konnte. Große Hoffnungen, dass er antworten würde, hegte ich nicht, aber ich
fühlte mich verpflichtet, ihn darüber zu informieren, dass
seine Fotos von einem Fremden missbraucht wurden. Mittlerweile war es 5:30 Uhr, und mir fielen die Augen zu. Was
für eine entsetzliche Nacht.

Der nächste Tag war anstrengend. Gott sei Dank hatte ich
am späten Nachmittag einen wichtigen Abgabetermin, sodass mein Job mich derart in Beschlag nahm, dass ich nicht
zum Nachdenken kam. Erst als ich zu Hause war, begann ich
wieder zu grübeln. Langsam beschlich mich die Angst vor
diesem unbekannten Menschen, der so viel von mir wusste,
für mich aber ein Phantom war. Würde er plötzlich vor meiner Tür stehen, wenn er merkte, dass er aufgeflogen war?

Theoretisch konnte jeder dahinterstecken. Vielleicht handelte es sich gar nicht um einen Fremden, sondern um jemanden, den ich kannte? Konnte es sein, dass ich beobachtet wurde? Waren meine Kinder in Gefahr? Sicher, er schien sich in den USA zu befinden, denn seine Pakete und Briefe waren vornehmlich von dort gekommen, andererseits hatte ich auch Post aus China von ihm erhalten – und mithilfe des Internets war so vieles möglich: Ich dachte an die Website, über die man im eigenen Namen Postkarten aus Hawaii verschicken kann, ohne jemals dort gewesen zu sein. Oder die Anbieter, die einem eine US-Adresse verschaffen, sodass man bei jedem beliebigen amerikanischen Onlinestore bestellen kann, der dann alles an die eigene deutsche Adresse weiterleitete... Bisher hatte ich diese Angebote einfach nur praktisch oder überflüssig gefunden, nun ging mir auf, wie einfach man sie für betrügerische Zwecke nutzen konnte.

Ich musste wissen, wer der Fremde war und wo er sich aufhielt. Ich begann mit dem Nächstliegenden und öffnete erst mein Mailprogramm und dann die Webseite www.utrace.de, mit deren Hilfe man IP-Adressen überprüfen kann.

Kai und ich hatten uns meist der Einfachheit halber über Facebook gemailt. Den Nachteil sah ich erst jetzt: Facebook-Nachrichten haben keine für den »Durchschnittsuser« ermittelbare IP-Adresse. In all der Zeit hatte ich nur sechs konventionelle E-Mails von ihm bekommen. Nun checkte ich eine nach der anderen, kopierte die IPs heraus und überprüfte sie. Alle lieferten mir nur den Standort des Providers, gaben also keinen Aufschluss über Kais Aufenthaltsort. Bei einer einzigen, allerdings von einer anderen Mailadresse aus, hatte ich Glück! Das Ergebnis war eindeutig: Summertown, Arkansas, USA. Ich überflog den Inhalt. Sie war geschrieben worden, als er sich angeblich schon in Münster befunden hatte...

Am nächsten Tag musste ich erst mittags in der Redaktion erscheinen. Ich nutzte den freien Vormittag, um zur Polizei zu gehen. Ich war mir zwar sicher, dass kein Straftatbestand vorlag, trotzdem wollte ich meine Geschichte dort zu Protokoll geben, denn die Unsicherheit darüber, wer oder was hinter dem Ganzen steckte, machte mir Angst. So bitter es war – ich hielt es für sinnvoll, dass der Polizei mein Name bekannt war, falls mir irgendetwas passieren sollte.

Der Polizist war sehr nett – und absolut ratlos. Zu Beginn meiner Erzählung war er mir ins Wort gefallen und hatte gesagt: »Und dann hat er bestimmt Geld von Ihnen gewollt?« Als ich verneinte und von den Geschenken berichtete, saß er kopfschüttelnd da. »Also, wenn ich es jetzt notiere, wäre es sachlich richtig zu schreiben: ›Ein Mensch, der anonym bleiben will, tut Ihnen im Grunde die ganze Zeit Gutes‹? Ich habe so etwas wirklich noch nie gehört!«

Ich zuckte mit den Schultern. »Na jaaaa…«

»Vielleicht ist es ganz einfach ein verheirateter Mann, der sich in Sie verliebt hat und Ihnen eine Freude machen will?«, fragte er hoffnungsvoll. »Oder ein Handelsvertreter? Oder Pilot? Jemand, der immer unterwegs ist? Darum auch die Post von den verschiedensten Orten?« Das alles war möglich. Aber weiter brachte uns dieses Spekulieren nicht.

Wie schon vermutet, hatte sich der Fake nicht strafbar gemacht. Lediglich das Stehlen fremder Fotos war natürlich verboten, wurde aber, sofern es sich bei den Beklauten nicht um Prominente handelte und sich die gestohlenen Bilder in Fake-Accounts mit privater Ansicht befanden, meist als Bagatelldelikt behandelt, sodass sich eine Anzeige kaum lohnte. In meinem Fall wäre sie besonders sinnlos gewesen, weil man ja den Täter gar nicht kannte. »Und wenn der Fake die Accounts jetzt löscht oder Sie sie bei Facebook melden und Facebook sie löscht, wäre eine Anzeige sowieso hinfällig«, sagte der Polizist. Das stimmte natürlich. Er verabschiedete mich mit den Worten: »Und denken Sie daran: In Amerika gibt es nichts, was es nicht gibt. Ich kann Ihnen nicht sagen, wer oder was hinter der ganzen Sache steckt, aber es kann nicht schaden, vorsichtig zu sein.«

Der schwerste Schritt stand mir noch bevor. Ich musste mit Kai sprechen. Er hatte sich nicht mehr gemeldet, seit ich ihn auf die Steckdosen angesprochen hatte – was mir in dieser Situation sehr entgegengekommen war.

Es gab zwei Möglichkeiten. Entweder ich entschuldigte mich überschwänglich für meine »gemeinen Unterstellungen« und mein »unangemessenes Misstrauen« und versicherte ihm, dass ich ihm glaubte und ihn liebte – oder ich wartete, bis er sich meldete. Das konnte allerdings noch einige Tage dauern, also entschied ich mich für die erste Variante und schickte ihm eine WhatsApp-Nachricht.

Ich hatte Glück. Er ließ mir gegenüber »Gnade« walten, meldete sich noch am gleichen Abend und schlug vor zu telefonieren. Ein kurzer Moment der Panik ließ mich zögern, aber ich stimmte zu.

Es tat weh, seine Stimme zu hören. Ich musste mir eingestehen, dass meine Gefühle für ihn, trotz allem, nicht schlagartig verschwunden waren. Mir war klar, dass das im Grunde absurd war, denn ich wusste *nichts* über die Person, mit der ich sprach. Trotzdem: Der Mensch war immer noch der gleiche, nur sah er anders aus und führte ein anderes Leben.

Ich brachte es an diesem Abend nicht übers Herz, ihn auf sein Lügenkonstrukt anzusprechen. Obwohl es mir in keiner Sekunde gelang auszublenden, dass nichts mehr so war wie vorher, war dieses letzte harmonische Gespräch für mich so etwas wie der Abschied von »Kai«.

Konfrontation

Am nächsten Morgen fand ich bei Facebook eine Nachricht von Lee Turner vor! Er schrieb, dass ihm sehr leidtäte, was mir passiert sei, und er hoffe, dass es mir bald besser ginge. Außerdem fand er es ziemlich beunruhigend, dass jemand seine Bilder gestohlen hatte und ihn dermaßen intensiv beobachtet haben musste.

Noch während des Lesens kamen mir die Tränen. Dieser Mann war nett und mitfühlend. Sicher, es war nur eine kurze Mail, aber für mich war es viel mehr. Es war tröstlich zu wissen, dass er Anteil nahm und ihm die Sache nicht total egal war. Irgendwie fühlte es sich wie ein kleiner Triumph an, ich war »Kai« einen Schritt voraus – und das gefiel mir. Trotzdem: Ich wollte die Konfrontation hinter mich bringen. Und zwar schnell. Je länger ich wartete, desto schwieriger würde es werden.

Spontan tippte ich eine WhatsApp-Nachricht an ihn: »Es ist etwas passiert, Kai! Muss ich dir unbedingt erzählen. So heftig!«

Ich wusste, dass er unglaublich neugierig war und definitiv reagieren würde, sobald er die Message gelesen hatte. Dass er es allerdings *so* schnell tat, damit hatte ich nicht gerechnet, denn bei ihm war es jetzt tiefe Nacht.

»WAS? Erzähl!«, schrieb er sofort.

Wie einfach es war, jemanden zu manipulieren, wenn man ihn so gut kannte ... »Das ist viel zu kompliziert hier bei WhatsApp. Kurz telefonieren?«, antwortete ich.

»Ja. Ich komme on«, erwiderte er.

Mein Herz klopfte und mir wurde unglaublich heiß. Konnte man eigentlich vor innerer Anspannung Fieber bekommen? Im letzten Moment kam mir die Idee, das Gespräch mitzuschneiden. Sollte ich jemals beweisen müssen, was mir passiert war, war so eine Aufnahme bestimmt sinnvoll. Ich legte mein iPhone neben den Computer, startete den Mitschnitt und klickte auf den »Anrufen«-Button bei Skype. Es klingelte nur kurz, dann nahm Kai das Gespräch entgegen.

»Hi, Baby! Was geht denn bei *dir* ab?«, fragte er lachend.

Ich versuchte, ruhig zu bleiben und mich zu sammeln. Dann nahm ich allen Mut zusammen und begann zu sprechen. »Ich werde dir jetzt etwas erzählen und ich möchte dich bitten, nicht aufzulegen, sondern mich anzuhören. Weil du es mir nach der langen Zeit einfach schuldig bist. Kannst du mir das versprechen?«

»Ähm, ja«, sagte er vollkommen unbeeindruckt.

»Gut.« Ich räusperte mich. »Ich weiß, dass es keinen Kai gibt. Ich weiß, dass deine Geschwister nicht echt sind. Ich weiß, wer die echten Menschen auf all den Bildern sind. Ich weiß, dass du in Amerika bist. Nur eins weiß ich nicht: Warum machst du das?«

Eine endlos wirkende Gesprächspause entstand. Dann, endlich, hörte ich leise und zögernd seine Stimme: »Weil ich mich in dich verliebt habe?«

»Aber wer *bist* du denn?«, fragte ich verzweifelt. Wieder schwieg er. Es platzte aus mir heraus: »Weißt du, ich bin nicht einmal sauer auf dich! Ich kann auf dich nicht sauer sein. Auch wenn du mir jetzt vormachst, dass du in mich verliebt bist, das Ganze aber in Wirklichkeit irgendeine abgefuckte Sache ist! Ich habe keine Ahnung mehr, was ich glauben soll und was nicht! Das Ding ist: Du hast mir in all den Monaten unheimlich viel gegeben. Egal, wer du bist. Und ich habe dir immer gesagt, dass die Optik auf den Bildern mir total egal ist…«

»Ja«, flüsterte er. »Ich weiß. Da war es aber zu spät.«

»Es ist NIE zu spät!«, rief ich.

»Hmmmm…« Er schien wenig überzeugt.

»Weißt du, es gab so viele Dinge, die nicht stimmig waren. Deine Adresse in Münster! Der immer länger werdende USA-Aufenthalt! Dass du mich nicht sehen wolltest, obwohl du angeblich in Deutschland warst! Dass du in China kaum Internet hattest! Ich habe damals nachgeguckt. Allein auf dem Campus gibt es zwei Internetcafés. Tausend kleine Sachen, die mir seltsam vorkamen!«

Schweigen…

»Kannst du dir vorstellen, wie schlimm es ist, wenn man einem Menschen vertraut hat, ihm seine Gefühle geschenkt hat und dann feststellt, dass alles gelogen war?« Ich begann zu weinen.

Seine Antwort kam zögernd: »Ja – kannst du dir denn nicht vorstellen, dass ich dich liebe?«

»Ich weiß ja nicht mal, wer du bist!« Ich wurde lauter. »Sag mir wenigstens deinen echten Namen!«

Fast patzig antwortete er: »Mit dem Namen habe ich nicht gelogen!«

Ich brüllte: »ES GIBT KEINEN KAI CRUZ!«

»Ja, sich…« Er hatte *sicher* sagen wollen, stoppte aber mitten im Wort.

Ich weinte jetzt ziemlich laut. Merkte er überhaupt, was er mir antat, wie sehr er mich verletzte? Stockend sprach ich weiter: »Und… Ich meine… Du bist doch auch Chris. Du bist doch alle! Der ganze Freundeskr…«

Er fiel mir ins Wort: »Nee, nee, nee, nee!«

»NATÜRLICH! Wenn sie echt wären, wüssten sie doch, dass du nicht der Typ auf den Bildern bist. Willst du mir erzählen, die sind alle eingeweiht und machen dabei mit, eine Frau zu verarschen? Wer *ist* denn Chris? Und Tina? Und die anderen? Keiner deiner Freunde existiert!« Ich holte tief Luft, bevor ich weitersprach. »Das alles ist kein Spaß! Es ist eine wirklich üble Sache! Mit so was kann man jemanden in den Selbstmord treiben. Stell dir vor, wie es für einen labilen

Menschen sein muss, sich total zu verlieben, an eine gemeinsame Zukunft zu glauben – und plötzlich zu merken, dass man die ganze Zeit belogen wurde! Da kommt man doch kaum drüber weg!«

»Ich weiß ...«

Ich schluchzte. »Ich verstehe es einfach nicht. Die Geschenke! Das war so liebevoll. Warum das alles?«

Wieder eine Gesprächspause. Endlich sagte er: »Weil ich mich in dich verliebt hatte. Und dich nicht verlieren wollte!«

»Warum hast du damals überhaupt mit einem Fake-Account Kontakt zu mir aufgenommen?«

»Ich wollte Twitter nur mal ausprobieren. Und anonym bleiben. Ich habe mir nichts weiter dabei gedacht!«

»Und dann?«

»Dann warst plötzlich du da, und ich habe mich verliebt. Und ich hatte dieses falsche Profilbild und den falschen Namen. Ich wusste einfach nicht, was ich machen soll. Ich wollte nicht, dass du sauer wirst und gehst ...«

Ich starrte auf meine Tastatur. Dann fragte ich: »Und du wohnst dauerhaft in Amerika?«

»Nein, in Deutschland.« Kaum zu fassen, dass er nicht aufhörte zu lügen: »Und warum ist deine IP-Adresse in den USA?«

Er blieb ruhig. »Keine Ahnung.«

»BITTE! Ich habe deine Mails gecheckt. Du bist in Amerika. Deine ganzen Zeiten: Dass du immer so früh am Morgen oder sehr spät in der Nacht schreibst – das liegt doch an der Zeitverschiebung.«

Er schwieg. Schließlich hörte ich ein leises: »Ja.«

Ich konnte mich jetzt nicht mehr zurückhalten: »Dann gib es doch zu! Was soll das Lügen jetzt noch?«

»Vicky! Ich komme ehrlich aus Deutschland.«

»Aber du *wohnst* dort nicht! Du wohnst in Summertown!«

»Nein. Na ja. In der Nähe.«

»Ich hatte eine wahnsinnige Angst. Ich war bei der Polizei und habe denen die ganze Geschichte erzählt. Es liegt nichts gegen dich vor. Ich kann keine Anzeige erstatten. Aber selbst wenn ich es könnte, würde ich es nicht tun. Weil ich nicht so bin. Es ist, um mit Kais Worten zu sprechen, *dein* Karma, das du dir versaust. Ich habe damit nichts zu tun.«

»Aber warum sollte ich dir denn was Böses wollen?«

Jetzt brüllte ich: »WEIL DU MICH VON ANFANG AN BE-LOGEN HAST! Und ich weiß noch immer nicht mal deinen Namen. Wie heißt du? Sag mir wenigstens deinen Vornamen. Wovor hast *du* solche Angst? *Du* hast kein recht, Angst zu haben! *Ich* bin die, die Angst haben müsste! Ich war die ganze Zeit ehrlich! Du kennst meine Adresse, weißt, wo meine Kinder in den Kindergarten und zur Schule gehen!«

Er war entrüstet: »ALS OB ICH IRGENDWAS MACHEN WÜRDE!«

»Und woher *weiß* ich das? Ich *kenne* dich nicht! Außerdem: Wenn du dich wirklich in mich verliebt hast, kannst du doch nur hoffen, dass ich dir verzeihe, also tu was dafür. Sonst hast du mich verloren.«

»Stimmt…«

»Bist du psychisch krank?

»Wie kommst du denn jetzt *darauf*?« Er wirkte beleidigt.

»Weil deine Storys darauf hindeuten.«

Er schwieg.

»Und warum ist es so schwer für dich, mir wenigstens jetzt die Wahrheit zu sagen? Es wird mich ein Leben lang verfolgen, wenn du jetzt gehst und ich nichts über den Mann weiß, in den ich so verliebt war. Wenn ich keine Auflösung habe. Wer bist du? Bitte sag es mir!«

Er zögerte, bevor er leise antwortete: »Daniel.«

»Und wie siehst du aus?«

»Nicht ganz 1,80. Blaue Augen. Blonde Haare. Nichts Besonderes.«

»Ich nehme dir immer noch nicht ab, dass deine Freunde echt sind.«

»Nein. Das ist…« Er schwieg einige Sekunden. »Also, einigen meiner Freunde habe ich gesagt, dass ich da gerade nicht rauskomme. Nur deswegen haben die mitgemacht. Vicky, ich will dich nicht verlieren.«

»Ich möchte ein echtes Bild von dir sehen. Und videoskypen.«

»Ja. Na klar. Das können wir alles machen. Meine Cam funktioniert nicht richtig, aber ich besorge mir eine neue. Versprochen.«

Plötzlich wurde mir alles zu viel. Ich schluchzte: »Ich habe schon so lange geahnt, dass mit dir etwas nicht stimmt, aber ich konnte es einfach nicht beenden!«

Ich hörte, dass er anfing zu weinen.

»Ich habe dir nie etwas vorgespielt!« Ich verstand ihn kaum noch, sosehr weinte er. »Es war alles keine Absicht! Ey, es ist voll Kacke, wenn man da einmal drin ist und den anderen nicht verlieren will. Ich habe, was Gefühle und so angeht, nicht gelogen! Ich liebe dich. Das habe ich mir ja auch nicht ausgesucht.«

»Aber wie kann man so einen Quatsch so lange durchziehen?«

»Vicky… Was meinst du, was für einen Scheißärger ich mit meinen Freunden gekriegt habe? Warum Chris dich geblockt hat am Anfang? Oder nicht wollte, dass Jana zu ihm kommt? Der wusste einfach nicht mehr, was er dir noch sagen soll. Hatte genug von den Lügen.«

»Ich möchte noch heute ein aktuelles Foto von dir. Nimm einen Zettel in die Hand und schreib unsere Namen, die Stadt, in der du dich befindest und das heutige Datum drauf! Und es ist jetzt nicht mehr an dir zu sagen, ich dürfe nicht misstrauisch sein. Ich werde alle Register ziehen.«

»Ja…« Er zögerte. »Es tut mir so leid. Es war zum Kotzen. Ich meine, ich habe mir gar nichts dabei gedacht. Alle haben immer von Twitter und so geredet. Und dann habe ich mich angemeldet. Ich habe einfach nicht damit gerechnet, dass ich mich dort verlieben könnte. Und dann kam ich plötzlich aus der Sache nicht mehr raus. Was sollte ich denn machen?« Diese Frage kam fast vorwurfsvoll, sodass ich ironisch lachte. »Tja… Du hättest einfach die Wahrheit sagen können. Du weißt, dass ich nicht oberflächlich bin. Wobei…« Ich wusste, dass es fies war, aber ich konnte es mir nicht verkneifen, »…Lee schon ziemlich *hot* ist.«

Er lachte nicht mit.

»Ich kann einfach nur versuchen, das Ganze mit Humor zu nehmen. Diese Geschichte ist absurd. Ich will mein Leben nicht mit Menschen beschweren, die es nicht gut mit mir meinen. Oder unehrlich sind.«

Er schluchzte.

»Überleg es dir gut, ob wir weiter in Kontakt bleiben. Wenn du nicht ehrlich sein kannst, dann wäre jetzt der Moment für einen Absprung.«

»Ich will dich nicht verlieren.«

»Du machst mich irre! Versprichst du mir, dass du mir heute noch das Bild schickst? Und dass wir innerhalb dieser Woche noch videoskypen? Anders geht es nicht. Sonst…«, ich lachte wieder, »…könntest du dir ja die nächste Persönlichkeit zusammenschrauben.«

»Ja, ich mache dir das Bild, sobald ich aufgestanden bin. Ich kann sowieso nur noch zwei Stunden schlafen, dann muss ich los zur Arbeit.«

»Okay. Aber sag mal, eine Frage *muss* ich dir einfach noch stellen: Du hast Freunde im Real Life? Du *hast* ein Real Life?«

Er lachte bitter. »Ja, habe ich.«

»Weiß man ja nicht so genau… Ich meine, was du dir für Mühe gegeben hast. Du musst ja nur noch recherchiert und

Bilder gesucht haben! Und deine Ausreden waren immer so glaubhaft! Wenn du wirklich verliebt bist, muss das für dich doch auch schlimm gewesen sein, mich jeden Tag aufs Neue anzulügen.«

»Das war es ja auch! Aber was sollte ich denn machen?«, fragte er pragmatisch.

Ich wurde den Verdacht nicht los, dass er sich selber fast mehr leidtat als ich ihm.

DANIEL

Zweite Chance

Nachdem wir das Gespräch beendet hatten, blieb ich skeptisch. Zu viele Fragen waren offen. Und selbst wenn Daniel, sofern er wirklich so hieß, ab jetzt die Wahrheit sagte, wusste ich nicht, ob ich einem Menschen, der sich in der Vergangenheit mir gegenüber so verhalten hatte, zukünftig vertrauen konnte. Er hatte ja nicht nur eine kleine Notlüge benutzt, nein, er hatte in richtig großem, fast organisiertem Stil gelogen. Fest stand, dass ich ihm eine Chance geben würde. Aber ich würde in jeder einzelnen Sekunde wachsam sein.

Ich war gespannt darauf, wie er aussah. Natürlich wäre es Augenwischerei gewesen zu behaupten, dass seine Optik wirklich überhaupt keine Rolle spielte, aber darüber musste ich mir nicht schon im Vorfeld den Kopf zerbrechen. Am Nachmittag schickte er mir sein Bild via WhatsApp. Dazu schrieb er: »Bin in der Mittagspause. Der Kellner hat sich ziemlich gewundert, als ich ihn fragte, ob er kurz dieses Foto von mir machen kann. Ich hoffe, du bist nicht allzu enttäuscht.«

Im ersten Moment war ich tatsächlich enttäuscht. Allerdings nicht von ihm, er sah gut aus. Kein Modeltyp, sondern normal, was mich sehr erleichterte. Er hatte dunkelblonde, kurze Haare, wirkte sportlich, trug Jeans, T-Shirt und Turnschuhe und blickte ernst in die Kamera. Was mich enttäuschte, war die Tatsache, dass er nicht einfach den gewünschten Zettel in der Hand hielt, sondern das Foto draußen aufgenommen war. Er stand auf einem Fußweg und lehnte an einer dieser Menütafeln, die oft vor Restaurants auf der Straße stehen. Erst auf den zweiten Blick registrierte ich, was mit Kreide darauf geschrieben war: »Vicky, is this sign big enough for you? Daniel Grubert, 18.8.2012, Summertown.«

In den nächsten Tagen hatte Daniel es nicht leicht mit mir. Ich wollte mehr über sein Real Life wissen und quetschte ihn unbarmherzig aus, zweifelte aber grundsätzlich alles an, was er mir erzählte, und ließ das auch deutlich durchblicken.

Er litt unter meiner neuen Haltung ihm gegenüber und beharrte darauf, er habe wirklich nur seine Identität betreffend gelogen, alles andere, seine Gefühle mir gegenüber, seine generelle Lebenseinstellung, die Erzählungen über seinen Job, seine Familie und die Probleme mit seiner Mutter entsprächen der Wahrheit. Ich nahm ihm das sogar ab, allerdings fand ich es schon relevant, dass er statt mit fünf Geschwistern nur mit einer älteren Schwester und einem jüngeren Bruder aufgewachsen war, dass er statt Eltern aus der Karibik rein deutsche Wurzeln hatte, niemals Jamaika oder Barbados besucht hatte und nicht in Deutschland, sondern in Amerika lebte.

Ich forderte weitere Beweise für seine wahre Identität. Es stellte sich heraus, dass Daniel unter seinem richtigen Namen ein Facebook-Profil hatte, und ich zwang ihn, mich als Freundin anzunehmen. Es fiel ihm schwer, denn er hatte Angst, ich könne ihn dort vor seinen Verwandten und Freunden auffliegen lassen, trotzdem kam er meinem Wunsch nach.

Er beteuerte, Facebook kaum zu nutzen, und tatsächlich gab es in seinem Account nur wenig Aktivität oder Informationen über ihn. Man erfuhr die Namen seiner alten Schule in Münster und seiner amerikanischen Universität, und es gab Angaben zu Lieblingsseiten, -sportlern, -musikern und

TV-Serien. In seiner Chronik hatte er lediglich ein paar Musikvideos und Links zu Artikeln gepostet. Dazu fand sich eine Handvoll Fotos von ihm, keines sonderlich aktuell und jedes nur mit ein paar Likes. Seine Freundesliste war geschlossen. Heimlichtuereien hatte es lange genug gegeben, darum bat ich ihn, sie für mich sichtbar zu machen. Ihm war klar, dass abzulehnen keine gute Idee war. Trotzdem dauerte es ganze vier Tage, bis er meinem Wunsch nachkam – und ich ihm vorher das Versprechen geben musste, im Gegenzug nicht hinter seinen Freunden her zu schnüffeln.

»Natürlich tue ich das nicht!«, versprach ich und tippte mir in Gedanken an die Stirn. Selbstverständlich würde ich bei unserer Vorgeschichte jeden einzelnen Account checken. Und das wusste er.

Als Erstes entdeckte ich in der Liste einige der Freunde, die ich aus seinem Kai-Profil schon kannte und die ihn gedeckt hatten. »Arschlöcher«, dachte ich, aber sie interessierten mich nicht weiter. Ich suchte primär nach Verwandten, Arbeitskollegen und deutschen Freunden. Obwohl die meisten ihre Profile auf »privat« gestellt hatten, wurde ich fündig, indem ich mich auf Namen und Wohnorte konzentrierte. Mehrere teilten Daniels Nachnamen. So entdeckte ich seinen Bruder, seine Schwester und drei weitere Verwandte, alle wohnten in Nordrhein-Westfalen. Aus Münster und Umgebung kamen noch weitere Personen, und dazu gab es fünf Freunde aus Summertown, zwei davon arbeiteten im gleichen Berufsfeld wie er, schienen also Kollegen zu sein.

Ich machte Screenshots und notierte mir Details, die mithilfe des Internets leicht überprüfbar waren. Einer von Daniels Freunden gab zum Beispiel an, auf das gleiche Gymnasium gegangen zu sein wie er. Ich loggte mich bei www. stayfriends.de ein – einer Seite, mit deren Hilfe man seine alten Schulfreunde wiederfinden, aber mit gezielter Recherche auch Informationen über fremde Schulen und deren

Ehemalige erhalten kann. Ich gab erst den Namen von Daniels Gymnasium ein und suchte dann auf der entsprechenden Schulseite seinen Abschlussjahrgang. Tatsächlich, es gab unter den Exschülern dort zwei, deren Namen ich auch in Daniels Freundesliste fand! Fürs Erste beruhigend, entschied ich.

Dann allerdings bekam mein kleiner Anflug von Optimismus einen herben Dämpfer. Ich betrachtete die Accounts seiner Geschwister noch einmal genauer und stellte fest, dass in beiden die Profilbilder in der vorherigen Nacht um 4:02 und 4:04 Uhr geändert worden waren. Solche Zufälle gab es nicht. Sein Bruder und seine Schwester würden sich wohl kaum beide mitten in der Nacht und in der fast gleichen Minute an ihren Bildern zu schaffen machen. Mit dieser neuen Erkenntnis sah ich mir auch die anderen Accounts noch einmal an, und in jedem einzelnen gab es irgendeinen Anhaltspunkt dafür, dass er entweder ganz neu oder Name, Profilbild und Personeninformationen innerhalb der letzten vier Tage verändert worden waren!

Aber wie konnte es sein, dass Daniel tatsächlich mit Schülern des passenden Abschlussjahrgangs seiner angeblichen Schule befreundet war? Vorsorglich gab ich deren Namen in das Suchfeld bei Facebook ein – und wusste kurz darauf, dass es zwei weitere Profile gleichnamiger Männer gab. Ein Blick darauf genügte, um zu sehen, dass es sich hier um die beiden echten handelte! Daniel hatte ganz offensichtlich vermutet, dass ich recherchieren würde und sich die Mühe gemacht, bei Stayfriends.de Schüler herauszusuchen, die in seine Story passten und in deren Namen Fake-Accounts angelegt… Ich war nicht nur geschockt darüber, dass Daniel weiter log, mich schockierte fast noch mehr, wie perfide er dabei vorging!

Ich wusste nicht, wie ich mich weiter verhalten sollte. Die logische Konsequenz für jeden Außenstehenden wäre natürlich gewesen, den Kontakt zu Daniel abzubrechen. Und dann? Die Fragen nach dem »Wer?«, »Warum?«, »Was?«, »Wieso gerade ich?« würden mich immer wieder einholen, und die Monate mit »Kai/Daniel« würden in meinem Leben ein ewiges Fragezeichen bleiben. Eines wusste ich genau: Wenn ich jetzt aufgab, würde ich mich irgendwann wahnsinnig darüber ärgern, dass ich das Geheimnis nicht gelüftet hatte. Es ging mir nicht um Rache. Ich wollte diesem Menschen zeigen, dass ich keine Spielfigur in einem in die Realität übertragenen »Second Life«-Game war, sondern ein echter, lebendiger Mensch – und ihm gleichzeitig beweisen, dass das Internet zwar die Illusion vermittelte, anonym zu sein, es aber durchaus Möglichkeiten gab, jemanden aufzuspüren.

Im Grunde hatte ich keine Ahnung, ob es wirklich möglich war, jemanden zu finden, über den man kaum Informationen besaß. Wusste ich eigentlich irgendetwas Konkretes über ihn?

Ich begann nachzudenken, und erst jetzt ging mir auf, wie lange ich schon unterbewusst an der Person »Kai« gezweifelt hatte. Ich hatte ihn und das, was er mir erzählt hatte, immer wieder überprüft. Ich hatte Internetcafés in China, ihn selbst und seine Freunde gegoogelt, sein Hotel auf Hawaii gesucht und gefunden, die amerikanischen und die deutsche Adresse, die ich von ihm hatte, bei Google Maps angesehen und mit seinen Erzählungen abgeglichen. Ich hatte Screenshots seines Facebook- und Instagram-Accounts gemacht und mir unsere WhatsApp-Konversationen per E-Mail zusenden lassen. Mir fiel ein, dass ich sogar sämtliche Zollscheine seiner Pakete aufbewahrt hatte. Ich holte sie hervor und betrachtete sie genauer. Die Stempel darauf verrieten mir nun, dass er sich wirklich in der Region Summertown aufhalten

musste, denn alle Päckchen waren in unterschiedlichen Postämtern im Umkreis von bis zu 100 km um diese Stadt aufgegeben worden. Entweder kam Daniel viel herum – oder er
hatte – weil das unauffälliger war – die Geschenke absichtlich
von verschiedenen Postämtern aus verschickt, um seine Spuren zu verwischen.

Zu »Kais« Geburtstag und zu Weihnachten hatte ich ihm
jeweils ein Päckchen mit einem Buch und einem T-Shirt
an Lukas' Adresse geschickt, die tatsächlich angekommen
waren. Ein Beweis dafür, dass er wirklich dort wohnte, war
es trotzdem nicht. Wer sagte, dass er sich nicht die Post
von dort nachsenden ließ? Oder ein Bekannter sie für ihn
in Empfang nahm? Außerdem war Weihnachten mehr als
acht Monate her. Selbst wenn er damals dort gewohnt hatte,
konnte seitdem viel passiert sein. Vielleicht konnte mir www.
whitepages.com weiterhelfen, eine amerikanische Website
die Telefonnummern und Adressen von Personen in Nordamerika findet und zusätzlich die Rückwärtssuche von Telefonnummern und Adressen ermöglicht, sodass man (mit etwas Glück) erfährt, wem eine bestimmte Telefonnummer
gehört oder wer an einer bestimmten Adresse wohnt. Sogar
Nachbarn werden ermittelt!

Ich öffnete gezielt die Whitepages-Nachbarschaftssuche
(www.whitepages.com/neighbors), gab dort Lukas' Adresse
in Summertown ein, und nur wenige Sekunden später wurden mir mehrere Personen, die in unmittelbarer Nähe wohnten, angezeigt. Ein Daniel Grubert war natürlich nicht dabei.
Ich hatte damit schon gerechnet, andererseits musste auch
dieses Ergebnis wieder nichts bedeuten, denn nur wer der
Veröffentlichung seines Namens zugestimmt hatte, konnte
gefunden werden … Ich googelte jeden einzelnen Nachbarn
und fand einiges heraus – allerdings nichts, was darauf hin-
deutete, dass einer von ihnen hinter Daniel stecken konnte.
Er sprach perfekt Deutsch, also war er definitiv Mutter-

sprachler, aber niemand hatte einen deutsch klingenden Namen, und die meisten waren zu alt, um infrage zu kommen.

Ich benötigte mehr Informationen aus seinem Real Life. Und die bekam ich nur, wenn ich mich mit ihm gut stellte.

Ich wusste, dass mir das nicht leichtfallen würde. Wie schwierig es aber letzten Endes war, damit umzugehen, dass Daniel keinerlei Skrupel hatte und mich weiter schamlos belog, damit hatte ich nicht gerechnet.

Einerseits musste ich ihn davon überzeugen, dass ich ihm vertraute und weiterhin Gefühle für ihn hatte, andererseits entdeckte ich jetzt mit meinem Misstrauen im Hinterkopf immer wieder neue Unstimmigkeiten, und es war mir fast unmöglich, weiter die Unbedarfte zu spielen. Permanent musste ich mich zusammenreißen, um ihm nicht mein Wissen um die Ohren zu hauen.

Jeden Tag bat ich ihn via WhatsApp um spontan fotografierte Bilder, in der Hoffnung, sie würden mir Hinweise auf seine Identität und seinen Aufenthaltsort geben.

Innerhalb weniger Tage schickte er mir tatsächlich verschiedene, angeblich Minuten vorher aufgenommene Selfies. Auf einem trug er sogar das T-Shirt, das ich ihm zum Geburtstag geschickt hatte! Wie war das möglich? Leider variierte seine Haarlänge auf jedem einzelnen so sehr, dass sie nicht aktuell sein konnten: Hatte er Montag noch kurzes Haar gehabt, war es Mittwoch plötzlich ein ganzes Stück länger…

So wie er es seinerzeit als Kai getan hatte, gab er sich weiterhin Mühe, mich live an seinem Leben teilhaben zu lassen: Zu seinem Geburtstag schenkten seine Kollegen ihm zum Beispiel einen Gutschein für Bungee-Jumping, den er kurz darauf einlöste. Im Laufe dieses Tages schrieb er mir, dass er nun zur Bungee-Anlage fahre, jetzt angekommen sei, gerade auf den Sprungturm steige, das Bungee-Seil befestigt werde – und parallel dazu erhielt ich passende Fotos, die all das dokumentierten. Leider hatte ich nebenbei längst gegoogelt, dass es in seinem Bundesstaat keine einzige Bungee-Anlage gab…

In meinem Innersten verletzte es mich wahnsinnig, dass dieser Mann mich so behandelte und dabei immer noch behauptete, mich über alles zu lieben. Was war das für ein Mensch? Warum verhielt er sich so? Bestimmt kein von Grund auf böser – zumindest hoffte ich das. Aber wovor versteckte er sich? War er psychisch krank, entstellt, saß er im Gefängnis? Oder ein reicher, einsamer Greis, der sich im Internet eine Familie gesucht hatte? Es gab so viele Möglichkeiten…

Seit aus »Kai« nahtlos »Daniel« geworden war, hatte Chris den Kontakt zu mir abgebrochen. Da ich selbst ein sehr zwiespältiges Gefühl ihm gegenüber hatte, war ich fast dankbar dafür, nicht mehr mit ihm kommunizieren zu müssen. So große Mühe sich Daniel auch gegeben hatte, mich von Chris' Echtheit zu überzeugen – es war ihm nicht gelungen. Im Grunde war ich mir sicher, dass hinter beiden Männern ein und dieselbe Person steckte. Leider fehlten mir dazu noch die Beweise.

Während Daniel sich immer mehr aus Facebook zurückzog und wir nun fast ausschließlich via WhatsApp und selten Skype kommunizierten, wurde Chris zusehends aktiver im Internet. Aufmerksam beobachtete ich seine Social-Media-Accounts. Seltsamerweise hatte er mich nicht auf Facebook entfreundet. Ich rätselte, ob es sich dabei um Taktik handelte oder um ein schlichtes Versehen. Vielleicht wollte er auch nur verhindern, dass ich noch misstrauischer wurde.

Also beobachtete ich sein Profil. Täglich verschwanden ältere Einträge aus seiner Chronik und plötzlich konnte ich ganze Fotoalben nicht mehr sehen. Wollte er Spuren verwischen und löschte sie, oder schränkte Chris einfach meine Sicht immer mehr ein? Logischerweise verbarg er nicht vor mir, dass an seinem Geburtstag mehr als 40 Personen Glückwünsche in seine Timeline posteten. Einige von ihnen waren gemeinsame Freunde von ihm und Daniel, die meisten allerdings definitiv real existierende Menschen. Keiner von ihnen schien auch nur den geringsten Verdacht zu schöpfen, dass er es mit einem Fake zu tun haben könnte.

Die Wochen verstrichen. Daniel war sehr eingebunden in seinen Job und hatte wenig Zeit für mich. Mir war das ganz recht, trotzdem sparte ich nicht mit Nachrichten an ihn, in denen ich schrieb, wie sehr er mir fehle. Um ihm meine uneingeschränkte Liebe und Loyalität zu beweisen, veröffentlichte ich sogar meinen Beziehungsstatus auf Facebook, worüber er sich sehr freute. Nun prangte in meinem Account unübersehbar die Information: »In einer Beziehung mit Daniel Grubert« – allerdings nur sichtbar für die von mir eigens dafür erstellte Liste »Inner Circle«, bestehend aus Freunden, die ich vorher eingeweiht hatte.

Anfang November erzählte er, er müsse sich dringend um seine Greencard kümmern, was ihn sehr unter Druck setze. Im Lauf des Monats besuchte er deshalb mehrfach eine Arztpraxis und schickte mir sogar Fotos direkt aus dem Wartezimmer. Als alle Untersuchungen erledigt waren, erhielt er ein mehrseitiges offizielles Attest. Er war außer sich vor Freude über seine gute Gesundheit und schickte mir Fotos dieser Papiere, um mich an seiner Begeisterung teilhaben zu lassen.

Ich sah mir interessiert das erste Blatt an. Es war ordnungsgemäß auf »Daniel Grubert« ausgestellt: seine Adresse und Telefonnummer, Geburtsdatum und -ort, Ausstellungsdatum und Nummer seines Führerscheins, seine Social Security Number, Name und Adresse der Arztpraxis in Summertown, und es gab sogar eine Unterschrift des Arztes.

Sofort googelte ich die für Greencards zuständigen Ärzte in der Region und fand tatsächlich die von Daniel angegebene Praxis! Was hatte das zu bedeuten?

Es gab mehrere Möglichkeiten: Entweder er hieß wirklich Daniel Grubert und benutzte lediglich falsche Fotos. Er hatte tatsächlich diese Praxis besucht, dort auch die Wartezimmerfotos aufgenommen und die Formulare waren echt, oder – und da war ich mir ziemlich sicher – man konnte sie irgendwo im Internet herunterladen…

Die Weihnachtszeit näherte sich. Daniel hatte weiterhin viel Stress im Job. Manchmal hörte ich tagelang nichts von ihm, dann, ganz plötzlich, meldete er sich wieder und tat, als wäre nichts gewesen. Was meine Recherchen betraf, kam ich nicht wirklich voran. Mir blieb lediglich, weiterhin jedes zugeschickte Foto auszuwerten. Bekam ich ein Bild seines Mittagessens, meistens Burger, versuchte ich herauszufinden, um welche Fast-Food-Kette es sich handelte. Dann googelte ich, wo in seinem Bundesstaat sich Restaurants dieser Kette befanden, und notierte mir die Adressen. Mit der Zeit hatte ich so eine Art Bewegungsprofil von Daniel erstellt und sah, dass er sich, wenn ich die Fotos richtig ausgewertet hatte, tatsächlich meist in Summertown aufzuhalten schien.

Der Umgang mit Daniel war schwierig. Extrem liebevolles und dann wieder sehr unfreundliches Verhalten wechselten sich nahtlos ab, was kaum zu ertragen war. Ich musste mich ununterbrochen unter Kontrolle haben, denn sobald ich ihm gegenüber durchblicken ließ, dass ich an seinen Erzählungen zweifelte, kippte die Stimmung schlagartig. Aus dem positiven, strahlenden »Kai« war im Laufe der Zeit ein grüblerischer, vorwurfsvoller und verbissener Daniel geworden, der keinen Hehl mehr aus seinen psychischen Problemen machte. Während ich mich früher über jede Nachricht von »Kai« gefreut hatte, zuckte ich nun zusammen, sobald mein Smartphone vibrierte, weil eine neue WhatsApp-Message oder Facebook-Nachricht eingegangen war.

Ein wenig Internetunbeschwertheit brachte gerade die Person, von der ich es am allerwenigsten gedacht hätte: Lee meldete sich in regelmäßigen Abständen immer wieder und erkundigte sich, wie es mir ging, oder schickte einfach kurze, nette Nachrichten. Seitdem schrieben wir uns. Nicht häufig, aber der Kontakt riss nie wirklich ab.

Schon vor Wochen hatte ich eine Freundschaftsanfrage von ihm bekommen, die ich, um Daniel nicht zu verärgern, unbeantwortet gelassen hatte. Eines Abends aber – Daniel und ich hatten mal wieder gestritten und er mich als egoistisch beschimpft – reichte es mir. Ich bestätigte Lees Freundschaftsanfrage und postete einen kurzen Gruß in seiner Chronik.

Daniels Reaktion kam schneller, als ich gedacht hatte: Es dauerte genau zwei Stunden, dann hatte Daniel mich bei Facebook entfreundet. Kurz darauf tat Chris das Gleiche.

In den folgenden Tagen ignorierte mich Daniel. Ich versuchte, ihn zu besänftigen und überschüttete ihn mit Liebesbezeugungen, aber er reagierte auf keine meiner WhatsApp-Nachrichten mehr. Zum ersten Mal hatte ich das Gefühl, er habe den Kontakt wirklich endgültig abgebrochen. Obwohl ich nicht hatte herausfinden können, mit wem ich es zu tun gehabt hatte, war ich erleichtert und fühlte mich seit langer Zeit endlich wieder frei und unbeschwert.

Zwei Wochen später erhielt ich allerdings völlig überraschend doch wieder eine Facebook-Nachricht von Daniel. Anscheinend fiel ihm das Loslassen schwer. Aber warum? Wollte er mich nicht verlieren, weil er wirklich etwas für mich empfand? Oder war es eine Herausforderung für ihn, mich vermeintlich weiter hinters Licht zu führen? Befriedigte es ihn, wenn er glaubte, dass ich ihm vertraute?

Daniel Grubert Freitag, 14. Dezember 2012 um 22:50
Liebe Victoria,

du verdienst eine Erklärung für mein Verhalten, und ich bin bereit, dir diese jetzt, nachdem ich mich wieder beruhigt habe, zu geben.

Ich weiß, ich war dir gegenüber unehrlich und nicht ganz fair, was die Person »Kai« betraf. Aber ich habe niemals gelogen, was meine eigenen Gefühle, meine Persönlichkeit oder meinen Charakter angeht. Du weißt, dass in der Vergangenheit Eifersucht nie ein Thema für mich war und ich nie etwas gesagt habe, wenn du mit anderen Männern geredet oder geschrieben hast. Allerdings ist es für mich sehr schmerzhaft, wenn du Menschen bei Facebook addest, die eine Verbindung zu »Kai« haben.

Monatelang hast du vom Aussehen des Mannes auf den Fotos geschwärmt, dann kam die Wahrheit heraus, und du hast nichts Besseres zu tun, als dich mit ihm bei Facebook anzufreunden, während unsere Beziehung den Bach runtergeht. Du weißt, dass ich Probleme mit meinem Selbstwertgefühl habe, aber täglich streust du neues Salz in die Wunde, indem du Kontakt zu diesem Mann hast. Für dich ist es anscheinend kein großes Ding. Für mich ist es aber das größte Ding aller Zeiten, und als solches behandle ich es auch! Es ist absolut unpassend und taktlos mir gegenüber.

Ich liebe dich und werde das immer tun, aber ich will hier nicht sitzen und zusehen müssen, was ihr treibt. Das ist ungesund für mich, und darum denke ich, dass es besser ist, wenn wir auf Facebook nicht mehr befreundet sind. Vielleicht solltest du auch mal überlegen, warum du überhaupt Zeit mit ihm verbringst. Ich meine, es gibt ja einen Grund dafür... Anscheinend genüge ich dir nicht mehr, bin nicht mehr interessant oder gut genug für dich.

Natürlich habe ich selbst viel falsch gemacht, aber ich kann mit gutem Gewissen sagen, dass ich niemals mit jemandem geflirtet oder auch nur in einer Weise gesprochen habe, die verletzend für dich sein könnte.

Ich werde von dir immer noch für die Fehler in der Vergangenheit kritisiert. Ich würde sie ungeschehen machen, wenn ich könnte. Du verletzt mich jetzt aber genauso, wie ich dich damals vielleicht verletzt habe. Ich weiß, dass ich kompliziert und komplex bin und es schwer ist, mich zu lieben. Aber ich tue, was ich kann. Und ich möchte, dass du das auch wertschätzt!

Ich würde mir wünschen, dass du dich mal in meine Lage versetzt und dir überlegst, wie schlimm sich das für mich anfühlt. Ich selbst habe mir immer Mühe gegeben, deine Sicht der Dinge zu verstehen, mich in dich hineinzuversetzen und deine Gefühle zu respektieren.

Wie dem auch sei, an diesem Punkt fühle ich mich einfach nur mit *meinen* Gefühlen alleingelassen…

Ich wünsche dir nur das Beste.
Love always, Dani

Ich starrte auf meinen Monitor und konnte kaum glauben, was ich gerade gelesen hatte. Daniel hatte monatelang gnadenlos auf meinen Gefühlen herumgetrampelt und belog mich weiterhin nach Strich und Faden – und *er* hatte die Nerven, *mir* Vorwürfe zu machen und sich in Selbstmitleid und Eifersucht zu suhlen? Das konnte nicht sein Ernst sein. Hatte ich mich in den Tagen zuvor gerade mit dem Gedanken arrangiert, niemals herauszufinden, wer hinter Daniel steckte, war ich jetzt so sauer auf ihn, dass ich weitermachen wollte. Ich *musste wissen*, wer er war und warum er mich nicht einfach in Ruhe lassen konnte!

Wie würde es mir gelingen, sein Vertrauen zurückzugewinnen? Als ersten Schritt musste ich dazu wohl Lee wieder entfreunden – den Kontakt zu ihm wirklich abzubrechen, sah ich allerdings nicht ein. Auch wenn Daniel meine Einträge bei Facebook nicht mehr sehen konnte, wollte ich auf Nummer sicher gehen. Am gleichen Abend entfreundete ich Lee. Dann legte ich mir einen Fake-Account zu, weihte Lee ein und befreundete mich dort mit ihm. Dann schickte ich via WhatsApp eine lange Mail an Daniel, in der ich mich für meine mangelnde Sensibilität entschuldigte und ihm mitteilte, dass ich den Kontakt zu Lee abgebrochen hätte, um ihm, Daniel, zu beweisen, dass ich es ernst mit ihm meinte. Ich nahm alle Schuld auf mich, schrieb, wie groß meine Angst wäre, ihn zu verlieren, ja, dass ich im Grunde gar nicht wüsste, wie ich ohne ihn weiterleben sollte. Während ich diese Zeilen tippte, ekelte ich mich fast ein wenig vor meinem eigenen Verhalten, aber ich wusste, dass Daniel es genoss, mir gegenüber der Stärkere zu sein und wieder seine Machtposition einzunehmen.

Tatsächlich ging mein Plan auf. Innerhalb weniger Tage hatte sich Daniels und mein Verhältnis zumindest so weit eingerenkt, dass wir nicht mehr verstritten waren. Von einem entspannten Umgang miteinander konnte keine Rede sein, aber wir schienen in seinen Augen immer noch eine »Beziehung« zu führen.

Die Weihnachtstage verliefen still und friedlich. Am 29. Dezember erhielt ich von Tom, einem Bekannten aus Florida, ein kleines Päckchen. Darin befand sich ein Anhänger, den er aus einem am Strand gefundenen Haifischzahn selbst gebastelt hatte. Er verkaufte Schmuckstücke dieser Art in seinem Onlineshop und wusste, wie sehr sie mir gefielen. Um mich schnell zu bedanken und gleich nebenbei noch etwas Werbung für seinen Shop zu machen, fotografierte ich den Anhänger und postete ihn, mit einem Dank an Tom versehen, bei Facebook.

Weder an diesem, noch am darauffolgenden Tag hörte ich von Daniel. Er reagierte mal wieder auf überhaupt nichts, sondern blieb offline.

Silvester feierte ich ganz ruhig mit einigen Freunden. Statt mir kurz vor Mitternacht ein frohes neues Jahr zu wünschen, begann Daniel bei Instagram Partyfotos von sich mit anderen Frauen hochzuladen. Sie zeigten ihn lachend, flirtend und mit verschiedenen All-American-Girls im Arm in die Kamera prostend.

Okay... es gab mal wieder ein Problem. Warum wusste ich nicht. Dass diese Bilder nur den Zweck verfolgen sollten, mich eifersüchtig zu machen und mir die Laune zu verderben, war sonnenklar. Tatsächlich ließen sie mich nicht ganz kalt. Wenn auch aus einem anderen Grund, als dem von ihm beabsichtigten. Ich fand es schlimm, wie jemand ganz gezielt die Frau, von der er annahm, sie würde ihn lieben, emotional verletzen wollte. Das alles war so berechnend, dass es keinen Grund mehr gab, Daniel für einen freundlichen, liebevollen Menschen zu halten, für den das Internet der einzige Weg war, jemand anderen an sich heranzulassen. Wie armselig.

Kopfschüttelnd stand ich da und tippte dann, böse auf mein Smartphone starrend, eine WhatsApp-Nachricht an ihn: »Na, du scheinst ja Spaß zu haben. Ich wünsche dir ein gutes neues Jahr.« Mir fiel vor Schreck fast das Telefon aus der Hand, als er wenige Sekunden später antwortete: »Tja. Wie ich gesehen habe, hast du längst Spaß mit anderen Männern. Lässt dich sogar von ihnen beschenken. Nett, dass ich das dann auch mal erfahren habe. Muss ich jetzt wenigstens keine Illusionen mehr haben. Mach's gut.« Und offline war er.

Was, zum Teufel, hatte das zu bedeuten? Er sprach definitiv von Toms Anhänger. Aber er konnte davon gar nichts wissen, denn ich hatte ihn nur in meinem auf »privat« gestellten Facebook-Profil gepostet, und dort waren wir nicht mehr befreundet! Alle anderen Freunde kannte ich persönlich und keiner von ihnen hatte Kontakt zu Daniel! Hatte er meinen Account gehackt? Gab es irgendwelche Schwachstellen in den Privatsphäreeinstellungen? Als ich zu Hause war – draußen wurde es schon wieder hell –, ging ich auf Facebook. Bei meinen Einstellungen war alles korrekt auf »privat« gestellt und nur für Freunde sichtbar. Hatte ich einen Spion unter meinen echten Freunden? Steckte vielleicht sogar einer von ihnen hinter Daniel?

Irritiert öffnete ich meine Freundesliste und ging jeden Einzelnen von ihnen durch. Dann zögerte ich. Ich sah einen dieser grauen Standard-Avatare, die Facebook automatisch einsetzt, wenn man kein Profilbild hochgeladen hat. Daneben stand ein mir völlig unbekannter Name. Marc Huberts... nie gehört. Ich klickte auf seinen Account. Ein kleines Fenster öffnete sich: »Dieses Konto wurde deaktiviert. Marc ist nur auf deiner Freundesliste sichtbar. Du kannst auch Marc als Freundin entfernen.« Wer war dieser Mann? Hatte sich einer meiner Freunde umbenannt und danach gelöscht?

Meine Facebook-Nachrichten gaben Aufschluss darüber. Ich scrollte von oben nach unten durch, sodass ich alle User sehen konnte, mit denen ich jemals geschrieben hatte. Weit, weit unten wurde ich tatsächlich fündig! Ich klickte auf die Konversation zwischen Marc Huberts und mir – und sah die Mails, die »Kais« Bruder Nicholas und ich ausgetauscht hatten! Schlagartig wurde mir klar, was passiert war: »Kai« hatte, nachdem er aufgeflogen war, die Fake-Accounts seiner »Geschwister« gelöscht. Ich war mit Nick befreundet gewesen und hatte versäumt, dessen Account noch zusätzlich zu entfreunden. Gelöschte Accounts blieben quasi »stillgelegt« weiter in der Freundesliste und konnten jederzeit reaktiviert werden. Dann standen sie dem User wieder unverändert, inklusive aller Freunde, zur Verfügung. Daniel hatte »Nicholas Cruz« in »Marc Huberts« umbenannt, den Account nachts, wenn ich schlief und nichts davon mitbekam, reaktiviert und sich darüber jederzeit Zugang zu meinem Profil verschafft. Vor Wut zitternd löschte ich »Marc Huberts« aus meiner Freundesliste.

Zeit, einen Schlussstrich zu ziehen. Aber auf gar keinen Fall wollte ich Daniel in dem Glauben lassen, er wäre im Recht. Immer hatte er *mir* die Schuld für alles in die Schuhe geschoben, jeden einzelnen Streit so gedreht, dass am Ende er *mir* Vorwürfe machte. Ich war in seinen Augen zu misstrauisch, zu offenherzig, zu feindselig, zu flirtig, zu oberflächlich, zu grüblerisch – irgendetwas fand er immer, was gerade nicht stimmte. Nun schrieb ich ihm eine letzte WhatsApp-Nachricht:

»Ich nehme an, du spielst auf das Geschenk von Tom an. Tom ist nicht ›mein Neuer‹. Viel interessanter als er ist die Tatsache, dass du ohne mein Wissen in meinem Facebook-Account herumgeschnüffelt hast. Wie fühlt es sich an, einen anderen Menschen zu hintergehen und zu belügen?«

Direkt nach dem Abschicken fühlte ich mich schon besser. Das Auf und Ab der letzten Monate hatte Spuren hinterlassen.

Tatsächlich hörte ich den ganzen Januar über nichts von Daniel und ging davon aus, dass es wirklich vorbei war. Dann, als ich am wenigsten damit rechnete, kam plötzlich eine Facebook-Nachricht von Chris!

Chris Rakete Samstag, 2. Februar 2013 um 12:06
Vicky? Du meintest mal zu mir, Daniel hat dir die Berichte vom Arzt geschickt. Hast du die noch? I need his Social Security Number.

Einen kurzen Moment lang überlegte ich, ob ich ihn einfach ignorieren sollte, dann siegte die Neugierde und ich antwortete doch.

Victoria Schwartz Samstag, 2. Februar 2013 um 12:07
Häh? Wieso?

Chris Rakete Samstag, 2. Februar 2013 um 12:07
Something happened. His mom just called.

Victoria Schwartz Samstag, 2. Februar 2013 um 12:07
???

Chris Rakete Samstag, 2. Februar um 12:07
Als Daniel geschlafen hat, ist jemand eingebrochen und hat
alles mitgehen lassen. Der Typ hat ein Messer gehabt.
I need to contact the credit card companies. Bitte! Ich muss
die Kreditkarten sperren lassen. Dafür brauche ich die Social
Security Number. I'm on my way to Daniel.

»Sicher«, dachte ich, während ich las. Eine weitere Katas-
trophenstory, die mein Herz erweichen und mich reumü-
tig zu ihm zurückkehren lassen soll. Für wie dämlich musste
der Typ mich halten? Scheinheilig ging ich auf sein Spiel-
chen ein.

Victoria Schwartz Samstag, 2. Februar 2013 um 12:08
Ist ihm was passiert?

Chris Rakete Samstag, 2. Februar 2013 um 12:08
Not sure. Die sind eingebrochen. Haben ihn erstochen. Ange-
stochen. Irgendwas.
Seine Mutter spricht kaum Englisch. Die verstand nicht alles.
Bitte guck nach, ob du die Nummer noch hast.

Natürlich hatte ich die Nummer noch. Sämtliche Fotos,
Mails, WhatsApp-Konversationen und Screenshots aller
Accounts befanden sich fein säuberlich abgespeichert auf

einer externen Festplatte. Leider hatte ich nicht die geringste Lust dazu.

Victoria Schwartz Samstag, 2. Februar 2013 um 12:11
Sein Arbeitgeber oder der Arzt haben doch die Nummer. Das ist für die ein Klick im Computer.

Chris Rakete Samstag, 2. Februar 2013 um 12:11
Bis ich da jemanden erwische, haben die Typen bestimmt die credit cards längst benutzt! Kannste nicht eben gucken? Bitte!

Victoria Schwartz Samstag, 2. Februar 2013 um 12:13
Nein. Du kannst mir die Telefonnummer seiner Mutter in Deutschland geben, dann rufe ich sie an und gebe ihr die Nummer.

Chris Rakete Samstag, 2. Februar 2013 um 12:14
Danke Vicky. Ich hatte einfach nur um einen Gefallen gebeten.

Victoria Schwartz Samstag, 2. Februar 2013 um 12:14
Klar. Und wenn die Story stimmt, wäre dir nur wichtig, deinem Freund zu helfen.
Dann wäre es kein Problem, mir die Nummer seiner Mutter zu geben.

Chris Rakete Samstag, 2. Februar 2013 um 12:15
Vicky, ich schwöre bei allem, was mir heilig ist, bitte, bitte, bitte!
Gib mir seine Social Security Number!

Victoria Schwartz Samstag, 2. Februar 2013 um 12:15
Ich gebe sie nur seiner Mutter.

Chris Rakete Samstag, 2. Februar 2013 um 12:15
Well. Thanks anyway. Bye.

Ich musste lachen, so unfassbar dämlich fand ich das alles. Da ich nun keine Veranlassung mehr hatte, so zu tun, als glaubte ich ihm, konnte ich mir nicht verkneifen, ihm meine Missachtung mitzuteilen:

Victoria Schwartz Samstag, 2. Februar 2013 um 12:15
Aber du merkst schon, wie lächerlich du mit deinen Manipulationsversuchen und Lügen bist? Das war jetzt leider null glaubwürdig.

Einige Minuten später klingelte mein Smartphone. Die Nummer war unterdrückt, darum meldete ich mich nur mit einem: »Ja?« Eine junge Frauenstimme antwortete: »Hallo? Vicky? Nicht erschrecken, hier ist Andrea, Daniels Schwester…«

Ich bekam eine Gänsehaut. »Chris hat mich gerade angerufen. Entschuldige, dass wir dich stören, aber wir brauchen ganz dringend diese Nummer von Daniel.«

Dieser Anruf brachte mich total aus dem Konzept. Was war *das* denn jetzt? Und *wer* war das? Die Frau benahm sich mir gegenüber sehr höflich und ihre Stimme klang nett. Man hörte einen leichten Ruhrpottakzent heraus. Sie erzählte, dass einer der Einbrecher Daniel mit dem Messer am Bein verletzt habe und er nun im Krankenhaus läge, es ihm aber den Umständen entsprechend gut gehe. Während wir sprachen, suchte ich ihr die Social-Security-Nummer heraus und bevor wir auflegten, gab sie mir noch ihre deutsche Telefonnummer für Notfälle.

Danach blieb ich ratlos und verwirrt zurück. Konnte das Daniels echte Schwester gewesen sein? Benutzte er vielleicht wirklich nur falsche Fotos? Und war Chris doch kein Fake? Oder handelte es sich bei der Frau um eine Komplizin? Eine Freundin, die jemandem einen Gefallen tat? Dafür wäre sie aber extrem gut vorbereitet gewesen und hätte ihre Rolle sehr gut gespielt, denn ich hatte ihr einige Fangfragen gestellt, die wirklich nur jemand beantworten konnte, der Daniels Familiengeschichte kannte.

Am Abend war ich mit meinem Kumpel Lukas zum Essen verabredet. Wir saßen in einem kleinen Restaurant und unterhielten uns, als plötzlich mein Smartphone vibrierte. Ein Blick aufs Display verriet, dass Daniel kommentarlos mehrere Fotos geschickt hatte! Gespannt sahen wir uns die Bilder an. Sie zeigten eine Haustür mit Einbruchspuren, ausgeräumte Regale und DVD-Ständer und zu guter Letzt eine abfotografierte Wade mit einer frischen Schnittwunde, als Untergrund war deutlich ein heller Teppich mit Blutspuren zu erkennen.

Lukas und ich starrten auf das Bild, dann sahen wir uns an, starrten wieder auf das Bild – und mussten beide lachen. Was das Foto total unglaubwürdig machte, war die Tatsache, dass ein Filter darübergelegt war, der es unnatürlich künstlerisch verfärbte und in eine schmeichelnde Unschärfe tauchte. Die Vorstellung, dass jemand blutend auf seinem Teppich saß, sein Bein fotografierte und dann später noch die Nerven hatte, den idealen Bildausschnitt zu wählen, es zu beschneiden und nachzuarbeiten, war unfreiwillig komisch.

»Warum macht der das?«, fragte ich Lukas.

»Keine Ahnung«, antwortete er. »Aber eigentlich ist es schade, dass man nicht rauskriegen kann, wer dahintersteckt«.

»Na, das wollen wir doch mal sehen …«, entgegnete ich.

CHRIS

Frauenpower

Daniel und ich nahmen zum gefühlt hunderttausendsten Mal den Kontakt auf. Da ich mich aber noch gut daran erinnern konnte, wie belastend unsere »Beziehung« vor dem letzten großen Streit für mich gewesen war, hatte ich mich eines Schachzugs bedient, damit Daniel den Kontakt zwar hielt, aber auf Abstand blieb: Ich schrieb ihm in einer langen Mail, wie sehr ich ihn liebte, dass ich ihm alles verzieh und immer noch unbedingt eine Beziehung mit ihm im Real Life wolle, stellte aber ein Ultimatum. Käme es innerhalb der nächsten sechs Monate nicht zu einem Treffen, würde ich unsere Freundschaft beenden. Wie erwartet, schien Daniel zu denken, dass es sich mit mir nicht mehr lohne, ließ aber trotzdem nicht ganz los.

Er meldete sich im Regelfall an ein bis zwei Tagen in der Woche via WhatsApp und überschüttete mich mit Liebesbezeugungen, dann wieder hörte ich wochenlang nichts von ihm. Immer wenn ich glaubte, dass es nun endgültig vorbei sei, kam plötzlich doch wieder ein Lebenszeichen von ihm. Er hielt sich mich ganz eindeutig warm.

Es wurde Frühling und mittlerweile war mir klar, dass es nicht ausreichte, nur in Daniels Richtung zu recherchieren.

Seit Chris mich bei Facebook entfreundet und kurz darauf seinen Instagram-Account plötzlich auf »privat« gestellt hatte, hatte ich mich nicht mehr um ihn gekümmert. Nun nahm ich die Spurensuche in seine Richtung wieder auf. Er war schließlich noch bei Twitter vertreten und besaß ein Word-Press-Blog.

Bei Twitter war ich Chris nur kurz gefolgt, dann hatte er mich nach einem Streit geblockt. Traurig war ich darüber nie gewesen, denn er schrieb nicht besonders interessant und chattete unverhältnismäßig viel mit ausschließlich weiblichen Usern. Nun begann ich, bei ihm heimlich mitzulesen, was für geblockte Personen – auch ohne dem Twitterer folgen zu können – problemlos möglich ist, indem man direkt auf dessen Profil geht.

An manchen Tagen postete Chris Tweets und Mentions (gezielt an bestimmte User gerichtete Tweets) im Minuten-takt und flirtete dabei wild um sich. Dabei konzentrierte er sich ganz besonders auf selbstbewusste, attraktive Frauen, die keine Neulinge im Internet waren, sondern sehr viele Follower hatten, ein erfolgreiches Blog betrieben oder in den Medien arbeiteten. Seine Optik und sein großes Selbstbe-wusstsein spielten auch hier bestimmt eine maßgebliche Rolle, um von den Frauen beachtet und als Chatpartner akzeptiert zu werden. Ich beobachtete, dass fast 90 Prozent der ange-sprochenen Userinnen auf ihn reagierten und antworteten.

Ganz besonders hatte es ihm die Bloggerin Elena ange-tan, die hübsch, intelligent, humorvoll und tiefsinnig wirkte und somit all seine Kriterien erfüllte. Die beiden unterhielten sich regelmäßig in der Timeline miteinander, und Chris lud sie immer wieder zu sich nach San Diego ein. Elena schien ernsthaft darüber nachzudenken …

Ich beschloss, mit ihr zu sprechen, nachdem ich mich über gemeinsame Bekannte versichert hatte, dass sie definitiv kein weiterer Fake von Daniel war. Wir verstanden uns auf An-hieb. Elena fiel aus allen Wolken, nachdem sie die ganze Ge-schichte gehört hatte. Sie folgte Chris schon seit mehreren Monaten auf Twitter und Instagram, war mit ihm bei Facebook befreundet – und hatte nie auch nur den geringsten Verdacht geschöpft. Ihr ging es genau wie mir einige Monate zuvor: Sie war fassungslos.

»Weißt du was? Dieser Mann war dermaßen charmant und interessiert! Er hat mich mit Direct Messages und Mails bombardiert und ich muss zugeben: Mir hat seine Aufmerksamkeit gefallen. Der einzige Grund, warum ich mich nicht wirklich auf ihn eingelassen habe, war, dass er optisch überhaupt nicht mein Typ ist«, erzählte sie und lachte dann. »Da habe ich ja noch mal richtig Glück gehabt!«

Wir unterhielten uns über zwei Stunden, lagen absolut auf einer Wellenlänge und, als wäre es selbstverständlich, bot sie mir schließlich ihre Hilfe an: »Ich tue, als wüsste ich von nichts. Wollen wir doch mal sehen, ob ich nicht noch ein paar Infos für dich aus ihm herausbekomme.«

Plötzlich hatte ich eine Komplizin. Eine wildfremde Frau, die mir spontan ihre Solidarität entgegenbrachte und mir sogar – ein unglaublicher Vertrauensbeweis! –, ohne zu zögern, das Passwort ihres eigenen Instagram-Accounts gab, damit ich mich bei ihr einloggen und über diesen Umweg Chris' neue Fotos dort sehen konnte! Eine Geste wie diese bestätigte mir wieder einmal, auf was für offene, hilfsbereite und freundliche Menschen man im Internet stoßen kann.

Elena informierte mich in den folgenden Wochen über aktuelle Einträge auf Chris' Facebook-Account, schickte mir Screenshots seiner DMs und leitete Mails an mich weiter. Er zog wirklich bei allen Frauen immer die gleiche Masche ab. Und zugegebenermaßen machten wir Frauen es ihm auch ziemlich leicht. Nun, da ich endlich wieder Zugang zu Chris' Instagram-Account hatte, sah ich zum Beispiel, dass er dort nicht einmal selbst die Initiative zum Flirten ergreifen musste, das taten seine Abonnentinnen schon. Er erntete nicht nur unzählige Likes, sondern fast genauso viele Kommentare mit Komplimenten, auf die er nur einzugehen brauchte …

Eine junge Frau stach deutlich aus der Masse heraus, denn ihre Kommentare wirkten, als ob sie Chris schon jahrelang kannte und viel von ihm wusste. Waren sie tatsächlich befreundet und kannten sich aus dem Real Life? Oder war sie ein weiterer Fake?

Ein Blick in ihren Account verriet mir, dass sie Emma hieß, aus Österreich kam, Medizin studierte und nebenbei als Model arbeitete. Ein Link führte direkt auf ihre Facebook-Seite. Mehrere Fotos dort zeigten sie zusammen mit gemeinsamen Bekannten und bestätigten mir, dass Emma echt war.

Sollte ich sie anschreiben? Ich zögerte. Vielleicht lag es an ihrer Schönheit und offensichtlichen Coolness. Sie wirkte viel unnahbarer als Elena. Und außerdem schien sie einen Freund zu haben, Chris konnte bei ihr also gefühlsmäßig keinen großen Schaden anrichten. Ich beschloss, erst einmal abzuwarten.

Es wurde Mai, ohne dass sich etwas Nennenswertes ereignete oder ich neue Erkenntnisse gewinnen konnte, aber plötzlich überschlugen sich die Ereignisse!

Ich hatte in größeren Abständen die Accounts von Daniels und Chris' gemeinsamen »Freunden« überprüft, um zu sehen, ob sich dort etwas Aufschlussreiches tat. Eines Tages hatte einer von ihnen, Jadrian, ein neues Profilbild. Ich klickte es an und traute meinen Augen nicht: Eine Bekannte von mir hatte es gelikt! Sofort schrieb ich sie an und fragte, woher sie Jadrian kenne. Als ich ihre Antwort las, klappte mir die Kinnlade herunter: »Ich habe ihn vor Ewigkeiten in einem Forum kennengelernt. Das muss 1999/2000 gewesen sein. Wir haben uns nie ganz aus den Augen verloren, aber letzten Endes hat mich immer genervt, dass er permanent versucht hat, mich mit anderen Frauen eifersüchtig zu machen. Deswegen bin ich auf Abstand geblieben. Ich mag so was nicht.«

Das war unglaublich! Der Mensch, der hinter alldem steckte, spielte das Spiel seit mehr als 13 Jahren!

Ein paar Tage später veröffentlichte Elena einen neuen Blogbeitrag, zu dem Chris einen Kommentar schrieb. Eine glückliche Fügung, denn im Administratorenbereich ihres Blogs erfuhr sie nicht nur die Usernamen und Mailadressen der Kommentatoren, sondern auch ihre IPs! Emma überprüfte die von Chris, und sie führte direkt nach Summertown… Damit war für mich der endgültige Beweis erbracht, dass hinter ihm und Daniel wirklich ein und dieselbe Person steckte, die schamlos mehrgleisig fuhr. Während Daniel mir die rührendsten Liebeserklärungen gemacht und Geschenke geschickt hatte, hatte er mich virtuell wochenlang mit Jana betrogen und parallel alles darangesetzt, Maren für sich zu gewinnen. Dann beförderte er mich aufs Abstellgleis und versuchte nahtlos, Elena rumzukriegen. Und das waren nur die Frauen, von denen ich wusste. Wer weiß, wie viele es noch gab?

Wie schaffte er es zeitlich, all seine Accounts zu betreiben und dazu noch die verschiedenen Frauen zu »betreuen«? Wie unglaublich mies waren vor diesem Hintergrund seine Bemühungen, mir ein schlechtes Gewissen einzureden, weil ich mit Felix und den Kindern den Urlaub verbracht hatte? Wie oft hatte Kai zu mir gesagt, ich solle den Kontakt zu Felix einstellen und alles nur noch über Anwälte regeln?

Unfassbar, wie er versucht hatte, mein Leben aus der Ferne zu beeinflussen!

Wie Ironie des Schicksals wirkte es, dass »Chris« am nächsten Tag sein Profilbild bei Facebook und Instagram änderte. Sein Neues zeigte ihn zusammen mit Daniel, im Hintergrund war eine Tanzfläche zu erkennen.

Ich hatte in der Vergangenheit schon diverse Bilder von

»Chris« erfolglos durch die Bildersuche geschickt. Nun nahm ich dieses Neue und erzielte auf Anhieb einen Treffer!

Aber was war das? Auf dem Originalbild stand »Chris« neben einem ganz anderen Mann! Ich ging auf die Website, von der das Originalbild stammte, es war die einer Bar in Los Angeles, und erfuhr, wer die beiden waren: Der Mann, dessen Fotos für »Chris« missbraucht worden waren, hieß in Wirklichkeit Justice und war Fotograf in Los Angeles. Bei dem Mann daneben handelte es sich um einen unbekannten Schauspieler. Der Fake hatte für seine Version des Fotos einfach dessen Kopf durch den von »Daniel« ersetzt...

Einige Tage später rief mich überraschend Elena via Skype an. Irritiert berichtete sie, »Chris« habe ihr gerade im Facebook-Chat erzählt, dass er unsterblich in eine Französin verliebt sei, die er vier Wochen zuvor über die Datingplattform *OkCupid* kennengelernt hätte. Sogar ihren Usernamen hatte er Elena verraten: »Polymorphia«. Uns beiden war völlig unklar, was dieses »Geständnis« sollte. Wollte »Chris« Elena eifersüchtig machen? Gab es diese andere Frau vielleicht gar nicht? Gemeinsam machten wir uns auf Spurensuche. Elena besaß einen Account bei OkCupid. »Da! Ich hab sie!«, rief sie. »Warte, ich mache dir Screenshots.«

»Polymorphia« war nicht nur bildhübsch, ihren Profilangaben nach wirkte sie ausgesprochen intelligent und sympathisch. Chris verfügte wirklich über einen ausgezeichneten Frauengeschmack.

»Ist die überhaupt echt?«, fragte Elena.

»Keine Ahnung. Das alles ergibt überhaupt keinen Sinn«, antwortete ich. »Wieso erzählt er gerade *dir* von ihr? Was verspricht er sich davon?«

Elena zuckte mit den Schultern und grinste. »Vielleicht will er mich wirklich nur eifersüchtig machen und genießt den Gedanken, mich zu quälen.«

Ich öffnete die Google-Bildersuche und schon das zweite Foto führte mich direkt zu dem *XING*-Profil der Frau aus dem »Polymorphia«-Account: Caroline Durois aus Bordeaux. Artdirectorin in einer Werbeagentur. Am nächsten Morgen schrieb ich Caroline via XING eine lange Mail. Falls sie selbst »Polymorphia« war, wollte ich sie vor »Chris« warnen, wenn nicht, musste sie wissen, dass ihre Bilder in einem Fake-Account verwendet wurden.

Eine Antwort erhielt ich erst viele Wochen später…

Auch auf Instagram gab es eine neue Entwicklung. Dort beobachtete ich nicht nur »Chris«, sondern mittlerweile auch Emma. In letzter Zeit wirkte sie traurig. Selbst die von ihr geposteten Bilder veränderten sich. Hatte sie vorher häufig Fotos von ihrem Freund veröffentlicht, blieben diese schließlich ganz aus. Aus den zahlreichen Kommentaren, die »Chris« und sie unter ihren Bildern austauschten, ging hervor, dass sie sich von ihrem Freund getrennt hatte und wieder Single war. Der »Startschuss« für den Fake!

Wie nicht anders zu erwarten, änderte er sein Verhalten ihr gegenüber innerhalb weniger Tage. Waren die beiden bisher eher freundschaftlich miteinander umgegangen, zog er nun alle Flirtregister.

Anfangs hielt sich Emma noch zurück und ihn auf Distanz, dann aber ließ sie sich immer mehr auf ihn ein. Mit wachsendem Unbehagen sah ich, wie auch bei ihr seine Masche »Aufmerksamkeit, Komplimente und Tiefsinnigkeit, entgegengebracht von einem attraktiven Mann« funktionierte.

Egal ob Jana, Elena, Caroline, Emma oder ich – keine von uns passte in das Klischee der einsamen, naiven, besonders unattraktiven Frau ohne Computererfahrung und Sozialkontakte. Und trotzdem hatte es der Fake geschafft, uns zu täuschen, sich mit uns über das Internet anzufreunden oder sogar Gefühle zu wecken!

Je emotionaler Emma und »Chris« wurden, umso erschreckender empfand ich sein Verhalten. Der Fake wusste ganz genau, dass es Emma nach der Trennung nicht gut ging und nutzte ihren Zustand schamlos aus. Wofür brauchte er sie auch noch in seiner Frauensammlung?

Eines Morgens hatte ich dann das dringende Bedürfnis, sofort einzugreifen: Ich öffnete »Chris'« Instagram-Account und sah ein Foto, das er in der Nacht gepostet hatte. Mir drehte sich der Magen um. Es war ein Screenshot des Displays seines iPhones und zeigte, dass er als Bildschirmhintergrund ein Foto von Emma gewählt hatte. Seine Bildunterschrift dazu lautete: »<3 She…«. Emma hatte mit einem Kommentar darunter den Satz ergänzt: »… is speechless!«.

Ein Foto dieser Art kannte ich… Kai hatte seinerzeit ein fast identisches bei Instagram gepostet. Nur, dass damals *ich* auf dem Display zu sehen gewesen war. Ich erinnerte mich noch gut, wie es mich berührt hatte und wie geschmeichelt ich gewesen war.

Es reichte. Ich musste aktiv werden. Aber wie? Ich konnte doch nicht jede einzelne Frau, mit der er zu tun hatte, vor ihm warnen. Ich konnte ihn ja auch nicht ewig beobachten. Das kostete nicht nur Zeit, es kostete auch Energie.

Ich wollte möglichst viele Menschen auf einmal erreichen. Das Nächstliegende war, einen Blogartikel über meine Geschichte zu verfassen und ihn mithilfe der verschiedenen Social-Media-Kanäle zu verbreiten. Aber wollte ich wirklich eine so private Sache nach außen tragen? Allein das kostete eine ganze Menge Überwindung. Und sollte ich mich freiwillig in die Schusslinie von Menschen begeben, die mich danach definitiv als naive Idiotin, Opfer oder Wichtigtuerin abstempeln und angreifen würden? Eigentlich wollte ich nur meine Ruhe und für mich selbst einen Abschluss finden, indem ich herausbekam, wer hinter dem Fake steckte.

Andererseits empfand ich so etwas wie eine soziale Verantwortung. Wenn ich meinen Mund hielt, ließ ich gleichzeitig zu, dass anderen Frauen das Gleiche passierte wie mir. Und das wünschte ich niemandem. Sollte der Fake einfach weitermachen können, obwohl ich über ihn Bescheid wusste und die Möglichkeit hatte, andere zu warnen? Nur, weil es bequemer für mich war zu schweigen? Nein. Wenn ich auch nur die kleinste Chance hatte, anderen so etwas zu ersparen, dann wollte ich es tun.

Natürlich war klar, dass im Moment der Veröffentlichung der Fake untertauchen würde, aber das nahm ich in Kauf. Meine Recherchemöglichkeiten waren ausgeschöpft und immerhin wusste ich nun, dass hinter »Kai«, »Daniel«, »Chris« und all ihren Familienangehörigen und gemeinsamen Freunden eine einzige Person steckte, die mit ziemlicher Sicherheit in Summertown wohnte, sich im Bereich Psychologie und Gesundheitswesen gut auskannte, politisch und gesellschaftlich interessiert und gut informiert war, permanent auswärts aß und nicht schlecht verdiente. Die Wahrscheinlichkeit, dass es sich um einen »Nerd« handelte, der nie sein Haus verließ, Tag und Nacht in schmuddeligem Unterhemd und Bart-Simpson-Boxershorts in einem kleinen, düsteren Kellerraum vor dem Computer saß und von dort aus sein Unwesen trieb, war relativ gering.

Ich setzte mich an meinen Schreibtisch und ließ die vergangenen Monate vor meinem inneren Auge vorüberziehen: Der wunderschöne Beginn, die schleichende Desillusionierung, das Hoffen und die erneute Enttäuschung, das permanente Auf und Ab der Gefühle, der Herzschmerz und Kummer, all die Tränen. Und schließlich die Enthüllung, die fast eine Erleichterung war, gefolgt von den Monaten der Recherche.

Eine Zeit, in der ich die Dinge in die Hand genommen hatte und dadurch das diffuse Gefühl des Liebeskummers überwinden und emotionalen Abstand bekommen konnte.

Ich versuchte, in meinem Artikel all das möglichst realistisch wiederzugeben. Natürlich hätte ich den Text pragmatisch und unemotional verfassen können, aber ich war mir sicher, dass auch der Fake ihn lesen würde und es vielleicht meine einzige Möglichkeit war, ihm zu zeigen, wie sich die Frauen fühlten, die er täuschte.

Ich beendete den Text mit der Bitte, dass Menschen, denen Ähnliches wie mir passiert war, sich bei mir melden sollten. Mich interessierte brennend, ob so etwas öfter vorkam und nur niemand darüber sprach.

Als ich fertig war, erlaubte ich mir nicht, den Blogpost noch einmal zu lesen, denn dann hätte ich es mir vielleicht doch noch anders überlegt und ihn nicht veröffentlicht.

Gegen 23 Uhr stellte ich ihn ins Netz und twitterte:

Victoria @VictoriaHamburg • 25. Juni 2013
Das, was mir passiert ist, wünsche ich niemandem.
  Also bitte helft, so etwas vorzubeugen, und teilt den Link:
http://victoriahamburg.wordpress.com/2013/06/25/fake/

Ich hatte natürlich damit gerechnet, dass einige Follower meinen Tweet retweeten, also in ihrem eigenen Account teilen würden. In welchem Ausmaß das allerdings geschah, überraschte mich sehr und erschreckte mich.

Im Sekundentakt wurden mir auf mein iPhone neue Mitteilungen über *Retweets* gepusht und schließlich schaltete ich das Telefon ganz aus, denn mittlerweile überkam mich leichte Panik bei dem Gedanken, was ich losgetreten hatte.

Bevor ich ins Bett ging, schrieb ich eine Facebook-Nachricht an Emma, in der ich ihr den Link zu meinem Blogpost mitteilte und sie bat, sich bei mir zu melden.

Natürlich konnte ich nicht einschlafen. So viele Fragen beunruhigten mich: Was kam jetzt auf mich zu? Hatte der Fake schon etwas mitbekommen? Wie würde er reagieren?

Gegen drei Uhr loggte ich mich bei Facebook ein und überprüfte aus einem vagen Gefühl heraus jeden einzelnen seiner Fake-Accounts. Kein einziger existierte mehr.

Als ich am folgenden Morgen mein Smartphone einschaltete, wusste ich, dass ich eine Kettenreaktion ausgelöst hatte. Die Macht von Social Media liegt definitiv darin, ein Thema, eine Nachricht oder eben einen Link in Windeseile zu verbreiten. Und genau das passierte nun mit meinem Erlebnis.

Die Retweets hörten nicht auf. Gleichzeitig schrieben mir unzählige Twitterer Mentions, dankten mir, dass ich den Mut gehabt hatte, das Thema öffentlich zu machen, oder drückten mir ihre Anteilnahme aus. Auch mein DM-Postfach platzte aus allen Nähten, weil besorgte Freunde und Bekannte sich danach erkundigten, wie es mir ging.

Allerdings erreichten mich auch mehr und mehr Mentions von Personen, die mich beschimpften und mir vorwarfen, naiv, dumm, Mitleid heischend, mediengeil oder sogar eine Lügnerin zu sein.

Ich war geschockt. All diese Leute wussten *nichts* über mich. Was wollten sie von mir? Ich hatte etwas Gutes tun wollen und sah mich jetzt mit den Vorurteilen einer hetzenden Meute konfrontiert. Konnte niemand von ihnen sich denken, wie viel Überwindung und Mut es mich gekostet hatte, mit meiner Story an die Öffentlichkeit zu gehen? Dass es mir nicht darum ging, Aufmerksamkeit zu bekommen, sondern ich andere warnen wollte? Mitleid war fehl am Platz, denn ich war kein Opfer. Weder sah ich mich als solches, noch wollte ich so dargestellt werden.

Ja, mir war etwas Unschönes passiert, aber es lag mir fern, mich in Kummer zu suhlen und zu jammern. Schließlich war ich aktiv geworden, hatte recherchiert und dabei andere betroffene Frauen gefunden. Was gab den Menschen das Recht, über mich zu urteilen? Ich hatte nichts weiter getan, als über ein sehr persönliches Erlebnis zu bloggen! Dieses feindselige Verhalten einiger User mir gegenüber war für mich emotional fast schlimmer zu ertragen als das Erlebnis mit dem Fake! Eine Tatsache, die ich ziemlich erschütternd finde.

Im Laufe des Tages wurde mein Blogpost 36 858-mal aufgerufen und am Nachmittag kamen die ersten Mails von Journalisten, die über meine Story schreiben oder mich interviewen wollten. Allein aus der Formulierung ihrer Anfragen ging deutlich hervor, welche Rolle sie mir zudachten und wie klischeebehaftet der Umgang mit dem Thema »Fakes« war:

»Ich möchte mit Ihrer Geschichte aufzeigen, wie leicht alleinstehende, mit dem Internet nicht vertraute Frauen bei der Onlinepartnersuche zu Opfern werden …« – »Ich würde gerne darüber schreiben, wie sie auf einen falschen Liebhaber hereinfielen und fast daran zerbrachen …« – »Sicherlich werden Sie sich jetzt ganz aus dem Internet zurückziehen. Für ein Interview vorher wäre ich Ihnen dankbar …« Ich fühlte mich grundlegend missverstanden.

Die Aufmerksamkeit ebbte auch in den folgenden Tagen nicht ab. Um mich zu schützen, las ich meine Mentions nicht mehr und bat meine Freunde, mir bitte nicht mitzuteilen, wenn sie über mich etwas Abfälliges gelesen hatten. Ich wollte es einfach nicht wissen.

Die meisten Medienanfragen ließ ich unbeantwortet und sprach nur mit Journalisten, die mir gegenüber unvoreingenommen waren und denen es nicht um eine reißerische Story ging. Für ihren sensiblen Umgang mit mir und der Thematik war ich sehr dankbar. Verhindern, dass andere ohne meine Erlaubnis über mich schrieben, konnte ich allerdings nicht. Denn in dem Moment, in dem ein Blogger eine Geschichte veröffentlicht, gilt die Pressefreiheit und jeder kann darüber berichten.

Was mir trotz allem das sichere Gefühl gab, richtig gehandelt zu haben, waren die Mails von anderen Betroffenen, die ab dem ersten Tag bei mir eingingen. Das Vertrauen dieser Menschen berührte mich tief.

Irgendwann in dieser Woche erhielt ich plötzlich eine Nachricht von Emma: »Ich habe deine Message jetzt erst gelesen. Woher weiß ich, dass du echt bist?«

Ich sah, dass sie noch online war und antwortete sofort: »Was brauchst du als Beweis? Willst du videoskypen?«

»Ich bin unterwegs. Ein Foto von dir? Mit deinem Namen und dem Datum drauf? Es tut mir leid, dass ich so misstrauisch bin, aber ich habe irgendwie gerade mein Vertrauen an Menschen aus dem Internet verloren«, schrieb sie.

Ich machte ihr das gewünschte Bild, ein wenig amüsiert darüber, dass plötzlich *ich* es war, die Beweise für ihre Echtheit erbringen musste. Aber wer konnte Emma besser verstehen als ich? Wir verabredeten uns für den nächsten Tag zum Videoskypen.

Emma war ganz anders, als ich sie eingeschätzt hatte. Überhaupt nicht arrogant, sondern freundlich, witzig und sie hatte ein großes Herz. Sie berichtete, dass sie »Chris« vor drei Jahren bei Instagram »kennengelernt« und selbstverständlich angenommen hatte, dass er echt war. Zwischen ihnen bestand eine Onlinefreundschaft, so wie sie sich eben entwickelte, wenn man jemandem lange folgt und dessen Leben auf diese Weise begleitete. Sie waren auch bei Facebook miteinander verbunden und mailten sich dort von Zeit zu Zeit. Ihr Umgang miteinander war immer kumpelhaft gewesen. Erst seit sie wieder Single war, hatte er sie mit allen Regeln der Kunst um den Finger gewickelt. Es tat ihr gut, dass er sie von ihrem Trennungsschmerz ablenkte, und langsam, aber stetig war sie dabei gewesen, sich in ihn zu verlieben. So traurig es eigentlich war – als wir beide verglichen, welche »Liebesbeweise« uns entgegengebracht worden waren, und wir feststellten, dass der Fake uns beiden das gleiche Liebeslied gewidmet und inhaltlich fast identische Liebesmails geschickt hatte, mussten wir sehr, sehr lachen.

Es war nicht so, dass Emma es auf die leichte Schulter nahm, so lange getäuscht worden zu sein. Natürlich schockierte es sie, wie »Chris« mit ihren Gefühlen gespielt und ihr Vertrauen missbraucht hatte. Aber sie hatte die gleiche positive Einstellung zum Leben und den gleichen Humor wie ich. Und auch sie wollte nicht einfach hinnehmen, was der Fake mit ihr gemacht hatte, sondern weiter mitspielen und mehr über ihn herausfinden.

Tatsächlich hielt sie per WhatsApp den Kontakt zu »Chris« noch fünf weitere Wochen und ließ ihn in dem Glauben, in ihn verliebt zu sein.

Wir schrieben oder telefonierten jeden Tag miteinander und tauschten uns aus. Sie schickte mir seine WhatsApp-Nachrichten und Mails und es war erschreckend, wie er versuchte, in ihr Leben einzugreifen: Emma sollte weniger Sport treiben, mehr essen, den Modeljob an den Nagel hängen, intensiver für ihr Studium lernen, weniger ausgehen, und lieber mit ihm skypen … Emma wusste warum – und nahm es mit Humor: »Oarrrr, *immer*, jedes einzelne Mal, wenn wir skypen, geht es ihm im Grunde nur um Onlinesex. Wenn der wüsste, dass ich, während er rumstöhnt, im Jogginganzug auf dem Sofa liege, Schokolade esse, Serien gucke und von Zeit zu Zeit grunze, damit er denkt, dass ich mitmache, wäre er bestimmt nicht so versessen darauf.« Sie lachte schelmisch. »Tja. Selber schuld.«

Je länger man mit dem Fake zu tun hatte, umso durchschaubarer wurde er. Mit der Zeit entwickelten wir ein fast diabolisches Vergnügen daran, »Chris« mit seinen eigenen Waffen zu schlagen und ihn nun unsererseits zu manipulieren. Im Vorfeld schlossen wir Wetten, wie er auf ein beliebiges Verhalten von Emma reagieren würde – und lagen jedes Mal richtig! Verhielt sie sich zum Beispiel, als ginge es ihr sehr gut, verpasste »Chris« ihr umgehend einen Dämpfer, indem er einen Streit heraufbeschwor. Zeigte sie sich besonders selbstbewusst, kritisierte er etwas an ihr. Spielte sie ihm vor, dass sie niedergeschlagen war, kümmerte er sich um sie und baute sie gönnerhaft wieder auf. Gab sie Widerworte, wurde er aggressiv und verschwand, war sie liebevoll und demütig, erschien er wieder auf der Bildfläche.

Irgendwann entschieden Emma und ich, dass es genug war. »Chris'« Verhalten war kaum noch zu ertragen, brachte keine neuen Erkenntnisse mehr und raubte Emma zu viel Energie.

Immerhin erhielt ich von ihr eine weitere Telefonnummer des Fakes und »Chris'« vermeintliche Adresse in San Diego. Nachdem ich sie gegoogelt hatte, stellte sich heraus, dass es sich um ein leer stehendes Apartment handelte, das ein Makler auf seiner Website zum Verkauf anbot.

»Chris« loszuwerden war leicht. Man musste ihn nur in seiner männlichen Ehre kränken: Emma schrieb ihm, es täte ihr furchtbar leid, aber sie hinge doch noch zu sehr an ihrem Exfreund. Sie schätze Chris aber sehr als Menschen und würde ihn gern als guten Freund behalten.

Wenige Minuten später antwortete er, dass er an einer Freundschaft mit ihr nicht interessiert wäre.

»Nun gut, aber das lässt mich annehmen, dass ich dir als Mensch total egal bin«, schrieb sie.

»Joa«, antwortete er lapidar.

»Joa? Was soll das heißen?«, fragte Emma.

»Let's be honest – it was fun while it lasted.

Now it is over and that's fine with me.

Remember: Jeder Mensch ist austauschbar.«

Das war das Letzte, was Emma, Elena und ich je von dem Fake hörten.

In diesen turbulenten Wochen hatte ich Caroline, auch genannt »Polymorphia«, fast schon vergessen, als sie sich plötzlich doch noch meldete. Am Abend des gleichen Tages videoskypten wir.

Sie war, nachdem ich sie angeschrieben hatte, vor lauter Selbstvorwürfen, Scham und Traurigkeit darüber, von »Chris« so hintergangen worden zu sein, in ein tiefes emotionales Loch gefallen und hatte sich nicht in der Lage gesehen, mit mir zu sprechen. »Ich war wie gelähmt, habe kaum gegessen, kaum geschlafen«, sagte sie. »Ich konnte nicht glauben, dass mir so etwas passiert ist. Immer war ich vorsichtig und misstrauisch! Wie konnte ich nur so dumm sein?«

»Du bist nicht allein. Wir sind viele«, erwiderte ich und erzählte ihr von all den anderen Frauen, die »Chris« getäuscht hatte. »Keine von uns ist dumm. Kai, Daniel und Chris waren extrem gut gemacht. Die Person, die hinter alldem steckt, weiß genau, was sie tut. Nicht nur was Fake-Accounts betrifft, auch was die psychische Manipulation von Menschen angeht.«

»Ja. Das stimmt!« Caroline nickte. Ich sah Tränen in ihren Augen blitzen, und in dem Moment tat sie mir unsagbar leid. Dann stand sie auf und holte etwas aus dem Hintergrund ihres Zimmers. Als sie sich wieder vor den Computer setzte, hielt sie ein kleines Paket auf dem Schoß. »Er hat mir das hier geschickt«, sagte sie leise. Vorsichtig nahm sie die einzelnen Teile heraus und hielt sie in die Kamera. Es waren ein Lippenpflegestift, ein Päckchen Kaugummi, zwei Schokoriegel, Kekse – und ein buddhistischer Anhänger…

Mitte August kontaktierte mich der Journalist Tin Fischer aus Berlin, der für das Magazin NEON einen Artikel über meine Geschichte schreiben wollte.

»Bloß nicht!«, dachte ich. Gerade erst war das Interesse an der Story endlich abgeebbt und wieder etwas Ruhe in mein Leben eingekehrt. Außerdem war es ein Unterschied, ob ein Artikel online bzw. in einer Tageszeitung erschien, und am nächsten Tag vergessen war, oder in einer Zeitschrift, die einen ganzen Monat lang an jedem Kiosk erhältlich ist. Freundlich, aber bestimmt sagte ich ab und dachte, die Sache wäre damit aus der Welt.

Nicht für Tin. Ende August meldete er sich wieder: »Ich möchte die Geschichte immer noch machen. Aber ich kann nur noch diese Woche zum Interview nach Hamburg kommen. Dann fliege ich für einen anderen Job nach Chicago. Komm, überleg es dir.«

Ich stutzte. Hatte er gerade »Chicago« gesagt? Das war vielleicht die Chance, auf die ich seit Monaten gewartet hatte! »Du fliegst nach Amerika? Tin! Ich weiß doch, wo sich mein Fake aufhält. Zumindest glaube ich das! Wenn du zu seiner Adresse fährst und nach ihm suchst, kriegst du die Story!«

Drei Tage später saß mir Tin in Hamburg gegenüber und wir gingen meine gesammelten Unterlagen durch. Wie er mir später erzählte, war er mit einer gewissen Skepsis zum Treffen gekommen: »Ich wusste nicht, ob ich dir alles glauben kann, aber als ich die säuberlich dokumentierten Beweise sah, war ich überzeugt.«

Am 7. September, einem Samstag, flog Tin nach Summertown.

Er hatte mir versprochen, mich via WhatsApp auf dem Laufenden zu halten und viele Fotos zu machen.

»Bin da. Es kann losgehen«, schrieb er mir gegen 17 Uhr seiner Zeit. In Hamburg war es Mitternacht und ich auf dem

Weg ins Bett. »Das örtliche Footballteam hat gerade gewonnen. Vielleicht hebt das ja die Stimmung ein wenig. Ich sehe mir jetzt erst mal den Ort an.«

»O Gott, wie aufregend!«, dachte ich und schwankte zwischen Euphorie darüber, dass das Ganze sich in den nächsten Tagen aufklären würde – im Gegensatz zu Tin zweifelte ich keine Sekunde daran, dass er den Fake finden würde –, und der Angst davor, wer letztendlich dahintersteckte.

Auch die Vorstellung, dass Tin auf der Suche nach einem Phantom ganz allein durch eine erzkonservative Kleinstadt im Süden der USA streifte, wo vermutlich jeder Fremde sofort auffiel, machte mir Sorgen. War es gefährlich für ihn? Meine Fantasie überschlug sich, und mein Kopfkino mischte Szenen amerikanischer Roadmovies mit Horrorfilmen und Psychothrillern, um daraus Bilder entstehen zu lassen von breitbeinig vor ihren Häusern stehenden, dicken Männern mit Schrotflinten, die nicht zögerten abzudrücken.

Schon öfter hatten Emma und ich darüber gesprochen und überlegt, ob es möglich sein könnte, dass der Fake eine Frau war. Wir waren mittlerweile so weit, dass uns nichts mehr gewundert hätte, allerdings war seine Stimme dafür doch ziemlich männlich gewesen.

Als ich am nächsten Morgen aufwachte, sah ich, dass in der Nacht eine Nachricht von Tin eingegangen war. »Ich habe die Kirche gefunden, die auf einem der Fotos von ›Daniel‹ ist. Sie steht auf dem Campus der Universität. Er war also zumindest schon mal hier. Jetzt findet in der Uni gerade eine Studentenparty statt. Ich sehe mir die gleich mal an.«

Wahnsinn! Wir waren dem Fake also wirklich auf den Fersen!

Der Tag verstrich, und bevor ich ins Bett ging, skypten Tin und ich. Er erzählte von dem Eindruck, den er bisher von Summertown hatte. Ich war durch das Internet relativ gut über die Stadt informiert, und er bestätigte mein Bild: Summertown war eine typisch amerikanische Kleinstadt, die über eine eigene Universität verfügte. Entlang einer Hauptstraße reihten sich Fast-Food-Ketten, Restaurants, Geschäfte und Ramschläden. Außerdem gab es mehrere große Supermärkte und ein Footballstadion.

Tin hatte tagsüber die Restaurants und Fast-Food-Läden besucht, in denen der Fake allem Anschein nach häufig verkehrte, und dort so unauffällig wie möglich einige Angestellte befragt. Außerdem suchte er die Gebäude, Denkmäler, Parks usw., von denen mir »Daniel« im Laufe der Monate Fotos geschickt hatte. Er war in mehreren Fällen tatsächlich fündig geworden und fotografierte für mich »Daniels« Motive aus exakt der gleichen Perspektive nach. Ich war einerseits fasziniert, andererseits gruselte es mich, dass er zum Fotografieren an genau der gleichen Stelle gestanden hatte wie der Fake. Plötzlich bekam alles eine ganz andere Dimension, wurde real …

»Gefiel es Daniel eigentlich hier?«, fragte Tin.

»Nicht wirklich«, antwortete ich.

»Da kann ich ihn sogar verstehen«, erwiderte er. »Hier ist alles sehr monoton. Die Frauen sehen aus, als wollten sie die nächste Miss Arkansas werden, total künstlich, und die Männer gehen ins Fitnesscenter und stehen auf Football. Und alle fahren weiße Pick-ups.«

Ich lachte.

»Ich war ja gestern noch an der Uni bei dieser Studentenparty. Richtig übel.«

»O Gott. Warum?«, wollte ich wissen.

»Südstaaten eben. Stockkonservativ, spießig. Und zugleich total überkandidelt.«

Am nächsten Tag wollte Tin gegen Nachmittag mit einem Leihwagen zu der Adresse fahren, hinter der ich den Fake vermutete.

Kurz vorher schrieb er, dass er sich nun auf den Weg mache.

»O Gott. Hast du Angst?«, fragte ich.

»Ein mulmiges Gefühl, ja«, erwiderte er. »Aber ich habe einen Studenten, der mich begleitet.«

Ich war erleichtert: »Gut. Nicht, dass dir wegen so einer Sache etwas passiert. Andererseits bin ich mir sicher, dass der Fake nicht gefährlich ist. Zumindest nicht physisch.«

»Denke ich auch«, antwortete Tin. »Ich mache mir mehr Sorgen um paranoide Nachbarn, die die Polizei rufen oder so was. Ist irre, man sieht hier keinen Menschen auf der Straße, alle sitzen in Autos. Es gibt nicht mal Gehsteige oder Fußgängerstreifen. Man fällt sofort auf.«

»Pass auf dich auf!«, bat ich ihn.

In den nächsten zwei Stunden hielt ich die Spannung kaum aus. Was passierte wohl gerade in Summertown? Ich ärgerte mich, nicht selbst dort zu sein.

Endlich meldete sich Tin. Er berichtete, dass es sich um eine Wohnanlage mit Reihenhäusern in der Nähe der Hauptstraße handle. Nicht die beste Lage, aber dafür zentral. Er hatte vor dem Haus gewartet, aber niemanden gesehen.

Mich wunderte das nicht: »Wahrscheinlich arbeitet er jetzt. Er ist meist gegen 17:30 Uhr fertig. Warst du denn an den Haustüren?«

»Ja. Aber da stehen keine Namen dran, und ich wollte mich noch ein wenig zurückhalten, nicht schon die Nachbarn aufscheuchen und überall klopfen.«

»Kannst du das Haus irgendwie beschatten?«

»Beschatten ist schwierig, vielleicht eine Weile. Aber ich schaue heute Abend noch mal vorbei.«

Mittlerweile war es zwei Uhr. Natürlich konnte ich nicht die ganze Nacht wach bleiben. Obwohl es mir schwerfiel, ging ich ins Bett und ließ den Dingen ihren Lauf.

Der erste Griff am nächsten Morgen war der zu meinem iPhone. Keine Nachricht von Tin. Ich bekam eine Gänsehaut, denn eigentlich konnte das nur eines bedeuten: Tin hatte den Fake gefunden, wusste aber nicht, wie er es mir schonend beibringen sollte. Statt mit einer schnöden WhatsApp-Nachricht wollte er es mir vermutlich lieber direkt sagen. Hätte er ein zweites Mal vergeblich vor dem Haus gestanden, hätte er mir sicher kurz Bescheid gegeben.

Um 15:20 schrieb ich ihn endlich an. Ich wusste nicht, ob er seine WhatsApp-Nachrichten pushen ließ und hatte ihn nicht früher wecken wollen. Bei ihm war es nun 8:20 Uhr, was ich für eine legitime Zeit hielt. »Guten Morgen. Du lebst hoffentlich noch? Ist alles okay?«

Es vergingen zehn Minuten, bis er reagierte: »Bin okay. Du auch?«

Es kam mir vor, als wolle er Zeit schinden. Ich konnte es ihm nicht verdenken. Letzten Endes wusste er ja nicht, wie ich auf die Wahrheit reagieren würde. Wahrscheinlich überlegte er zwanghaft, wie er es mir am besten sagen sollte.

Ich antwortete: »Ja. Mir geht's gut.«

Zwei weitere Minuten verstrichen, dann schrieb er: »Ich habe die Person gefunden.«

Mein Herz klopfte schneller. Mit zitternden Fingern tippte ich: »Waaaaaas?! Und? O Gott! Sag!«

»Es wird ein bisschen heftig.«

Ich schätzte Tin als absolut pragmatisch ein. Was hatte es zu bedeuten, wenn er es so drastisch formulierte?

»Können wir skypen?«, fragte er.

»Ja. Natürlich.«

Ich fuhr den Rechner hoch. Ein merkwürdiges Gefühl, nur wenige Augenblicke davon entfernt zu sein, die Wahrheit zu erfahren. Ich hatte so lange auf diesen Moment gewartet. Jetzt, wo es so weit war, überkam mich eine große Ruhe. In wenigen Sekunden hatte der Spuk ein Ende. Endlich keine offenen Fragen mehr. Bevor ich länger überlegen konnte, ging auch schon der Skype-Anruf von Tin ein. »Sitzt du?«, fragte er.

»Ja, natürlich! Erzähl!«

»Ich habe deswegen die ganze Nacht nicht schlafen können. Halt dich fest. Also…« – er zögerte – »es ist eine Frau!«

Ich hielt einen Moment lang die Luft an, schüttelte ungläubig den Kopf. Dann musste ich lachen. Ich war in den letzten Monaten unzählige Szenarien durchgegangen, hatte mich mit jeder möglichen und unmöglichen Auflösung vertraut gemacht, das zahlte sich jetzt aus. Mich konnte wirklich nichts mehr schockieren. Natürlich war die Vorstellung absurd. Mein Traummann war in Wirklichkeit eine Frau? Das Gleiche galt für den unerträglichen Macho Chris? Jana, Emma, Caroline und ich hatten doch mit »Kai«, »Daniel« und »Chris« gesprochen. Wie ging das?

Tin begann zu erzählen. Am Vorabend hatte er erst vergebens an der Haustür der betreffenden Wohnung geklopft und nachdem niemand öffnete, weiter vor dem Haus gewartet, ohne dass etwas Nennenswertes passiert wäre. Die ganze Gegend war wie ausgestorben. Als er gerade gehen wollte, trat plötzlich eine alte Dame aus dem Haus. Von mir wusste Tin, dass »Daniel« erzählt hatte, unter ihm wohne eine alte Frau. Handelte es sich um die besagte Nachbarin?

Tin ging auf sie zu und verwickelte sie in ein Gespräch. Er fragte, ob es im Haus jemanden gäbe, der Deutsch spräche. Er selbst käme aus Deutschland und wäre auf der Suche nach Verwandten. Die Dame war sehr hilfsbereit und antwortete ihm freundlich: »Meine Nachbarin Kirsten ist Deutsche.« Dann sah sie sich um und zeigte auf ein Auto. »Aber ist sie nicht zu Hause? Das ist seltsam, denn ihr Wagen steht ja hier auf ihrem Parkplatz.«

Tin bedankte sich für die Auskunft, unterhielt sich noch

ein wenig mit ihr und verabschiedete sich dann. Kaum war die Dame weggefahren, besah sich Tin das Auto besagter »Kirsten« näher. Konnte es wirklich sein, dass es das Fahrzeug des Fakes war? Einer Frau? Am Rückspiegel hing ein Mitarbeiterausweis der Universität von Summertown.

Tin nahm sein iPhone heraus, öffnete die Website der Uni und durchsuchte das Mitarbeiterverzeichnis nach einer »Kirsten«. Es gab vier oder fünf Treffer, aber er wusste sofort, dass er fündig geworden war: Kirsten Hader war Doktorin der Psychologie und arbeitete an der Universität in Summertown. Tin wurde schlecht… Unschlüssig starrte er auf sein Handy, dann fuhr er zurück ins Hotel und begab sich dort im Internet auf Spurensuche.

Eine Psychologin! Unfassbar! Ich erinnerte mich daran, dass ich vor vielen Monaten mit meiner Freundin Lilo über »Daniel« gesprochen und ihr gesagt hatte, ich käme mir manchmal vor wie die unfreiwillige Testperson im Experiment eines irren Psychologieprofessors, der herausfinden wollte, bis zu welchem Punkt man Frauen im Internet manipulieren konnte. Wie nah ich der Wahrheit gekommen war…

Tin und ich sprachen über eine Stunde miteinander. Wir schauten uns Webseiten an, auf denen Kirsten Hader erwähnt wurde, und ich musste einmal tief Luft holen, als ich sie zum ersten Mal auf einem Foto sah: eine kleine, sehr korpulente Frau mit einem runden, etwas flach wirkenden Gesicht. Ihr schmallippiger Mund war zu einem breiten, bemühten Lächeln verzogen, während ihre weit auseinanderstehenden Augen ernst in die Kamera blickten. Die glatten braunen Haare hatte sie zu einem strengen Zopf zusammengefasst. *Diese* Frau war Kai gewesen? Wie war es ihr gelungen, so perfekt in die Rolle des entspannten, witzigen, gut aussehenden Surfers zu schlüpfen? Oder in die von Chris? Sie hatte absolut nichts mit diesen Männern gemein!

Dann fiel mein Blick auf den Schal, den sie locker um

ihren Hals trug. Ungläubig schüttelte ich den Kopf und musste lachen. »Tin, diesen Schal kenne ich!«

»Was? Woher?«, fragte er.

»Weil Kai und ich ihn in einem Webshop gemeinsam als Geburtstagsgeschenk für seine Schwester ausgesucht haben«, antwortete ich. »Ich weiß sogar noch, wie er heißt.« Nach kurzer Suche hatte ich die Seite gefunden, über die man den Schal bestellen konnte.

»Sehr gut!«, freute sich Tin. »Ich wollte dich sowieso bitten, Beweise dafür zu finden, dass es sich bei Frau Hader wirklich um den Fake handelt. Wir beide wissen es. Aber der Redaktion wird das nicht reichen. Das Magazin veröffentlicht nur Artikel, die sich belegen lassen. Je mehr du zusammenträgst, umso besser!«

»Aber du wirst doch auf jeden Fall versuchen, mit ihr zu sprechen?«, fragte ich.

»Natürlich! Aber noch wissen wir nicht, ob es so weit kommen wird. Deshalb müssen wir auch ohne ein Geständnis von ihr nachweisen können, dass sie es war.«

Nach unserem Gespräch machte sich Tin auf den Weg in die Universität, wo Frau Hader laut Website der Fakultät an dem Tag ihre Sprechstunde hatte.

Ich blieb vor dem Computer sitzen und durchforstete Seite um Seite nach Beweisen. Es war erschreckend, wie leicht das Internet es mir machte, eine Vielzahl von Informationen über Kirsten Hader zu sammeln. Nachdem sie so viel über mich und mein Leben wusste, erfüllte mich diese Tatsache mit einer gewissen Genugtuung.

Ich fand heraus, dass sie beruflich in China gewesen war. Auch ein Video, in dem sie interviewt wurde, gab es. Beim Klang ihrer Stimme bekam ich eine Gänsehaut. Der Sprachfluss, die Aussprache, die längere Pause, die sie zu Beginn jedes neuen Satzes machte – es war »Kai-Daniel«, der da sprach. Nur höher.

Ich loggte mich bei Facebook in meinen Fake-Account ein und suchte sie. Innerhalb von Sekunden fand ich ein Profil unter ihrem Namen, allerdings mit einem Profilbild, das eine Blume zeigte. Es konnte sich also theoretisch um eine Namensvetterin handeln.

Ich loggte mich aus dem Fake-Account aus und in meinen echten Account ein und versuchte nun, damit das Profil von Kirsten Hader anzusehen – und stellte fest, dass es nicht aufgerufen werden konnte. Sie hatte mich geblockt! Einen besseren Beweis gab es kaum, denn warum hätte eine wildfremde Psychologin aus einer Kleinstadt im Süden der USA gerade *mich* bei Facebook blocken sollen? Ich hatte nie zuvor von ihr gehört…

Kirsten Hader hatte ihren Account hermetisch abgeriegelt. Außer einigen wenigen Titelbildern und den Facebook-Gruppen, denen sie angehörte, war nichts für die Öffentlichkeit sichtbar.

Ich begann damit, die Personen genauer anzusehen, die ihre Titelbilder gelikt hatten. Unter ihnen befanden sich einige mit dem Nachnamen Hader. Es handelte sich also aller Wahrscheinlichkeit nach um Verwandte.

Tatsächlich hatte ich in kürzester Zeit ihre Schwester, ihren Bruder und zwei Nichten gefunden. Auf ihren Seiten entdeckte ich Familien- und Urlaubsbilder, auf denen Kirsten Hader zu sehen war.

Mehrere ihrer Freunde hatten als Arbeitgeber die Universität von Summertown angegeben, waren demnach Kollegen. Sogar ein bekanntes Gesicht entdeckte ich unter ihnen: Frau Hader hatte mir diesen Mann als »Daniels« Cousin verkauft… Sie stahl sogar Fotos ihrer echten Freunde, um ihre Geschichten zu bebildern.

Dann widmete ich mich den öffentlichen Facebook-Gruppen, denen sie angehörte. Alle behandelten das Thema »Psychologie« oder standen in anderem Zusammenhang mit ihrem Beruf. Ich ging die einzelnen Timelines durch und fand in einer den Hinweis auf einen Psychologenkongress in Fort Lauderdale, der genau zu dem Zeitpunkt stattgefunden hatte, als »Kai« mir von dort Post geschickt hatte.

Je länger ich suchte, umso mehr Beweise fand ich. Es war wirklich kein Missverständnis möglich: Hinter dem Fake steckte Dr. Kirsten Hader.

Um 16:30 Uhr amerikanischer Zeit schrieb mir Tin: »An der Uni war sie nicht. Und morgen hat sie keine Sprechstunde. Sie ist erst übermorgen wieder dort, aber da geht mein Flieger nach Chicago. Shit…«

»Kannst du nach dem Job in Chicago nach Summertown zurückkehren?«

»Theoretisch ja. Aber das sprengt die Spesenrechnung.«

»Aber wir müssen doch wissen, was das Ganze war! Hat sie uns Frauen als Versuchskaninchen für eine Studie benutzt? Ohne ein Gespräch mit ihr bleiben ihre Beweggründe weiter im Dunkeln.«

»Stimmt, aber noch habe ich anderthalb Tage Zeit.«

Wenige Stunden später wartete er erneut vor ihrem Haus. Ihr Auto stand auf dem Parkplatz, also schien sie zu Hause zu sein. Auch diesmal reagierte sie nicht auf sein Klopfen. Ihre Rollläden waren heruntergelassen. Licht war nicht zu sehen. Saß sie im Dunkeln in ihrer Wohnung? In der Hoffnung, der fremde Mann würde endlich gehen und sie in Ruhe lassen? Ob sie bereits ahnte, warum er da war?

Die Zeit rannte uns davon. Es war klar, Kirsten Hader würde ohne Druck nicht reagieren und sich schon gar nicht zu einem Gespräch bereit erklären, also schrieb Tin ihr per WhatsApp an eine der Telefonnummern, die sie als Chris benutzt hatte:

»Guten Abend, Frau Hader.

Ich heiße Tin Fischer, bin Journalist aus Deutschland. Der Name Victoria Schwartz sagt Ihnen etwas. Ich möchte mit Ihnen sprechen.«

Wie musste Kirsten Hader sich fühlen, nachdem sie diese Nachricht gelesen hatte und ihr klar wurde, dass sie aufgeflogen war? Sie reagierte genauso unbeeindruckt darauf, wie es auch Kai und Daniel getan hätten: Sie blockte und schwieg, vermutlich in der Hoffnung, es aussitzen zu können.

Am nächsten Tag kehrte Tin gegen Nachmittag erneut zu Haders Haus zurück. Er war fest entschlossen, dort auszuharren, bis sich etwas tat. Da sie nicht in die Universität musste, waren die Chancen gut, sie zu Hause anzutreffen. Ihr Auto stand noch auf dem Parkplatz. Auf den zweiten Blick bemerkte Tin allerdings eine Veränderung: Der Mitarbeiterausweis hing nicht mehr am Rückspiegel und auch die auffälligen Sitzbezüge waren entfernt worden. War das ein Trick, mit dem Hader vortäuschen wollte, dass es sich um einen fremden Wagen handelte und sie mit ihrem eigenen weggefahren war?

Tin klopfte erneut an der Wohnungstür, wie erwartet ohne Reaktion, also harrte er weiter aus. Je mehr Zeit verstrich, umso klarer wurde, dass es keinen Sinn hatte, dort weiter zu warten. Die einzige Möglichkeit war wohl, überraschend in der Uni aufzutauchen. Aber lohnte es sich, Tins Flug auf den Nachmittag umzubuchen? Zwar hatte Haders Kollegin ihm versichert, dass diese am Donnerstag Sprechstunde hätte, aber was, wenn sie sich unter den gegebenen Umständen spontan freinahm? Sie würde nur zur Arbeit erscheinen, wenn sie sich in Sicherheit wog. Zum Beispiel, indem man sie davon überzeugte, dass Tin am nächsten Tag nicht mehr in der Stadt war.

Natürlich konnte niemand Kirsten Hader zu einem Gespräch zwingen, aber ganz ohne ein Zusammentreffen mit ihr die Stadt zu verlassen, wäre ein herber Rückschlag gewesen, also beschloss Tin, das Risiko einzugehen und umzubuchen. Aber vorher schickte er, noch vor dem Haus stehend, eine zweite Nachricht an sie:

Liebe Frau Hader, ich muss morgen früh in den Flieger, bin aber heute um 18:30 Uhr im Burger King unten am Highway. Die Sache ist die: Ich möchte wissen, wer diese Kirsten Hader hinter den Pseudonymen Kai, Chris, Daniel etc. wirklich ist. Und ich will es lieber von Ihnen direkt als von Dritten erfahren.
Würde mich freuen, Sie zu treffen.
Viele Grüße,
Tin Fischer

Nur ein paar Minuten später die Überraschung: Kirsten Hader antwortete!
»Who are you and how did you get my number?«
Tin erwiderte:
»Ich habe sie von Victoria erhalten. Ich bin Journalist aus Deutschland und recherchiere ihre Geschichte. Können wir uns darüber unterhalten? Die Vorwürfe sind schwerwiegend, und ich will Ihre Version hören. Ja oder Nein?«

Es kam keine weitere Nachricht und auch bei Burger King erschien sie nicht. Warum sollte sie auch? Sie dachte ja, Tin würde in wenigen Stunden die Stadt verlassen und sie hätte wieder ihre Ruhe…

Der nächste Tag war spannend. Tin würde zu Haders Sprechstunde in die Universität gehen und ich hoffte sehr, dass er nicht vergeblich in Summertown geblieben war. Aufgeregt wartete ich auf eine Nachricht von ihm. Endlich, am späten Nachmittag meldete er sich: »Hab sie getroffen. Nettes Gespräch. Hat alles abgestritten.«

»!!!«

»Aber sie hat schnell kapiert, dass sie in der Enge ist. Sie sagte von sich aus, dass sie alles verlieren kann.«

»O Gott.«

»Habe ihr angeboten, dass sie anonym bleibt, wenn sie ihre Geschichte erzählt. Mal schauen, was dabei herauskommt.«

»Sie wirkt bestimmt voll nett und verständnisvoll, oder?«

»Ja, ja. Total. Und selbstsicher. Aber als sie alle Beweise sah, war sie nicht mehr so souverän. Sie konnte ja nichts sagen, um die Geschichte zu entkräften. Du, ich muss los. Schnell noch was essen und dann in den Flieger.«

»Klar. Tin … Danke, dass du das machst.«

»Gerne.«

Zehn Tage später flog Tin ein zweites Mal nach Summertown und traf sich dort mit Kirsten Hader in einem kleinen Bistro am Highway. Nach zähen Verhandlungen hatte sie schließlich eingewilligt, sich zu den Vorwürfen zu äußern.

Er beschrieb mir Kirsten Hader am Abend als burschikose, etwas ungelenke, sehr kleine und untersetzte Frau, die optisch in krassem Gegensatz zu all den gestylten Südstaatenblondinen in Summertown stand.

Das Interview dauerte fast vier Stunden, und Tin ließ mir, als er wieder in Deutschland war, Teile der Tonaufnahme zukommen.

Noch am selben Abend richtete ich mich auf dem Sofa ein und bereitete mich seelisch auf alles vor, was kommen konnte. Würde Hader die Wahrheit sagen? Oder alles abstreiten? Was war sie für ein Mensch? Obwohl ich sehr gespannt war, kostete es mich einige Überwindung, den Play-Button zu drücken. Dann allerdings zog es mich schnell in seinen Bann.

Es war faszinierend, Kais Stimme zu hören, die nun viel

höher und definitiv die einer Frau war. Hader klang überraschend selbstbewusst und entspannt. Tin bestätigte mir diesen Eindruck später. Sie sprach langsam, fast mechanisch und gab sich Mühe, nicht ins Englische zu verfallen, wohl damit die Menschen an den Nachbartischen sie nicht verstehen konnten.

Tin eröffnete das Gespräch mit der Frage: »Die Annahme, dass du die Person hinter Kai Cruz und Daniel Grubert warst und den Kontakt zu Victoria Schwartz hattest, ist richtig?« Sie bejahte. Daraufhin bat er sie zu schildern, wie die Geschichte zwischen ihr und mir begonnen hatte.

Sie erzählte, sie habe Twitter lediglich ausprobieren wollen, weil alle in ihrem Umfeld darüber gesprochen hatten. Mich habe sie relativ schnell kennengelernt und wäre insgesamt nur ein bis zwei Monate dort aktiv gewesen.

»Das fängt ja gut an«, dachte ich. »Sie spricht noch keine fünf Minuten mit Tin und beginnt schon, ihn anzulügen.« Mich tröstete aber, dass ihm bekannt war, dass Hader nicht nur den Twitter-Account von Kai, sondern auch jeweils einen für Tina, Alex und Chris betrieben und als Chris noch bis zu meinem Blogartikel getwittert hatte.

Während sie beschrieb, wie sie bei Twitter auf mich aufmerksam geworden war (sie hatte nach Personen mit hoher Followerzahl gesucht), bemerkte ich, dass sie Tin gegenüber so tat, als kenne sie einfache Twitter-Grundbegriffe wie eben das Wort »Follower« nicht. Sie wollte tatsächlich den Eindruck erwecken, ihr wäre die Plattform fremd. Außerdem erwähnte sie im Gesprächsverlauf mehrfach, sie habe mit dem Internet im Grunde nicht viel zu tun, könne wenig damit anfangen und sähe in ihm die Gefahr, sich darin zu verlieren. Den letzten Punkt betreffend musste ich ihr zustimmen, allerdings kannte ich keinen anderen Menschen, der sich so sehr im Internet verloren zu haben schien wie diese Frau.

Ihr war offenbar nicht klar, wie viel Tin bereits über sie wusste, sodass sie sich Mühe gab, ihm zu vermitteln, ich wäre die einzige Frau gewesen, mit der sie in Kontakt gestanden habe. Sie behauptete sogar, nach mir hätte sie sich aus dem Netz komplett zurückgezogen.

Als er meinen Blogartikel erwähnte, bestritt sie, ihn gelesen zu haben – aber warum hätte sie dann alle ihre Fake-Accounts gelöscht? Mich irritierte, wie selbstverständlich sie log. Kein Schwanken in ihrem Redefluss und nicht das leiseste Zögern. Nein, sie hörte sich ganz normal an, als betriebe sie ein wenig Small Talk mit einem Bekannten oder Arbeitskollegen. Nicht der Anflug eines schlechten Gewissens schwang in ihrer Stimme mit.

Nach einigen allgemeiner gehaltenen Fragen wurde Tin konkret: »Du warst als Kai Cruz unterwegs. Warum als Mann?«

Wie aus der Pistole geschossen antwortete Hader: »Ähm… Das ist jetzt genau der Punkt, bei dem es sehr sensibel wird.« Dann erzählte sie von ihrer Situation: »Ich habe hier in Summertown ein Problem mit meiner Sexualität.«

Sie habe sich schon immer eher als Mann gefühlt, träume auch davon, mit einer Frau zusammenzuleben, aber in den erzkonservativen Südstaaten der USA wäre es unvorstellbar, sich zu outen. Man müsse dort Privat-, Berufs- und öffentliches Leben strikt trennen. Selbst mit ihren Freunden könne sie nicht darüber sprechen, wie sie sich fühle, denn zu groß wäre das Risiko, dass etwas an die Öffentlichkeit gelänge und es schlimme Folgen für sie habe. Da sie ihren Job liebe und in Summertown leben *wolle*, beuge sie sich freiwillig der Gesellschaft und wäre bereit, Kompromisse einzugehen. Pragmatisch fügte sie dazu: »Man wächst da vielleicht auch einfach rein.«

Ich wusste nicht recht, was ich von ihren Ausführungen

halten sollte. Tin ging es ähnlich. Er schrieb später in der NEON dazu: »Es ist eine schlüssige Erklärung, die einen trotzdem ratlos zurücklässt: Die homophoben Südstaaten zwingen eine lesbische Frau, ins Internet zu fliehen und andere Frauen in ein Netz aus Lügen zu verwickeln?«

Auf seine Frage, warum sie im Internet keine Frauen in der gleichen Situation gesucht habe, beteuerte sie, das wäre ihr zu riskant gewesen.

Mir war absolut unklar, ob Kirsten Hader die Wahrheit sagte und tatsächlich lesbisch oder transsexuell war, oder ob sie sich diese Begründung nur als Ausrede zurechtgelegt hatte und es ihr in Wirklichkeit einfach nur Freude bereitete, in Männerrollen zu schlüpfen. Tatsache war, dass ich mir im Vorfeld Gedanken darüber gemacht hatte, welche Erklärung sie für ihr Verhalten parat haben würde, und ich mir ziemlich sicher gewesen war, dass es ihre (angebliche?) sexuelle Orientierung sein würde – es war so naheliegend! Die Südstaaten... eine bemitleidenswerte Frau, die sich nicht frei entfalten kann... Es war für Kirsten Hader absehbar gewesen, dass jeder hier in Deutschland Verständnis für ihre missliche Lage haben würde.

Letzten Endes war aber der Punkt, dass das – wie sie es nannte – »Problem mit ihrer Sexualität« lediglich eine Erklärung sein konnte. Eine Entschuldigung für ihr Verhalten war es nicht.

Tin erkundigte sich, nach welchen Kriterien sie den Mann für das Kai-Profil ausgewählt habe. Sie antwortete, sie hätte nach einem männlichen Pendant ihrer selbst gesucht, jemand, der ihr und ihren Interessen entsprochen habe. »Kai bin ich in Mannform«, erklärte sie, »zurückgelehnt, bisschen edgy, definitely Wassersportler, aber trotzdem intelligent.«

Auf Lees Bilder sei sie dann »irgendwo im Internet« gestoßen und habe ihn als passend empfunden. An dieser Stelle musste ich grinsen. Die Diskrepanz zwischen ihr und Lee hätte nicht größer sein können: Der surfende Freigeist aus Florida und die Akademikerin, die in den spießigen Südstaaten lebte.

Dann beschrieb Hader, wie gut wir uns verstanden, wie sehr wir auf einer Wellenlänge gelegen hätten. Sie habe sich ernsthaft verliebt, hundertprozentig eingebracht und ihre Gefühle mir gegenüber seien zu jedem Zeitpunkt echt gewesen.

Das glaubte ich ihr sogar. Sie hatte sich wirklich, zumindest anfangs, ganz auf mich konzentriert. War eine aufmerksame, liebevolle Zuhörerin gewesen. Auch die Geschenke waren so liebevoll ausgesucht, dass man sah, welch große Mühe sie sich gegeben hatte. Allerdings war ihre Form der Liebe eine ungesunde, eine, die es auch im Real Life mitunter gab. Die zum Beispiel bei geringster Eifersucht in Wut umschlug. In der Manipulation als Mittel zum Selbstzweck eingesetzt wurde und der eigene Egoismus größer war als das Mitgefühl dem Partner/der Partnerin gegenüber. Es war nicht die Art Liebe, die ich kannte und wollte.

Auf die Person »Chris« angesprochen, erklärte Hader, sie habe ihn nur etabliert, um Kais Facebook-Account glaubwürdiger zu gestalten: »Man kann ja nicht keine Freunde auf Facebook haben.«

Sie gab zu, dass das Chris-Profil zum damaligen Zeitpunkt schon drei Jahre alt gewesen sei und sie, wenn sie frei hatte, darüber online gegangen war. Niemals habe sie allerdings damit eine persönliche Basis zu einem anderen Menschen aufgebaut. Die langjährige Onlinefreundschaft, die Chris und Emma verbunden hatte, schien Hader genauso vergessen zu haben wie Chris' seit Jahren aktiven Instagram-Account.

Auch dazu, warum sie im Laufe der Geschichte mit mir insgesamt 24 gefälschte Facebook-Profile benutzt hatte, sagte sie nichts.

Nach dem oft ruppigen Verhalten von Chris gefragt, gab Hader zu, er wäre der Teil ihrer Persönlichkeit, mit dem sie Dinge viel direkter hätte sagen können. Dinge, die Kai – als mein »Partner« – so nie hätte äußern dürfen. »Chris hat ungefiltert gesagt, was er denkt, ohne auf die Gefühle anderer Rücksicht zu nehmen«, erklärte sie und beschrieb sich selbst als »eine sehr, sehr umgängliche Person. Aber wenn ich in eine Ecke gedrängt werde, kann ich auch anders. Dann werde ich sauer und aufbrausend. Dann sage ich geradeaus, was ich denke.«

Ich musste lachen. Kein Wunder, dass mir dieser Mann so abgrundtief unsympathisch gewesen war.

Tin kam auf die Vorwürfe zu sprechen, die Chris mir gemacht hatte, als ich mit den Kindern und Felix in den Sommerurlaub gefahren war. Er fragte, ob Hader kein schlechtes Gewissen dabei gehabt habe, mit multiplen Figuren auf mich einzureden. Sie verneinte verständnislos. Es sei doch normal, dass Chris seinen besten Freund unterstützt habe.

Tin versuchte, ihr klarzumachen, dass sie mir gegenüber ihren Informationsvorsprung ausgenutzt habe: »Schließlich wusstest du im Gegensatz zu Victoria, dass beide Personen nicht real waren. Du hast Chris eingesetzt, um einen Vorteil für Kai herauszuschlagen.« Hader widersprach und wiederholte, es habe sich um einen reinen Akt der Freundschaft Kai gegenüber gehandelt. Es schien, als könne sie wirklich nicht nachvollziehen, worauf Tin hinauswollte und verstünde nicht, wie manipulativ ihr Verhalten mir gegenüber gewesen war. Tin schrieb darüber später, fast habe man in diesem Moment das Gefühl gehabt, Kai und Chris hätten mit am Tisch gesessen.

Hader erklärte, sie wäre sehr eifersüchtig gewesen, habe sich deswegen schlecht gefühlt und Angst gehabt, mich zu verlieren.

»Aber *du* hättest doch sowieso nie mit ihr in den Urlaub fahren können«, sagte Tin, woraufhin sie entgegnete: »Ja, aber das war mir ja nicht bewusst in dem Moment. Für mich fühlte es sich an wie eine richtige Beziehung.«

»Aber dir war klar, dass es für Victoria nur eine Beziehung ist, wenn ihr euch trefft?«, fragte Tin.

»Sie hat es immer wieder gesagt. Dann wurde es mir bewusst.«

Sie betonte, im täglichen Umgang mit mir wäre es ihr überhaupt nicht so vorgekommen, als würde ich sie nicht kennen.

Vor jedem Skype- oder Telefongespräch habe sie das Programm »Garageband« gestartet und mit dessen Hilfe ihre Stimme so verzerrt, dass sie sich männlich anhörte. Sie wäre, wenn sie mit mir sprach, nur Kai gewesen, nicht Kirsten.

In diesem Moment tat sie mir fast leid. Ich konnte mir tatsächlich vorstellen, dass es so gewesen sein könnte und sie ganz in der Rolle des »Kai« aufgegangen war. Dazu musste man allerdings in der Lage sein, die Realität und spätere Konsequenzen wirklich gut zu verdrängen...

Tin kam auf ihre Eifersucht zurück: »Aber du hattest ja auch mit Freundinnen von Victoria Kontakt...«, er zögerte, wusste wohl nicht, wie er den nächsten Punkt anbringen konnte, dann sprach er ihn offen aus: »Du warst Victoria gegenüber doch selbst nicht exklusiv, denn du warst nicht nur Kai, sondern auch Chris. Im Grunde bist du fremdgegangen.« Seiner Stimme konnte man anhören, dass es ihm schwergefallen war, ernst zu bleiben, und auch ich musste grinsen. Bei ihrer Antwort klappte mir allerdings die Kinnlade herunter: »Keine Ahnung, ob ich das so sehen würde. Da habe ich mir auch keine Gedanken drüber gemacht. Ich meine, die Beziehung hatte ich mit Victoria.«

Sie betonte, wenn sie Kontakt zu meinen Freundinnen hatte, habe sie sich ja nicht in der Rolle von Kai befunden. Außerdem hätte sie sehr schnell den Kontakt zu ihnen abgebrochen: »Für mich gab es nur Victoria.«

Ich stoppte an diesem Punkt die Aufnahme. Mittlerweile war es Mitternacht, aber ich wollte die verbleibenden anderthalb Stunden unbedingt noch hören. Während ich mir eine Kanne Tee kochte, dachte ich über Kirsten Haders Antworten nach. Dass sie psychische Probleme hatte, war offensichtlich. Andererseits arbeitete sie an der Universität, war Psychologin, verfügte also über genügend Fachwissen, um ihren eigenen Zustand und ihr Verhalten einschätzen und ändern zu können. Nachdenklich goss ich mir Tee ein, setzte mich wieder aufs Sofa und startete erneut die Aufnahme.

Tin kam auf die von Hader inszenierten Storys zu sprechen, die sie damals mit relativ großem Aufwand umgesetzt hatte. An viele von ihnen, wie zum Beispiel Kais Verschwinden nach der Rückkehr aus Hawaii, bei dem mich sein äußerst besorgter Bruder angeschrieben hatte, konnte sie sich angeblich selbst dann nicht mehr erinnern, als Tin ihr Ausdrucke der betreffenden Mails vorlegte. Tin schrieb dazu: »Für sie scheint alles sehr weit weg zu sein. Dass die Gefühle echter Menschen verletzt wurden, dass Taten im Netz Konsequenzen haben, scheint ihr nicht klar zu sein.«

Sie bestritt auch, jemals mit zwei Accounts gleichzeitig mit mir gechattet zu haben. Tat, als hielte sie die Vorstellung für absurd und könne sich beim besten Willen nicht vorstellen, wie das technisch und praktisch funktionieren solle.

Ich konnte darüber nur den Kopf schütteln, denn es hatte nicht nur diverse Gruppenchats mit Kai, Chris und mir gegeben, sondern beide hatten auch gemeinsam mit Jana gechattet. Wäre es nicht im Grunde so traurig gewesen, hätte es fast etwas Faszinierendes gehabt, wie gekonnt und, ohne mit der Wimper zu zucken, sie log.

Auf die Frage, ob sie sich nie Gedanken darüber gemacht habe, was passieren würde, falls die Geschichte eines Tages auffliegen sollte, antwortete Hader: »Ich habe da nicht wirklich mit gerechnet. So weit habe ich auch nicht gedacht.«

Sie beteuerte, dass man sich der Tatsache, dass es nicht ewig so weitergehen könne, bestimmt unterschwellig bewusst sei, diese aber sehr gut verdrängen könne, wenn man verliebt ist.

Ob sie wirklich lediglich den Gedanken daran verdrängte oder sich einfach irrational so sicher fühlte, dass sie mir sogar ihre echte Adresse gab, erschloss sich mir nicht. Tin äußerte sich in seinem Artikel dazu so: »Vielleicht glaubte sie, dass sie 8000 Kilometer Distanz schützen würden. Vielleicht war ihr nicht klar, dass Dinge, die im Netz passieren, keine virtuellen Phänomene sind, sondern reale Folgen haben. Und dass man nicht viele Leben im Netz führen kann, ohne Spuren zu hinterlassen.«

Hader erzählte, dass es ab »dem Bruch«, damit meinte sie den Moment, als Kai nahtlos zu Daniel wurde, sehr schwer für sie geworden wäre, mit allem klarzukommen.

»Warum hast du Victoria nicht einfach die Wahrheit gesagt?«, fragte Tin.

»Ich habe Angst davor gehabt, sie zu verlieren«, antwortete sie. Außerdem habe sie sich gefragt: »Würde sie wirklich wissen wollen, wer ich bin? Oder lieber einfach sagen: Das war ein Arschloch?«

Glaubte Hader wirklich, was sie da sagte? Ich erinnerte mich an die unzähligen Gespräche und Mails, in denen ich Kai und Daniel teilweise unter Tränen angefleht hatte, mir endlich die Wahrheit zu sagen. Dabei hatte ich immer wieder betont, dass ich, egal wer letzten Endes dahintersteckte, bereit war, zu verzeihen und die Hand zu reichen.

Natürlich, sie hatte mich nicht verlieren wollen. Aber dafür einem geliebten Menschen dabei zuzusehen, wie er litt, nur um ihn »behalten« zu können?

In den letzten Monaten hatte ich viel über Kai-Daniel-Chris' Verhalten uns Frauen gegenüber nachgedacht. Solange wir »funktionierten«, nichts hinterfragten und um Harmonie bemüht waren, hatte Hader sich von ihrer besten Seite gezeigt. Je schlechter es uns aber ihretwegen ging, desto härter und kälter wurde sie. Es schien, als verfüge sie über keinerlei Empathie. Tin bestätigte mir das. Nach dem Gespräch mit ihr erzählte er: »Ich hatte die ganze Zeit den Eindruck, eine Person vor mir zu haben, die sich technisch gut einfühlen kann, die genau weiß, was man will und braucht, aber emotional kaum Einfühlungsvermögen besitzt.«

Als Tin sie abschließend mit der Frage konfrontierte, ob ihr bewusst sei, dass ihr Verhalten für die Frauen, mit denen sie in Kontakt gestanden habe, sehr schlimm war, behauptete Hader, zum damaligen Zeitpunkt wäre ihr das nicht klar gewesen, nun aber täte es ihr leid.

Aber auch ihre Entschuldigung wirkte seltsam empathielos, fast als bedaure sie vor allem sich selbst: »Ja, es tut mir leid. Also, ich würde mir wünschen, ich hätte ich sein können.«

Obwohl es schon 1:30 Uhr war, als ich das gesamte Material angehört hatte, konnte ich danach lange nicht einschlafen.

Meine Gedanken kreisten um diese Frau. Ich schwankte zwischen Ärger und Mitleid. Daran hat sich bis heute wenig geändert, wobei der Ärger eher in den Hintergrund getreten ist.

Kirsten Hader tut mir leid; sie hat große Teile ihres Lebens damit verschwendet, vor sich selbst zu fliehen und in andere Rollen zu schlüpfen.

Sollte sie wirklich lesbisch oder transsexuell sein, finde ich den Gedanken tieftraurig, dass sie eher bereit ist, in einer Gesellschaft zu leben, in der sie ihre Bedürfnisse und Gefühle unterdrücken muss, als diesem selbst auferlegten Käfig zu entfliehen und dafür sie selbst sein zu können.

Trotz allem gibt es auch Dinge, für die ich Kirsten Hader dankbar bin: Die ersten Monate mit Kai waren eine wunderschöne Illusion. Die Gespräche mit »ihm« waren wirklich interessant und haben meinen Horizont erweitert. Die Entwicklung, die die Geschichte nahm, hat mich stärker gemacht. Durch Hader habe ich gelernt, wie nah Liebe (oder das, was man dafür hält) und menschliche Abgründe beieinanderliegen können. Zu keinem Zeitpunkt habe ich Hass auf sie verspürt. Für mich war und ist es undenkbar, ihren echten Namen öffentlich zu machen oder sie an ihrer Universität oder gegenüber ihrer Familie auffliegen zu lassen, denn ich möchte nicht verantwortlich dafür sein, das Leben eines anderen Menschen zusammenfallen zu lassen wie ein Kartenhaus.

Der Gedanke, durch eine solche »Abstrafung« könne man ihre Realfake-Aktivitäten stoppen, ist nicht realistisch. Es ist unmöglich, das Internetverhalten einer anderen Person ernsthaft zu kontrollieren. Es liegt immer in der Verantwortung des Einzelnen, wie er das Netz nutzt.

Ich habe Kirsten Hader verziehen. Gerne würde ich mit ihr ein klärendes Gespräch führen, aber sie entzieht sich mir.

Auch wenn ich daran zweifle, hoffe ich sehr, dass sie die Konsequenzen aus unserer Geschichte gezogen hat und in Zukunft nicht mehr mit falschen Identitäten die Gefühle anderer, echter Menschen verletzt.

Ich fragte Emma und Caroline, wie sie mittlerweile über Kirsten Hader denken. Emma antwortete mir: »Ich glaube, Kirsten tut mir leid. Ich kann nicht sagen, dass ich wütend bin, ich finde sie eher erbärmlich. Wenn ich mir vorstelle, wie das Ganze mit Chris und mir ohne dich vielleicht weitergegangen wäre … Nein, ich mag es mir nicht vorstellen! Ich mache mir Sorgen um andere Frauen oder Mädchen, die (vielleicht) immer noch mit Kirsten flirten.«

Carolines Antwort lautete: »Ich bin ihr gegenüber nicht nachtragend. Sie hat sich dadurch schuldig gemacht, dass sie mich manipuliert hat, mein Fehler war es, ihr zu vertrauen. Ich hatte von Anfang an Zweifel, aber ich *wollte* ihr so gern glauben, dass ich mein kritisches Denken unterdrückt habe.

Ich kann nicht sagen, ob sie ein schlechter Mensch ist. Sie ist krank, das ist sicher. Sie hat mich verletzt, aber ich glaube, sie litt noch mehr als ich. Ich verurteile sie nicht.«

EPILOG

Das Videobild flackerte einen Moment lang. Dann wurde es scharf. Dort war er. Er sah genauso gut aus wie auf seinen Fotos. Niemand, der es nötig hatte, seine Bilder mit Filtern oder geschickter Wahl des Ausschnittes zum Besseren hin zu manipulieren – so wie ich es grundsätzlich tat. Im Schneidersitz saß er auf seinem Bett. Er trug Shorts und ein T-Shirt mit dem Logo einer bekannten Firma für Surfbekleidung. Ein wenig schüchtern lächelte er in die Kamera, dann hob er die Hand, winkte und sein erstes Wort war ein breites, amerikanisches »Hi!«.

Ich starrte ihn an. Es war seltsam, ihn das erste Mal zu sehen. Ich hatte Angst gehabt, dass es alte Wunden aufreißen würde, darum war ich seinem Wunsch nach einem Videochat bisher nicht nachgekommen und schob ihn seit Monaten vor mir her. Nun hatte ich endlich meinen Mut zusammengenommen und stellte fest, dass meine Sorgen unbegründet gewesen waren. Der Mann, der dort saß, sah zwar aus wie Kai, war aber ein anderer. Und meine Gefühle ihm gegenüber waren rein freundschaftlicher Natur.

Ich grinste, winkte zurück und sagte: »Hi, Lee! Nice to see you!« Dann mussten wir beide lachen.

Lee war mittlerweile zu einem echten Kumpel geworden – zumindest soweit es unsere Entfernung und das Internet zuließen. Er hatte sich, seit ich ihn damals angeschrieben und ihm die ganze Sache erzählt hatte, immer wieder bei mir gemeldet. In den ersten Monaten war ich ihm gegenüber reserviert gewesen. Als ich aber merkte, dass *er* den Kontakt suchte und wir uns durch unsere gemeinsamen Interessen immer viel zu erzählen hatten, entspannte ich mich.

Mittlerweile tauschen wir uns regelmäßig bei Facebook aus und hoffen, uns irgendwann treffen und persönlich kennenlernen zu können.

Für meinen Mann Felix und mich gab es ein Happy End. Nach fast dreijähriger Trennung sind wir wieder zusammen. Ich glaube, von Zeit zu Zeit muss man im Leben steinige Wege, Einbahnstraßen und Umwege nehmen, um sich bewusst darüber zu werden, dass das Gute manchmal ganz nahe liegt.

TEIL 2

Das Phänomen Realfakes

EINLEITUNG

Manchmal nimmt das Leben seltsame Wendungen. In meinem Fall läutete die Begegnung mit Kai so eine Wendung ein.

Wenn ich auf die Monate mit »ihm« und dem, was sich daraus entwickelte, zurückblicke, verspüre ich keine Reue. Natürlich erinnere ich mich an entsetzliche Momente voller Liebeskummer, Schmerz, des Wartens und Enttäuschung darüber, dass ein anderer Mensch mein Vertrauen und meine Gefühle derart missbraucht hat. Trotzdem möchte ich die Zeit mit »ihm« und das, was danach kam, nicht missen und bin dankbar für diese Erfahrung, denn sie hat mich viel über Menschen, ihren Umgang miteinander, Gefühle, Liebe, Vorurteile, Oberflächlichkeit, Träume, Stärke und Toleranz gelehrt.

Obwohl ich in der ersten Zeit nach der Veröffentlichung meines Blogposts stark unter Beschuss von Personen geriet, die meinten, mich ob meiner angeblichen Dummheit und Naivität beschimpfen und verhöhnen zu müssen, weiß ich, dass es richtig war, mit meiner Geschichte an die Öffentlichkeit zu gehen, denn dadurch konnte ich viele Menschen erreichen und für das Thema sensibilisieren.

Als die ersten Mails anderer Betroffener eintrafen, war ich überrascht. Ich war zwar nicht wirklich davon ausgegangen, ein Einzelfall zu sein, hatte aber angenommen, so etwas käme extrem selten vor.

Stattdessen riss der Strom der Zuschriften nicht ab und es kristallisierte sich heraus, wie groß der Bedarf an praktischer Hilfe, emotionaler Unterstützung und Aufklärung tatsächlich ist. Ich entschloss mich, eine Website zu diesem Thema ins Netz zu stellen, und im November 2013 ging www.realfakes.net online, was zur Folge hatte, dass ich noch mehr Mails bekam und sich daran bis heute nichts geändert hat.

Viele der Menschen, die mir schreiben, befinden sich in einer Beziehung mit einer Person aus dem Internet, die sie noch nie gesehen haben; bei anderen liegt das Erlebte schon einige Zeit zurück, sie können damit aber nicht abschließen, weil sie nie das Rätsel lösen konnten, wer ihr Gegenüber wirklich war.

Auch besorgte Eltern, Verwandte und Freunde von Betroffenen – viele davon minderjährig – erkundigen sich, wie sie sich am besten verhalten sollten.

Die meisten bitten mich um Hilfe, wünschen sich eine Einschätzung ihrer persönlichen Situation, möchten wissen, ob es sich bei bestimmten Accounts um Fake-Profile handelt, oder hoffen, dass es mir gelingt, die echte Person hinter ihrem Realfake zu finden. Ich lasse mir dann vorhandenes Material, URLs, Fotos und Mails schicken und versuche, mir ein eigenes Bild zu machen. Oft ist es sehr einfach, den Fake aufzudecken, manchmal bleibt ein großes Fragezeichen, manchmal kann ich Fakten liefern, manchmal nur Prognosen – und was die Betroffenen letzten Endes mit meinen Informationen machen, bleibt natürlich ganz allein ihnen überlassen. Ich versuche, ihnen mit Mails oder Gesprächen zur Seite zu stehen, und es freut mich, wenn ich helfen kann.

Was mich besonders erschüttert, ist die Tatsache, dass viele von ihnen noch nie zuvor mit jemandem darüber gesprochen haben, aus Angst vor Spott, Belehrungen, Unverständnis – und einer tief greifenden Scham.

Einigen hat das Erlebte dermaßen den Boden unter den Füßen weggezogen, dass ernsthafte psychische Probleme zurückblieben. Mir wird von Selbstmordgedanken, Depressionen, absolutem Vertrauensverlust und Angstzuständen berichtet.

Was mich selbst betraf, hatte ich immer Schwierigkeiten damit, die Formulierung »Opfer« zu verwenden, da ich mich selbst nicht als solches, sondern als »getäuscht« sehe. Nun wurde ich mit so großem psychischen Leid anderer Betroffener konfrontiert, dass ich die Bezeichnung mittlerweile als durchaus zutreffend empfinde, denn im kriminologischen Sinne gilt als Opfer, wer »durch eine Straftat oder ein Ereignis unmittelbar oder mittelbar physisch, psychisch und/oder materiell geschädigt wurde«.

Schon nach den ersten Mails fühlte ich, was für eine Verantwortung plötzlich auf mir ruhte, und ich fragte mich damals, ob ich dieser wirklich gerecht werden könne. Ich beantwortete die Zuschriften stets »aus dem Bauch heraus« und nach bestem Wissen und Gewissen, aber reichte das? Ich war in diese Rolle hineingerutscht und hatte keine Ahnung, ob ich sie wirklich ausfüllen konnte. Dann erhielt ich die erste Dankesmail. Geschrieben von einer jungen Frau, die ich beraten hatte:

Liebe Victoria,
erinnerst du dich an mich? Ich hatte dir vor ein paar Wochen geschrieben und wollte mich noch mal bei dir bedanken. Ich weiß, dass ich ohne deine Webseite und deine Hilfe immer noch genauso drinstecken würde! (…) Was du tust (deine Worte, deine Sicherheit darin, dass es ein Fake ist usw.), ist einfach das Allerbeste, was einem passieren kann! Du hilfst den Menschen, endlich Gewissheit zu haben, endlich wieder ein echtes Leben zu führen. (…)
    Du hast mit deinen Worten bewirkt, dass ich damit klarkomme, was passiert ist, und mir nicht andauernd Vorwürfe mache.

Meine Geschichte hat durch dich das allerbeste Ende genommen, das in dieser Situation nur ging! (…)
Danke für alles,
deine Stefanie

Zum ersten Mal las ich schwarz auf weiß, dass ich etwas bewirkte. Dass es anderen durch mich wieder besser ging und sie den Absprung aus einer ungesunden Beziehung mit einem Realfake hinein ins echte Leben schafften! Viel wichtiger als eine psychologische Ausbildung war wohl die Tatsache, dass ich nachvollziehen und *verstehen* konnte, wovon die Menschen schrieben, und sie deshalb nicht verurteilte.

Ich bin der festen Überzeugung, dass alles für etwas gut ist, auch negative Erfahrungen. Wenn ich durch mein Realfake-Erlebnis nur einer einzigen Person helfen konnte, hat es sich gelohnt.

Da das Thema in Deutschland weitgehend unerforscht ist, konnte ich im Folgenden nicht auf offizielle Zahlen oder Studien über Realfakes zurückgreifen, denn die existieren schlichtweg nicht. Stattdessen beziehe ich mich auf die mir bekannten Fälle. Da diese allerdings sehr zahlreich waren, halte ich die von mir zusammengestellten Informationen trotzdem für mehr oder weniger repräsentativ. Selbstverständlich unterscheidet sich jede einzelne Realfake-Geschichte im Detail, dennoch gibt es große Übereinstimmungen.

Von Ende Juni 2013 bis Anfang Februar 2015, also in gut anderthalb Jahren, schrieben mir insgesamt 401 Betroffene.

147 von ihnen berichteten zwar von Erlebnissen mit Fakes, diese konnten aber nicht klar als Realfakes definiert werden, sodass sie in diesem Buch unberücksichtigt blieben.

Das Gleiche gilt für 37 Scammer-Fälle (32 Opfer weiblich, fünf männlich). Der Abschnitt »Scammer/Romance Scammer« ab Seite 236 befasst sich intensiver mit dieser Fake-Form.

Bei den verbleibenden 217 Personen (155 weiblich, 62 männlich) handelt es sich definitiv um Betroffene von Realfakes. Sie selbst und ihre Erzählungen sind glaubwürdig und konnten anhand von Dokumenten und unterschiedlichen Beweisstücken überprüft werden.

Man mag 217 Opfer nicht als viel empfinden, sollte aber nicht vergessen, dass es sich bei ihnen ja nur um die Menschen handelt, die a) – aus welchen Gründen auch immer – auf meinen Blogpost oder www.realfakes.net gestoßen sind und b) sich dann dafür entschieden haben, mir eine Mail zu schicken.

In diesen anderthalb Jahren erfuhr ich demnach durchschnittlich alle zwei bis drei Tage von einem neuen Realfake-Fall. So gesehen empfinde ich diese Zahl als überraschend hoch und gehe davon aus, dass es sich dabei nur um die Spitze des Eisbergs handelt.

UNTERSCHIEDLICHE FAKE-TYPEN

Wenn man sich mit dem Thema Realfakes befasst, beginnt man am besten damit, einen Blick auf die verschiedenen im Internet vertretenen Fake-Typen zu werfen. Fake ist nicht gleich Fake, auch wenn die Grenzen häufig fließend verlaufen. Manche Fakes entsprechen den gängigen Klischees und nicht einmal der naivste Internetneuling würde auf sie hereinfallen, andere aber wirken absolut echt.

Die Motivation der Menschen, die falsche Identitäten erschaffen, und der Aufwand, mit dem sie Fake-Accounts etc. betreiben, variiert stark. Tatsache ist: Fakes werden längst nicht mehr nur von gelangweilten Spaßvögeln oder Provokateuren eingesetzt. Eines bitte ich zu bedenken:

Menschen, die aus Gründen des persönlichen Datenschutzes für ihre Accounts einen falschen Namen verwenden, sind keine Fakes. Ein User wird erst dann zu einem Fake, wenn er eine nicht existierende »ganz normale« Person kreiert, in deren Rolle schlüpft und anderen Menschen gegenüber vorgibt, echt zu sein.

Trolle

Mit Trollen hatte wohl jeder Internetnutzer schon zu tun, sie kommen extrem häufig vor.

Trolle hinterlassen in Diskussionsforen, Newsgroups und Chaträumen, auf Websites, Blogs etc. provozierende Kommentare, mit denen sie absichtlich die Gespräche innerhalb einer Community stören, um Reaktionen und Aufmerksamkeit zu erhalten.

Trollen ist meist gar nicht daran gelegen, eine realistisch wirkende falsche Identität aufzubauen. Dennoch nutzen sie in der Regel falsche Namen und Profilbilder, da ihnen Anonymität bei ihren Aktivitäten entgegenkommt.

Manchmal konzentrieren sich die Handlungen von Trollen auch auf eine einzige Person, allerdings geht es ihnen in der Regel um reine Provokation und nicht um das Austragen eines echten, bestehenden Konflikts.

Rächer

Einige Fakes werden ausschließlich dafür kreiert, um in Social Networks mithilfe von Kommentaren etc. einen bestimmten Menschen gezielt zu diskreditieren, zu stalken, ihn einzuschüchtern oder ihm Angst einzujagen. Meist werden persönliche Streitigkeiten ausgetragen oder weitergeführt: Dem Opfer soll »eine Lektion« erteilt werden. Dieses Verhalten ist strafbar – auch im Internet.

Der Aufwand, der für die Erschaffung dieser Fake-Accounts betrieben wird, variiert und nimmt in einigen Fällen durchaus Realfake-Charakter an.

Fakes mit gestohlenen Identitäten

Auf schmalem Grat zwischen »Spaß« und krimineller Handlung bewegen sich Fakes, die Identitätsdiebstahl betreiben.

Eine eher harmlose Variante davon ist die der parodistischen, satirischen Fälschung, die meist Personen des öffentlichen Lebens oder Unternehmen kopiert. Diese Accounts möchten unterhalten und sind in den meisten Fällen bei näherer Betrachtung ganz klar als Fälschungen zu erkennen.

Problematisch wird es allerdings, wenn dem nicht so ist und die vermeintlich offiziellen Accounts für echt gehalten und ihre Meldungen oder Zitate von den Lesern ernst genommen werden:

- Der falsche Lothar Matthäus lästerte 2012 hemmungslos über seine Kollegen und sorgte damit in Sportlerkreisen für große Verwirrung.
- Ein gefälschter Ferrari-Account berichtete im November 2014 über den Wechsel des Formel-1-Fahrers Sebastian Vettel zu Ferrari. Die DPA fiel auf diese Nachricht herein und verbreitete sie.
- Ein Fake-Account veröffentlichte 2014 gefälschte Wahlumfragen, die von verschiedenen Politikern ernst genommen wurden. Der CDU-Landesvorsitzende in Thüringen, Mike Mohring, bezog sich sogar in einer Parteitagsrede auf die falschen Zahlen.
- Selbst das Unternehmen Twitter fiel 2012 auf einen Fake mit gestohlener Identität herein. Um die Echtheit wichtiger Einzelpersonen und Unternehmen offiziell zu bestätigen, verifiziert Twitter deren Accounts und versieht sie mit einem blauen Häkchen.
  Nachdem der australische Medienmogul Rupert Murdoch sich bei Twitter angemeldet hatte und sein Account kurze Zeit später verifiziert wurde, begann auch seine vermeintliche Ehefrau Wendi Deng Murdoch zu twittern. Sie antwortete so überzeugend auf die Tweets ihres Mannes, dass Twitter auch sie für echt hielt und sie verifizierte – ohne zu bemerken, dass es sich um einen Fake-Account handelte …
  Der verdutzte Eigentümer des Accounts, der im Vorfeld der Verifizierung nicht von Twitter kontaktiert worden war, entschloss sich daraufhin zu einer Stellungnahme und gestand in einem Tweet, eine Fälschung zu sein.

Einen Tag später wurde die Verifizierung rückgängig gemacht.

Seitdem steht Twitter unter Verdacht, Profile, für deren Echtheit es sich verbürgt, zu oberflächlich zu scannen. Wer verifiziert wird und wer nicht, entscheidet Twitter allein. Das Unternehmen konzentriert sich dabei auf »die gefragtesten Nutzer aus den Bereichen Musik, Film, Mode, Regierung, Politik, Religion, Journalismus, Medien, Sport, Business und anderen wichtigen Bereichen«. Anfragen aus dem Userkreis werden nicht akzeptiert.

Wenn die Identität von »ganz normalen« Privatpersonen gestohlen wird, geht es seltener um Satire oder Spaß. Meist wird diese Art von Fake-Accounts eingesetzt, um dem kopierten Menschen zu schaden. Häufig geschieht das, indem im gefälschten Profil Negativäußerungen über den Partner/die Partnerin, die echten Freunde oder Vorgesetzte gepostet oder explizite Fotos der kopierten Person veröffentlicht werden.

Teilweise bewegen sich diese Fakes auch auf Flirtplattformen und nutzen die gestohlene Identität für virtuelle sexuelle Kontakte mit anderen Usern.

Auch Erpressungen kommen vor. In diesem Fall droht der Täter damit, Menschen aus dem Umfeld des Opfers über den Account in Kenntnis zu setzen. Da Außenstehende annehmen müssen, das Opfer selbst würde dort interagieren, können die Folgen sehr unangenehm sein.

Eine weitere Variante des Identitätsdiebstahls bei Privatpersonen kommt in unregelmäßigen Intervallen bei Facebook vor und betrifft fast ausschließlich die User, deren Freundesliste für die Öffentlichkeit sichtbar ist:

Betrüger bauen akribisch genau deren Facebook-Profile nach und verschicken dann mit diesen identisch aussehenden Fake-Accounts Freundschaftsanfragen an die Kontakte des echten Profils. Die Opfer wundern sich zwar, da sie mit der Person ja schon befreundet sind. Statt nachzufragen, nehmen sie die Freundschaftsanfrage des gefälschten Accounts aber trotzdem an.

Sobald das geschehen ist, wird das Opfer vom Täter kontaktiert und unter Vorspiegelung einer akuten Notlage um Geld gebeten, das es möglichst schnell mittels einer Paysafe-Karte überweisen soll.

In anderen Fällen fragt der Täter nach der Handynummer des Opfers, weil er diese angeblich verloren hätte, und verwendet sie dann für mobile Zahlungsanbieter wie das zu PayPal gehörende »Zong«: Unter Angabe der fremden Nummer gibt er dort eine Zahlung in Auftrag. »Zong« versendet daraufhin als Zahlungsbestätigung einen Code an das Handy des nichts ahnenden Freundes. Der Betrüger erbittet nun unter einem Vorwand diesen Code, gibt ihn wiederum bei »Zong« ein und schließt damit die Zahlung ab. Das Geld wird dem Opfer in Rechnung gestellt.

Ziel ist es immer, das Konto des Gegenübers zu plündern. Die Betrüger verlassen sich auf die Gutgläubigkeit ihrer Opfer, die sich in der Annahme, einem Freund oder einer Freundin in einer schwierigen Situation zu helfen, häufig auf einen Gefallen einlassen.

Egal, um welche Form des Identitätsdiebstahls es sich handelt: Gibt ein Account vor, eine real existierende Person zu sein, ist das strafrechtlich relevant und kann zur Anzeige gebracht werden. Betroffene sollten sich bei Bedarf polizeilich beraten lassen.

Außerdem ist es natürlich ratsam, so rasch wie möglich die entsprechenden Accounts zu melden und ihre Löschung zu beantragen.

Ein besonders beunruhigender und drastischer Fall von Identitätsdiebstahl ist der der Amerikanerin Sondra Arquiett, die 2010 wegen Drogenbesitzes verhaftet wurde.

Die alleinerziehende Mutter kooperierte mit der Polizei und stellte dieser, um sich selbst zu entlasten, ihr Handy zur Verfügung. Sie rechnete allerdings nicht damit, dass ein Agent für Drogenermittlungen unter Verwendung der darauf gespeicherten Informationen und privaten Fotos ein gefälschtes Facebook-Profil unter ihrem Namen erstellte!

Ohne ihr Wissen nutzte die Polizei diesen Fake-Account vier Jahre lang, um mit verdächtigen Personen aus Arquietts Umfeld in Kontakt zu treten. Das Ganze flog erst auf, als einer ihrer Freunde sie auf Fotos »ihrer« Facebook-Seite ansprach, sie selbst aber über gar keine eigene Seite verfügte…

Arquiett verklagte die US-Regierung, und das Gericht sprach ihr 134 000 Dollar Entschädigung zu.

Fakes in Gesellschaft, Wirtschaft und Politik

Dieser Fall zeigt eindrucksvoll, dass selbst Regierungskreise nicht davor zurückschrecken, bei Bedarf Fakes für ihre Zwecke einzusetzen. Er erscheint allerdings fast harmlos, wenn man sich vor Augen führt, dass das amerikanische Militär schon im Jahre 2011 ein kalifornisches Softwareunternehmen mit der Entwicklung eines Systems beauftragte, das es ermöglicht, realistisch anmutende Fake-Profile zu erstellen und mit ihnen soziale Netzwerke wie Facebook und Twitter zu unterwandern.

Die Fakes sollten überwiegend in der arabischen und asiatischen Blogosphäre agieren und bei Bedarf auf feindliche Propaganda reagieren, indem sie gezielte proamerikanische Inhalte posteten.

Tweets, Blogartikel, Statusmeldungen, Kommentare, Likes oder das Teilen von Content manipulieren die öffentliche Meinung und beeinflussen maßgeblich gesellschaftliche und politische Strömungen. Gezielt eingesetzte Fakes können in Social Networks unterschiedlichste Wirkungen erzielen, zum Beispiel gewünschte Inhalte und Informationen streuen, Popularität vortäuschen, Freunde- und Followerzahlen um ein Vielfaches erhöhen, Seiten liken, Fotos kommentieren, positive Bewertungen schreiben etc.

Regierungen, Parteien, Konzerne und Personen des öffentlichen Lebens haben das längst erkannt und beauftragen zum Beispiel spezielle »Klick-Farmen«, die über Zigtausende von Fake-Accounts verfügen, mit denen sie gezielt die Kundenwünsche erfüllen können.

Kunstfiguren

Eine Unterform von Fakes, und im Grunde genommen gar nicht als solche zu bezeichnen, sind Kunstfiguren, die auf satirische und humorvolle Art fiktive Personen darstellen. Sie erheben keinen Anspruch darauf, echt zu wirken, und sind darum in der Regel klar erkennbar.

Auch große Firmen bedienen sich solcher Kunstfiguren. Das ist nichts Neues. 1961 warb »Frau Antje« für Käse und 1966 folgte »Tilly« als Werbefigur für ein Geschirrspülmittel.

Durch das Internet können heutzutage Kunstcharaktere noch konsequenter eingesetzt werden. So twittert zum Beispiel »Tech-Nick«, das Werbegesicht eines Elektronikfachmarktes (in den Werbespots und auf Fotos dargestellt von dem Schauspieler Antoine Monot), für das Unternehmen.

Scammer/Romance Scammer

Scammer sind Fakes mit kriminellem Hintergrund, die rein finanzielle Interessen verfolgen. Meist stecken keine Privatmenschen dahinter, sondern kriminelle Netzwerke.

Man unterscheidet hier zwischen Scammern, die ihrem Gegenüber großartige Geschäftsmodelle mit immensem Verdienst anbieten (dazu nutzen sie oft unfreiwillig komische Spammails in fehlerhaftem Deutsch oder Englisch) und Romance Scammern.

Romance Scammer schlüpfen sowohl in männliche als auch weibliche Rollen. Sie kontaktieren ihre Opfer in Social Networks oder auf Datingplattformen (auch auf kostenpflichtigen) und spielen ihnen die große Liebe vor, um an deren Geld zu gelangen, eine Art Internetheiratsschwindler also.

Manche unterscheiden sich zunächst kaum von Realfakes. Sie verwenden sehr viel Zeit darauf, ihre Opfer kennenzulernen, sich durch permanente, liebevolle Aufmerksamkeit unentbehrlich zu machen und ihr Gegenüber so in eine Art emotionale Abhängigkeit zu bringen. Erst wenn sie ganz sicher sein können, dass eine Bindung aufgebaut wurde und ihr Opfer sie in einer »schwierigen Situation« nicht fallen lässt, bitten sie plötzlich um finanzielle »Unterstützung« oder eine kleine Geldspritze – und entpuppen sich damit als Romance Scammer.

Andere sind plumper und wesentlich schneller zu durchschauen. Sie überschütten ihr Gegenüber schon in der ersten Mail mit Komplimenten, beteuern nach wenigen Tagen, sie strebten eine ernsthafte, lebenslange Partnerschaft mit ihrem Gegenüber an und bitten innerhalb kürzester Zeit um Geld.

Romance Scammer sind wenig einfallsreich und bedienen sich in der Regel der immer gleichen Geschichten. Sie geben sich als gläubig, alleinerziehend, oft verwitwet aus und haben Berufe, mit denen sich plötzliche, unerwartete Auslandsaufenthalte erklären lassen: Sie sind Geschäftsleute, Ingenieure/Ingenieurinnen, Ärzte/Ärztinnen, Schauspieler/Schauspielerinnen, arbeiten in der Wissenschaft, beim Militär oder in Waisenhäusern usw.

Männliche Romance Scammer behaupten meist, in Amerika, Kanada, Australien oder im europäischen Ausland zu leben.

Weibliche geben sich häufig als Russinnen aus, können aber auch aus Thailand, Südamerika, Afrika oder Europa stammen.

Viele verfügen in ihren erfundenen Geschichten über private oder geschäftliche Verbindungen nach Westafrika (meist Nigeria), Russland, Südostasien oder in die Ukraine.

Häufig – meist direkt vor einem verabredeten Treffen – müssen sie ganz plötzlich beruflich in eines dieser Länder reisen. Dort geraten sie in eine beliebige finanzielle Notlage, aus der nur ihr Opfer sie zu retten vermag.

Weibliche Scammer benötigen häufig private finanzielle Unterstützung zum Beispiel für erkrankte Familienangehörige oder erbitten Einladungen nach Deutschland.

Wenn die Opfer nicht über ausreichende finanzielle Möglichkeiten verfügen oder sich weigern, Geld zu überweisen, werden sie in vielen Fällen geschickt mithilfe von herzzerreißenden Geschichten für andere Zwecke missbraucht: Sie sollen zum Beispiel gefälschte Schecks in Deutschland einzahlen, Briefe oder Päckchen an dritte Personen verschicken oder den Scammern Ausweiskopien schicken, die diese dann für Passfälschungen benutzen.

Betroffene sollten sich in jedem Fall an die Polizei wenden, denn es handelt sich nicht um ein kleines »Kavaliersdelikt«, dem sie zum Opfer gefallen sind, sondern um eine veritable Straftat.

Scammer können ganze Existenzen zerstören; ihre Opfer müssen nicht nur den materiellen Schaden tragen, sondern sie haben sich oft, wenn sie auf die Forderungen der Täter eingegangen sind, selbst unwissentlich strafbar gemacht.

Im Internet existieren mittlerweile unzählige Seiten, die sich mit Scammern befassen. Eine besonders empfehlenswerte, die auch Informationen über die rechtlichen Möglichkeiten für Opfer gibt, ist die der Polizeilichen Kriminalprävention des Bundes und der Länder: www.polizei-beratung.de/themen-und-tipps/betrug/scamming.html.

Fun-Fakes

Viele User legen ohne eine besondere Intention und böse Absichten Fake-Accounts in sozialen Netzwerken an. Es erscheint verlockend und ist extrem einfach, einen Fake zu erschaffen, mit dem man ein wenig Spaß haben oder sich ohne Konsequenzen anonym im Internet bewegen kann.

Diese Fakes verfolgen kein konkretes Ziel. Neugier, Langeweile und der Wunsch nach unbeschwerter Anonymität spielen als Motivation eine Rolle. Fun-Fakes kommunizieren und flirten mit Fremden oder ihren echten Freunden (die nicht wissen, dass sie den Menschen hinter dem Fake kennen) auf unterschiedlichsten Social-Media-Plattformen, in Foren, Game Communities und Datingportalen.

Manchmal entwickelt allerdings das, was als Spaß begann, eine Eigendynamik: Viele Realfakes haben als Fun-Fake begonnen. Irgendwann kamen sie aber mit einem anderen Menschen in engeren Kontakt, verliebten sich – und steckten plötzlich mitten in einem Interessenkonflikt: Sollten sie ihm die Wahrheit sagen und damit das Risiko eingehen, ihn zu enttäuschen oder sogar zu verlieren? Statt konsequent zu sein und die Lüge, in die sie geschlittert waren, zuzugeben, logen sie weiter und gerieten in immer größere Lügengespinste – unfähig, das Ganze zu beenden.

Realfakes

Ich gestehe, dass die Bezeichnung Realfake für den Typ Fake, mit dem ich es zu tun hatte und mit dem sich dieses Buch befasst, von mir stammt.

Als ich begann, mich mit dem Phänomen zu beschäftigen, stellte ich fest, dass es bisher gar keinen Begriff dafür gab. Ein Fake war eben ein Fake. Dass es durchaus Unterschiede gibt, liegt auf der Hand…

Ich wollte eine charakteristische Bezeichnung und entschied mich schließlich für »Realfake«, ein Wort, das in anderem Zusammenhang bereits für perfekte Fälschungen von Konsumgütern, Gemälden etc. oder die absolut realistische Darstellung virtueller Welten und digitaler Körper in Design, Kunst und Film verwendet wird.

Ein Realfake ist demnach ein männlicher oder weiblicher Fake, der so gut und aufwendig gemacht ist, dass er wirklich real erscheint. Folgende Punkte definieren ihn:

- Um seine Glaubwürdigkeit zu unterstreichen, wartet er oft mit einem gefälschten Familien- und Freundeskreis auf und ist mit diversen gefälschten Fake-Accounts unter Verwendung unzähliger Fotos auf unterschiedlichsten Internetplattformen zu finden.
- Er arbeitet sehr organisiert und planvoll, verfügt über eine komplexe Lebensgeschichte und kann jedes ihm angeblich widerfahrene Erlebnis belegen, sodass er absolut überzeugend wirkt.
- Obwohl ein Realfake weiß, dass es nie zu einem Treffen kommen kann, beteuert er zu jedem Zeitpunkt, eine Beziehung mit seinem Gegenüber im Real Life anzustreben.
- Im Gegensatz zu Scammern geht es einem Realfake nicht um finanzielle Bereicherung – im Gegenteil, viele von ihnen beschenken ihre Opfer oder schicken ihnen sogar Geld.
- Ein Realfake will Gefühle wecken, echte Emotionen hervorrufen und genießt die positive Zuwendung und Aufmerksamkeit, die ihm entgegengebracht wird.
- Je nach Psychostruktur des Menschen, der dahintersteckt, spielt auch der Wunsch nach Kontrolle und Macht eine

Rolle, und fast alle beherrschen die psychologische Manipulation erschreckend gut. So schaffen sie es, entgegen jeder Logik und oft über einen langen Zeitraum, die Zweifel ihrer Opfer immer wieder zu zerstreuen.

Realfakes sind kein neues und auch kein seltenes Phänomen. Die Dunkelziffer der Fälle ist hoch, darüber gesprochen wird, zumindest im deutschsprachigen Raum, nur ungern. Nachvollziehbar, denn das Unverständnis, auf das Menschen stoßen, die auf einen Realfake hereingefallen sind, ist beachtlich. Das kann ich aus eigener Erfahrung sagen.

Anschaulich bestätigt das auch der Fall des damals 22-jährigen amerikanischen Footballstars Manti Te'o, der Anfang 2013 riesige Beachtung in den Medien fand:

Manti lernt 2011 bei Twitter die junge Lennay Kekua kennen. Eine Onlinefreundschaft entsteht. Manti meint, in Lennay seine Seelenverwandte gefunden zu haben. Sie verlieben sich ineinander und gehen Anfang 2012 eine Onlinebeziehung ein. Manti lebt seine Liebe öffentlich, twittert darüber und spricht in zahlreichen Interviews über seine Freundin Lennay.

Aus Angst davor, auf Unverständnis zu stoßen, verschweigt er seinem Umfeld und den Medien allerdings, dass er Lennay noch nie gesehen hat, und behauptet, sie Ende 2009 nach einem Footballspiel kennengelernt zu haben.

Die Beziehung von Manti und Lennay ist gezeichnet von Schicksalsschlägen, an denen die Öffentlichkeit großen Anteil nimmt: Erst überlebt Lennay einen schweren Autounfall, dann erkrankt sie an Leukämie. Für Manti bricht eine Welt zusammen, als Lennay im September 2012 verstirbt – am gleichen Tag wie seine Großmutter.

Im Januar 2013 deckt die Website www.deadspin.com auf, dass keine offiziellen Dokumente existieren, die Lennays Tod bestätigen. Redakteure recherchieren weiter und die Bombe platzt: Sie finden heraus, dass Lennay ein Realfake ist und Manti schon Anfang Dezember 2012 von einem Anrufer darüber in Kenntnis gesetzt worden war, in einem Interview kurz darauf aber so getan hatte, als wisse er nichts von Lennays falscher Identität. Sie unterstellen ihm, die Geschichte selbst initiiert zu haben, um Aufmerksamkeit zu erlangen.

Manti gesteht, dass er es nur aus Angst vor den Reaktionen seiner Mitmenschen nicht aufgeklärt hat, und beteuert, während all der Jahre an die Echtheit seiner Freundin geglaubt und sie aufrichtig geliebt zu haben: »Die Gefühle, der Schmerz, die Trauer, das war alles echt.«

Es folgt ein Martyrium für ihn. Er gerät in die Schusslinie von Fans, Öffentlichkeit, Internet und Medien. Ein Shitstorm, eine Welle von unverhülltem Spott, offener Aggression und Unverständnis ergießt sich über ihn. Es scheint unvorstellbar, dass ein Mensch sich in jemanden verlieben kann, den er noch nie getroffen hat. Man wirft ihm Dummheit und Naivität vor, andere halten ihn für durchtrieben.

Schließlich wird die Person gefunden, die hinter Lennay Kekua steckte. Der 22-jährige Kalifornier Ronaiah Tuiasosopo, nach eigenen Angaben homosexuell, beteuert in einem Interview, er habe sich in Manti »tief und romantisch« verliebt. Die Fotos, auf denen Lennay zu sehen war, hatte er aus den auf »private Sicht« gestellten Facebook- und Instagram-Accounts einer Bekannten gestohlen.

Ein weiterer prominenter Fall ist der des New Yorker Fotografen und Filmemachers Nev Schulman. Dieser verliebte sich 2007 in die junge Musikerin Megan, die sich später als Realfake entpuppte. Hinter Megan (und diversen Fake-Accounts ihrer Familienangehörigen und Freunde) steckte die verheiratete Mutter und Hausfrau Angela Wesselman-Pierce, die von sich selbst sagt, sie wäre eine Manipulatorin und als schizophren diagnostiziert.

Nev verarbeitete 2010 sein Erlebnis in dem preisgekrönten, in Deutschland wenig beachteten Dokumentarfilm *Catfish* und ist seit 2012 Host einer gleichnamigen amerikanischen TV-Show, die Internetpärchen zusammenführen will, die sich noch nie begegnet sind.

Nev Schulman prägte im amerikanischen Sprachraum den Begriff »Catfish« für Realfakes. Diese Bezeichnung geht auf eine Filmszene zurück, in der sich Angelas Ehemann Vince mit Nev über Angela unterhält und ihm, quasi als Gleichnis, folgende Geschichte erzählt: Früher verschiffte man lebende Kabeljaue von Asien nach Nordamerika. Da sie sich in ihren Tanks kaum bewegten, wurde ihr Fleisch während der Überfahrt weich und matschig. Die Fischfänger begannen, Welse (Catfish) mit in die Behälter zu tun, da diese die Kabeljaue in Bewegung hielten, was wiederum ihre Qualität verbesserte.

Vince findet, dass es im Leben eines jeden Menschen Personen gibt, die wie diese »Catfish« sind. Sie regen ihr Gegenüber zum Nachdenken an und halten es »auf Trab«. In Angela sieht er eine solche Person.

ÜBER DIE OPFER

Leider maßen sich viele Menschen vorschnell, und ohne sich mit den Hintergründen befasst zu haben, ein Urteil über Fake-Opfer an. Sie gehen davon aus, dass diese generell naive, dumme, unattraktive, onlinesüchtige, verzweifelte, einsame Menschen sind, die jede Zuwendung aufsaugen wie ein Schwamm, weil sie »ja sonst nichts haben«.

Es wäre natürlich praktisch, könnte man ganze Personengruppen in solche klar definierten, ordentlichen Schubladen stecken. Schon allein deswegen, weil man sich selbst sofort in Sicherheit wähnen könnte, wenn man nicht in diese Schublade passt. Aber was ist dran an diesem Klischee?

Ich denke, es trifft weder auf Nev noch auf Manti oder mich zu.

Jede/r Einzelne legt für sich selbst fest, in welchen Kommunikationsgrenzen er sich im Internet bewegen will. Während es für die einen undenkbar wäre, sich mit Fremden auszutauschen, ist das für andere ganz normal.

Menschen sind nun einmal verschieden. Manche kommen auch im Real Life mit Fremden schnell und problemlos ins Gespräch, unterhalten sich in einem Café nach fünf Minuten mit den netten, ihnen unbekannten Gästen vom Nebentisch und empfinden das als Bereicherung. Sie sind interessiert an Menschen und lieben gute Gespräche – und das nicht nur im Real Life, sondern auch im Internet. Natürlich gehen sie bei jedem Austausch mit einem Fremden das Risiko ein, dass er sie belügt und es sich um einen Fake handelt. Meine persönliche Meinung dazu: Solange die Unterhaltung amüsant oder bereichernd ist, ist es relativ egal, mit wem man spricht. In meinen Augen wird Wahrheit, was die reale Existenz des Gegenübers betrifft, erst dann relevant, wenn Gefühle ins Spiel kommen.

Männer und Frauen, die sich darauf einlassen, intensive Gespräche mit anderen Menschen im Internet zu führen und somit Nähe zuzulassen, mögen eine unbestimmte Sehnsucht nach Zuwendung haben und sich in gewissem Maße einsam fühlen (was man durchaus auch inmitten eines riesigen Freundeskreises oder einer Partnerschaft tun kann). Ich denke aber, dass das in der heutigen Zeit auf sehr, sehr viele Personen zutrifft und kein Zeichen für Labilität oder Instabilität ist, sondern genauso gut für Nachdenklichkeit, Aufgeschlossenheit und Sensibilität spricht.

So lässt sich dann auch anhand der Zuschriften kein spezifischer »Opfertyp« erkennen. Es gibt zum Beispiel weder eine psychische Disposition (depressiv, geringes Selbstwertgefühl etc.), die auf alle Betroffenen gleichermaßen zutrifft, noch stimmt die Annahme, sie hätten generell keine sozialen Kontakte und würden sich deswegen permanent im Netz »herumtreiben«. Auch dass Betroffene unattraktiv sein müssten, entspricht ganz und gar nicht den Tatsachen. Ich traf einige weibliche Opfer – und selten zuvor habe ich schönere Frauen gesehen. Keine von ihnen hatte jemals Probleme damit, Männer kennenzulernen. Sie berichteten allerdings, dass sie meist ausschließlich wegen ihres guten Aussehens angesprochen wurden und genau darum die Tiefe der Gespräche mit »ihrem« Realfake genossen hätten.

Tatsächlich greift keines der gängigen Vorurteile. 72 Prozent der Realfake-Opfer sind weiblich, folglich also 28 Prozent männlich. Allerdings ist das prozentuale Verhältnis wohl nicht repräsentativ, da ich davon ausgehe, dass es Frauen leichter fiel, mir zu schreiben, während bei Männern das

Schamgefühl, auf »so etwas« hereingefallen zu sein, höher sein mag und sie es darum eventuell lieber mit sich selbst ausmachen.

Ihre Berufe sind vielfältig: Schüler, Auszubildende, Student/-innen, Lehrer/-innen, Redakteur/-innen, Mediendesigner/-innen, Ärzte/Ärztinnen, Marketingfachleute, Hausfrauen/-männer usw.

Das jüngste Opfer war zum Zeitpunkt des Geschehens 13, das älteste 65 Jahre alt. Am häufigsten vertreten ist die Altersgruppe von 20 bis 30 Jahren.

Ausnahmslos jedes der Opfer war mit dem Internet vertraut, die meisten von ihnen nutzten es auch beruflich. Mehrere Betroffene unter 18 Jahren berichteten ungefragt, dass sie in der Schule über »die Gefahren im Internet« aufgeklärt worden seien. Oft betonen die Opfer explizit, dass sie normalerweise sehr vorsichtig im Umgang mit Fremden wären und zum Beispiel großen Wert auf ihre Privatsphäreeinstellungen in Social Networks legen.

Gerne wird Realfake-Opfern unterstellt, sie wären »onlinesüchtig«, wie sonst könne es sein, dass sie so viel Zeit mit einem anderen Menschen im Internet verbringen, statt »mal nach draußen zu gehen und zu leben«?

Ich persönlich finde diesen Vorwurf an den Haaren herbeigezogen, denn das Internet ist längst zu einem festen Bestandteil des Alltags geworden und schließt ein »echtes Leben« nicht aus. Laut der ARD/ZDF-Onlinestudie von 2014 nutzen 79,1 Prozent der Erwachsenen in Deutschland das Internet. Jeder von ihnen ist durchschnittlich an 5,9 Tagen pro Woche für jeweils 166 Minuten online. Jeder zweite User greift auch unterwegs auf Netzinhalte zu. Dann erhöht sich die Nutzungsdauer sogar noch und liegt durchschnittlich bei 195 Minuten an 6,3 Tagen.

Bei jungen Erwachsenen liegt die Zahl der User sogar noch höher. Das DIVSI (Deutsches Institut für Vertrauen und Sicherheit im Internet) veröffentlichte 2014 die »DIVSI U25-Studie: Kinder, Jugendliche und junge Erwachsene in der digitalen Welt«. Demnach nutzen 98 Prozent der 14- bis 24-Jährigen das Internet. Sie machen kaum noch Unterschiede zwischen On- und Offlinezeiten und sind mit dem Smartphone oder Tablet ständig verfügbar.

Haben nun also all diese Menschen kein Real Life, nur weil sie das Internet ganz selbstverständlich in ihr Leben integrieren? Nein. Real Life und Internet schließen sich nicht aus. Und um auf einen Realfake zu treffen, muss man sich weder überdurchschnittlich oft noch überdurchschnittlich lange im Netz bewegen.

Natürlich verbringen die Betroffenen während der Realfake-Beziehung tatsächlich sehr viel Zeit online. Verständlich, denn sie genießen die Stunden mit ihrem Gegenüber. Jedes einzelne Opfer, mit dem ich gesprochen habe, hätte es aber definitiv vorgezogen, mit dem anderen Menschen eine ganz normale Beziehung im Real Life zu führen, und hatte gehofft, dass es in naher Zukunft dazu kommen würde.

ÜBER REALFAKES

Wer sind die Menschen, die mithilfe von Realfake-Profilen Gefühle in anderen wecken, sie mitunter jahrelang belügen, ihnen Liebesbriefe schreiben und Geschenke schicken, Zeit in sie investieren – sie aber oft gleichzeitig emotional erpressen und manipulieren, fast, als würden sie mit ihnen spielen?

Warum legen Menschen überhaupt Realfake-Profile an, erschaffen detaillierte Lebensgeschichten, inszenieren komplizierte Erlebnisse ihrer Protagonisten, fälschen Dokumente, stehlen und retuschieren die Fotos anderer User, recherchieren, um mit falschen Adressen, Arbeitsstellen oder fundierten Kenntnissen zu bestimmten Themen überzeugen zu können? Alles mit dem Wissen, dass die Beziehung zu ihrem Gegenüber auf Lügen basiert, nur online ablaufen kann und langfristig keine Zukunft hat?

Es spielen immer individuelle Faktoren wie die Lebensumstände des Menschen, sein soziales Umfeld oder seine psychische Verfassung eine Rolle.

Während es Realfakes gibt, die äußerst geplant vorgehen, was die Erstellung ihrer Fake-Accounts, das Ausspionieren ihrer Opfer oder das gezielte Anwenden der psychischen Manipulation betrifft, handeln andere weitaus unbedachter und uneigennütziger.

Die einen sind sich ihrer Macht bewusst und genießen diese, die anderen geben im Nachhinein an, sie wären in ihre Realfake-Rollen »hineingeschlittert«, hätten sich nie etwas Böses dabei gedacht und seien in ihr Gegenüber aufrichtig verliebt gewesen. Trotzdem bedienen auch sie sich häufig der Techniken der psychologischen Manipulation. Das geschieht aber vermutlich eher unbewusst, sie scheinen instinktiv zu wissen, »welche Hebel sie ziehen« müssen, um bestimmte Reaktionen hervorzurufen. Man darf in diesem Zusammenhang nicht vergessen, dass auch in ganz normalen Liebesbeziehungen außerhalb des Internets Partner einander manipulieren, indem sie zum Beispiel emotionalen Druck auf den anderen ausüben, um ihre Ziele durchzusetzen, ihn bei Streitgesprächen mit Missachtung strafen oder ihm in den ersten Wochen des Verliebtseins das Gefühl geben, genauso zu denken wie er, obwohl sie eigentlich eine ganz andere Meinung haben.

Ich führte einige interessante Gespräche mit Frauen und Männern, die eine Realfake-Identität betrieben hatten, und bin ihnen für ihre Offenheit sehr dankbar, denn dadurch gaben sie mir die Möglichkeit, »die andere Seite« zu sehen und Einblicke in ihre Motivation zu bekommen. Das Kapitel »Die Motive von Realfakes« ab Seite 252 befasst sich damit.

Auch wenn mir persönlich das Verhalten dieser Menschen zutiefst fremd ist, kann ich doch in den meisten Fällen zumindest nachvollziehen, warum sie in ihrer jeweiligen Situation so gehandelt haben.

Häufig konnte ich in diesen Gesprächen beobachten, dass die Männer und Frauen gefühlsmäßig so sehr mit ihrer falschen Identität verschmolzen waren, dass sie darauf bestanden, »gar nicht so viel« gelogen zu haben, sondern im Grunde genauso zu sein wie er/sie: »Nur der Name und das Aussehen waren falsch. Alles andere, die Gedanken, Gefühle, Ansichten waren ja meine eigenen, waren echt.«

In dieser Aussage liegt eine gewisse Tragik, denn aus der Perspektive des Realfakes mag das der Wahrheit entsprechen – für das Opfer ist es allerdings kein Trost dafür, über einen langen Zeitraum angelogen worden zu sein; und es macht einen gravierenden Unterschied, wenn sich zum Beispiel hinter dem Traummann eine Frau verbirgt.

Es liegt in der Natur der Sache, dass Realfakes großen Wert darauf legen, nicht aufzufliegen. Dementsprechend beugen sie vor und geben kaum bis nie Informationen preis, die Rückschlüsse auf ihre echte Identität zulassen. Aus diesem Grund konnten in nur ca. 30 Prozent der mir vorliegenden Fälle die Menschen dahinter gefunden werden (sie gestanden übrigens selten, auch dann nicht, wenn konkrete Beweise vorlagen).

Die Täter/-innen bewegten sich in einer Altersspanne von 14 bis 65 Jahren. Die, mit denen ich sprach, bedienten alle nicht das Klischee des »klassischen Nerds«, der 24/7 in einem abgedunkelten Raum vor dem Computer hockt, sondern sie hatten Berufe, die sie täglich ausübten und gingen durchaus Aktivitäten außerhalb des Internets nach.

Während ich es anfangs noch für einen Zufall hielt, stellte ich recht bald überrascht fest, dass es sich bei den Tätern unverhältnismäßig häufig, nämlich in ca. 70 Prozent, um Mädchen und Frauen handelte.

Natürlich kann dieses Geschlechterverhältnis nicht guten Gewissens auf alle Realfake-Fälle hochgerechnet werden. Dennoch spricht auch psychologisch einiges dafür, dass Frauen häufiger in Realfake-Identitäten schlüpfen als Männer. Im Kapitel »Psychologische Überlegungen zu Realfakes« ab Seite 256 wird detaillierter darauf eingegangen.

Ein Teil der Täterinnen erschuf weibliche Realfakes, die quasi eine optimierte Version ihrer selbst waren: Sie lebten ein glamouröseres Leben, waren attraktiver oder selbstbewusster.

Viele Frauen allerdings schlüpften in Männerrollen. Während einige von ihnen das taten, um, wie im Fall von Kirsten Hader, eine Facette ihrer Persönlichkeit auszuleben, die sie im Real Life stets unterdrückten, genossen andere das Gefühl von Macht, das sie als Mann weiblichen Opfern gegenüber haben konnten, indem sie deren Gefühlswelt manipulierten und sich anhimmeln ließen.

Generell gehen Täterinnen, was ihre Fake-Accounts und die erlogenen Rahmenbedingungen betrifft, in der Regel sehr viel organisierter, komplexer und planvoller vor als Männer. Ihre Accounts wirken meist um ein Vielfaches realer und ihre Lügen glaubwürdiger. Außerdem sind Frauen häufiger als Männer bereit, ihre falschen Identitäten über einen sehr viel längeren Zeitraum aufrechtzuerhalten.

Vielen Männern scheint langfristig die Energie zu fehlen, Zeit und Aufwand in etwas zu stecken, von dem sie nur bedingt profitieren. Die Theorie eines guten Freundes von mir lautet: »Kein Mann schenkt einer Frau ewig Aufmerksamkeit und Verständnis, überschüttet sie mit Komplimenten und Liebesbeweisen, wenn er weiß, dass am Ende definitiv kein Sex für ihn herausspringt.« Dieser Spruch ist platt und voller Vorurteile und mit Sicherheit gibt es Ausnahmen, allerdings scheint er nicht absolut falsch zu sein, denn die Überzahl der Fälle mit männlichen Tätern war rein sexuell motiviert. Sie brachen den Kontakt zu ihren Opfern sofort ab, wenn diese sich nicht auf ihre Wünsche einließen.

Vielen der Täter und Täterinnen fehlte im Nachhinein jegliches Unrechtsgefühl und Verständnis dafür, was sie ihrem Gegenüber angetan haben. Einige ließen sich nicht von dem Gedanken abbringen, ohne sie wäre es den Opfern bedeutend schlechter gegangen, sie hätten ihnen nur Gutes getan, ihnen zugehört, Aufmerksamkeit geschenkt und sie geliebt.

DIE MOTIVE VON REALFAKES

In einer Gesellschaft, in der extrem viel Wert auf das Aussehen gelegt wird, ist es kein Wunder, wenn immer mehr Jugendliche und Erwachsene optisch mit sich unzufrieden sind. Medien kreieren ein Menschenbild, das nicht der Realität entspricht. Profis retuschieren und manipulieren Bilder so lange, machen Models noch schlanker, langgliedriger, ebenmäßiger, bis diese in ihren Augen perfekt anmuten – allerdings mit echten Menschen nichts mehr gemein haben.

Galt vor ein paar Jahrzehnten der Körper von Marilyn Monroe noch als anbetungswürdig, wird heute eine Frau mit einer Kleidergröße 40 als mollig empfunden. Schaufensterpuppen in Größe 34/36 erwecken völlig falsche Vorstellungen davon, wie eine Frau auszusehen hat, denn in der Realität tragen nur 3 Prozent der Frauen eine 34.

Eine Studie der WHO befasste sich mit 15-Jährigen aus insgesamt 43 Ländern. 40 Prozent der Mädchen und 22 Prozent der Jungen waren unzufrieden mit ihrem Gewicht. 22 Prozent der weiblichen Teenager gaben an, eine Diät zu machen, obwohl nur zehn Prozent von ihnen übergewichtig waren!

Auch Jungen leiden zunehmend an den überzogenen Schönheitsidealen: ein perfekter, unbehaarter Körper mit Sixpack und ein makelloses, maskulines Gesicht.

Die Ansprüche an das eigene Aussehen steigen – und dementsprechend die Ohnmacht, wenn man nicht dem Schönheitsideal entspricht.

Nicht nur was das Aussehen betrifft, werden von der Gesellschaft klare Regeln vorgegeben, wie man zu sein hat, um »dazuzugehören«: Je strahlender, gut gelaunter, sportlicher und aktiver jemand ist, umso attraktiver und interessanter wird er für seine Mitmenschen.

Aber was, wenn man anders ist? Wenn man nicht permanent lächelnd durch die Gegend läuft, sondern dazu neigt, grüblerisch und melancholisch zu sein? Wenn man lieber schwarze Latzhosen als Miniröcke trägt? Wenn man sich für Geschichte statt für *Germanys next Topmodel* interessiert und gemeinsam ins Freibad zu gehen bei einem Albträume auslöst, weil man lieber zu Hause Bücher liest?

Auch die eigene Sexualität ist nicht immer einfach. Von Plakatwänden springen einem halbnackte Menschen entgegen. Sängerinnen schwingen in ihren Musikvideos nackt auf Abrissbirnen hin und her oder sind bekleidet wie Mitarbeiterinnen von Table-Dance-Clubs. Pornos sind im Internet mit einem Klick jederzeit kostenlos verfügbar.

Auf den ersten Blick erscheint es, als würde unsere Gesellschaft mit Sexualität viel offener und vorurteilsfreier umgehen als noch vor wenigen Jahren. Was die Offenheit in der medialen Darstellung von Sexualität und nackten Körpern betrifft, mag das stimmen. Auch die Einstellung gegenüber Homosexualität scheint sehr viel toleranter geworden zu sein. Andererseits bewegen wir uns in einer Gesellschaft der Doppelmoral: In Amerika werden in Fernsehfilmen Frauenhintern in Stringtangas verpixelt, Facebook löscht radikal jedes Bild, auf dem auch nur ansatzweise eine Brustwarze zu sehen ist, tut sich im Gegenzug aber mit dem Löschen von Fotos, die eindeutige Gewalt darstellen, häufig viel schwerer. Schwule, Lesben oder Transsexuelle werden in vielen Ländern kriminalisiert und stigmatisiert, und auch im tolerant erscheinenden Deutschland gibt es große Unterschiede, was die Akzeptanz anders Liebender betrifft. Hierbei spielen zum Beispiel Region, Religion und das soziale Umfeld eine Rolle.

Ängste vor den Reaktionen der Mitmenschen, vor Ausgrenzung, Ablehnung, und Schwierigkeiten zum Beispiel im Berufsleben können dazu führen, dass die eigene Sexualität nicht offen ausgelebt wird.

Manchmal entspricht auch das eigene Leben einfach nicht dem, was man sich wünscht. Vielleicht ist man arbeitslos und hat viel zu viel Zeit. Oder man arbeitet in einem Job, der einen unglücklich macht. Vielleicht ist man auch ungewollt Single oder hat einen Partner, der einem emotional nicht das gibt, was man braucht. Auch der Alltag mit Kindern, Haushalt und Job kann an einem zehren und lässt kaum Raum für die eigenen Bedürfnisse und Wünsche.

Man hat das Gefühl, man hätte die Kontrolle über das eigene Leben und seine Träume verloren, alles liefe aus dem Ruder und entwickele sich in eine Richtung, die man gar nicht möchte.

Je ausgegrenzter, einsamer und ungeliebter sich ein Mensch subjektiv fühlt, umso verlockender erscheint es, quasi in eine andere Haut zu schlüpfen. Ein Realfake-Profil mag, realistisch betrachtet, nicht das Nonplusultra sein. Es löst nicht die real existierenden Probleme und macht langfristig aller Wahrscheinlichkeit nach auch nicht glücklich. Aber es bietet für einen gewissen Zeitraum die Möglichkeit, der Mensch zu sein, der man gerne wäre:

- der Aufmerksamkeit, Anerkennung und Liebe erhält, einfach nur dafür, dass er so ist, wie er ist
- der so aussieht, wie man selbst gerne aussehen würde
- der sagen kann, was er denkt und ernst genommen wird
- der die Sexualität ausprobieren und ausleben kann, die er sich ersehnt
- der das Leben führt, von dem er träumt und jederzeit die Kontrolle über dieses Leben hat

- der andere Menschen manipulieren und lenken kann, weil er die Fäden in der Hand hält, der Macht über andere hat, statt von ihnen gelenkt, unterdrückt und enttäuscht zu werden
- der Nähe zulassen kann, ohne einen anderen zu nahe an sich heranzulassen
- der lieben, aber bevor er verletzt werden könnte, jederzeit fliehen kann

PSYCHOLOGISCHE
ÜBERLEGUNGEN ZU REALFAKES

Es macht keinen Unterschied, welches Motiv den Einzelnen letztendlich getrieben hat: Wenn jemand mit riesigem Aufwand, extremer Sorgfalt und viel Energie Lügenkonstrukte aufbaut, mit denen er über Jahre andere Menschen täuscht, liegt vermutlich ein tiefer gehendes psychologisches Problem vor. Darüber wollte ich mehr wissen und sprach mit der Psychologin Lydia Benecke.

Benecke studierte Psychologie, Psychopathologie und Forensik an der Ruhr-Universität Bochum und ist seit 2009 als Psychologin tätig. Sie arbeitet unter anderem im Gefängnis als Therapeutin mit Sexual- und Gewaltstraftätern und selbstständig als psychologische Beraterin für Institutionen und Privatpersonen. Außerdem ist sie die Autorin der Bücher *Auf dünnem Eis – Die Psychologie des Bösen* und *Sadisten: Tödliche Liebe – Geschichten aus dem wahren Leben*.

Da Lydia Beneckes wissenschaftliche Arbeitsschwerpunkte unter anderem in den Bereichen Persönlichkeitsstörungen, Traumastörungen, abweichende sexuelle Vorlieben (Paraphilien) sowie Sekten liegen, war ich mir sicher, dass sie genau die Richtige ist, um meine Fragen zu beantworten.

Welche psychische Störung könnte dahinterstecken, wenn Menschen sich falsche Identitäten im Internet aufbauen? Und warum?

Lydia Benecke: Das Phänomen der Menschen, welche sich über lange Zeiträume als fiktive Personen im Internet ausgeben und dabei eine echte Liebesbeziehung mit ihren Betrugsopfern simulieren, ist noch nicht ansatzweise ausreichend wissenschaftlich untersucht. Daher können zum jetzigen Zeitpunkt nur Hypothesen zu den möglichen psychischen Störungen dieser Internetbetrüger aufgestellt werden. Diese werden hoffentlich in Zukunft durch wissenschaftliche Studien überprüft.

Bei den mir bekannten Fällen ist übereinstimmend für die Opfer zunächst erstaunlich, dass Realfakes viel Zeit und sogar teilweise Geld in den Aufbau und die Aufrechterhaltung der von ihnen forcierten Liebesbeziehung zum Opfer investieren. Dies scheint aus der Sicht eines mit dem Thema nicht vertrauten Menschen vollkommen unnachvollziehbar. Menschen gehen im Allgemeinen davon aus, dass Betrüger auf finanzielle Ausbeutung aus sind. Dies ist bei den in diesem Buch dargestellten Liebesfakes nicht der Fall, ganz im Gegenteil investieren sie sogar manchmal finanziell. Die Motive der Realfakes erschließen sich aus der Perspektive eines psychisch völlig gesunden Menschen daher zunächst nicht.

Schaut man sich die Informationen über die Fälle genau an, so zeichnet sich ein Bild von Tätern ab, deren einziges Ziel es ist, in eben jene Fantasiewelt flüchten zu können, welche sie ihren Opfern vorgaukeln. Es handelt sich um Menschen, die mit ihrem realen Leben und sich selbst sehr unzufrieden sind. Ihre tief greifende Entfremdung von sich selbst ist sicherlich nicht erst im Erwachsenenalter entstanden. Ursachen für eine solch schwere Störung der Persönlichkeit lassen sich nach modernen wissenschaftlichen Erkenntnissen stets in der Kindheit und frühen Jugend ausmachen.

Die Betroffenen sind aller Wahrscheinlichkeit nach früh in ihrem Leben mit einer eher abwertenden oder sie überfordernden Umwelt konfrontiert gewesen. Die Bindung zu einer oder mehreren ihrer Bezugspersonen war belastet. Dadurch gelang es ihnen nie, ein stabiles, positives Selbstbild aufzubauen. Manche Kinder und Jugendliche, die von ihren Bezugspersonen überfordert und/oder vernachlässigt werden, erlernen als Schutzreaktion, sich in Fantasiewelten zu flüchten. Wenn sie als Erwachsene zunehmend feststellen, dass sie mit ihrem Leben und sich selbst unzufrieden sind, so kann der in jungen Jahren aufgebaute Mechanismus, sich in ein anderes Leben und eine andere Identität zu träumen, auf bizarre Weise ausarten.

Einerseits wollen die sogenannten Realfakes als eine scheinbar bessere Version ihrer selbst eine möglichst enge, perfekte Beziehung aufbauen. Andererseits sind sie in der Realität nicht in der Lage, eine so enge Beziehung einzugehen, wie sie es sich erträumen.

Im Internet versuchen sie ihr grundlegendes Problem zu überbrücken, zwar absolute Liebe und Nähe zu wollen, sich selbst aber als der Mensch, der sie sind, für nicht liebenswert genug zu erachten. Mithilfe ihrer Fake-Identität(en) können sie sich mit körperlichen und psychischen Eigenschaften ausstatten, die sie im echten Leben aus ihrer Sicht nicht oder nicht ausreichend haben. So können sie sich beispielsweise als Mann ausgeben, wenn sie sich ihrem weiblichen Geschlecht entfremdet fühlen, sie können ihren Wohnort, ihren Beruf und sogar ihr soziales Umfeld so erfinden, wie sie es sich erträumen. Vor allem haben sie die volle Kontrolle über ihre Betrugsopfer, da sie deren Gefühle manipulieren und alles über sie in Erfahrung bringen, ohne etwas von sich selbst im echten Leben preiszugeben. Diese Kontrolle und das Verstecken hinter ihrer erfundenen Identität gibt ihnen ein Gefühl von Sicherheit. Eine Sicherheit, mithilfe derer sie aus ihrer Sicht endlich die Art von Liebesbeziehung führen können, welche sie sich immer schon erträumten.

Der auffällig starke Wunsch nach einer idealen Liebesbeziehung ebenso wie die gleichzeitig starke Angst vor Enttäuschung im echten Leben weisen auf eine Ambivalenz hin, die typisch für die Borderline-Persönlichkeitsstörung ist. Ebenso typisch für diese Störung sind die Unsicherheit darüber, was die eigene Persönlichkeit eigentlich überdauernd ausmacht sowie die starken Selbstwertprobleme bis hin zum Selbsthass.

Was ist die Borderline-Persönlichkeitsstörung und wie entsteht sie?

Menschen, die an der Borderline-Persönlichkeitsstörung leiden, haben sehr auffällige Schwierigkeiten in zwischenmenschlichen Beziehungen. Ihre Gefühlswelt, ihr Denken und Handeln schwanken stark und plötzlich.

Die Störung entsteht durch das Zusammenwirken genetischer Anlagen mit traumatisierenden Erfahrungen in früher Kindheit. Mehr als die Hälfte aller an Borderline erkrankten Menschen wurde in ihrer Kindheit körperlich misshandelt und/oder sexuell missbraucht. Fast die Hälfte der Betroffenen wurde in ihrer Kindheit durch die Eltern schwer vernachlässigt.

Derzeit werden neun typische Merkmale beschrieben, deren Kombination die Borderline-Persönlichkeitsstörung ausmacht. Wenn bei einer Person fünf dieser Merkmale erfüllt sind, so wird die Diagnose von einem Psychologen oder Psychiater gestellt.

1. Der Betroffene hat übertrieben große Angst davor, von Menschen, die ihm nahestehen, verlassen zu werden.
2. Menschen, die ihm nahestehen, sieht der Betroffene entweder idealisiert oder er wertet sie ab. Seine Wahrnehmung schwankt zwischen diesen Extremen.

3. Den Betroffenen quälen häufig Stimmungsschwankungen und heftige Gefühle.

4. Manchmal empfindet der Betroffene eine innere Leere, wobei seine Empfindungen gedämpft bis völlig ausgeschaltet sind.

5. Der Betroffene nutzt Methoden, mit denen er sich selbst gefährdet, um sich besser zu fühlen. Solche Methoden können Fressanfälle, das unkontrollierte Ausgeben von Geld, schnelles Autofahren, Gelegenheitssex mit Bekannten und Fremden, Alkoholexzesse oder Drogenkonsum sein.

6. Manchmal haben die Betroffenen heftige Wutanfälle und verlieren dabei gelegentlich sogar die Selbstbeherrschung.

7. Immer wieder verletzen sich die Betroffenen selbst, indem sie sich beispielsweise selbst schlagen, beißen, schneiden, Wunden aufkratzen, an den Nägeln kauen, Haare ausreißen oder Ähnliches.

8. Wenn es ihnen sehr schlecht geht, entwickeln Betroffene Suizidgedanken und sprechen diese oft auch anderen gegenüber aus. Hierbei ist wichtig zu wissen, dass das weitverbreitete Vorurteil, Menschen, die von einem möglichen Suizid sprechen, diesen grundsätzlich nicht in die Tat umsetzen, falsch ist. Schätzungsweise fünf bis acht Prozent der an der Borderline-Persönlichkeitsstörung erkrankten Menschen sterben durch einen Suizid. Die Anzahl derer, die Suizidversuche unternehmen, ist deutlich höher.

9. Die sogenannten »dissoziativen« Zustände (»Dissoziation« bedeutet »etwas Zusammengehöriges wird getrennt«) sind das wohl am schwierigsten erklärbare Symptom der Borderline-Persönlichkeitsstörung. Die

Betroffenen kommen sich manchmal im wachen Zustand wie in einem Traum vor, einige haben Erinnerungslücken, seltsame Körperempfindungen oder fühlen sich dem eigenen Selbst entfremdet.

Zur Borderline-Persönlichkeitsstörung als möglichem psychologischem Hintergrund der Liebesfakes im Internet passt auch, dass sie ihren Opfern gegenüber sogar überraschend eifersüchtig und auch wütend werden können. Zunächst klammern sie sich regelrecht an den Menschen, dem sie etwas vormachen, und wollen zunehmend dessen Alltag kontrollieren. Werden sie irgendwann hinterfragt oder gar enttarnt, können sie mit heftiger Aggression reagieren, als seien sie selbst die Enttäuschten und nicht ihre Opfer. Aus ihrer verzerrten Wahrnehmung heraus ist es auch so. Sie erwarten von ihren Opfern, ihnen zu glauben und ihren Traum mit ihnen zu leben. Wenn sie enttarnt werden, können sie das Gefühl entwickeln, ihr Opfer habe »alles kaputt gemacht« und ihnen wehgetan – so kann sich eine totale Schuldverschiebung einstellen.

Möglicherweise kommt bei den Tätern zu einer solchen Persönlichkeitsstruktur ergänzend auch noch die vermeidend-selbstunsichere Persönlichkeitsstörung hinzu.

Krankhafte Selbstunsicherheit: Die vermeidend-selbstunsichere Persönlichkeitsstörung

Ein Mensch, der mindestens vier der folgenden Merkmale aufweist, hat aus klinischer Sicht eine solche Persönlichkeitsstörung:

1. Aus Angst vor Kritik, Missbilligung oder Zurückweisung vermeidet der Betroffene berufliche Aktivitäten, die engere zwischenmenschliche Kontakte mit sich bringen.
2. Nur widerwillig lässt sich die betroffene Person mit Menschen ein, wenn sie nicht sicher ist, dass sie gemocht wird.
3. Der Betroffene ist vor allem in intimen Beziehungen zurückhaltend, aus Angst beschämt oder lächerlich gemacht zu werden.
4. In sozialen Situationen fürchtet der Betroffene stark kritisiert oder abgelehnt zu werden.
5. Weil er sich unzulänglich fühlt, ist der Betroffene in neuen zwischenmenschlichen Situationen gehemmt.
6. Der Betroffene nimmt sich selbst als gesellschaftlich unbeholfen, persönlich unattraktiv und anderen gegenüber unterlegen wahr.
7. Persönliche Risiken und neue Unternehmungen meidet der Betroffene, weil sich diese als beschämend erweisen könnten.

Schaut man sich die typischen Merkmale der Borderline-Persönlichkeitsstörung und der vermeidend-selbstunsicheren Persönlichkeitsstörung an, so passen sie inhaltlich gut zu den Kernmotiven der Realfakes. Es liegt nahe, dass ein Mensch mit einer solchen Persönlichkeitsstruktur seine tief greifenden Probleme mit sich selbst und seiner Einsamkeit über das Erschaffen einer Fantasieidentität im Internet zu kompensieren versuchen könnte. Ob viele oder sogar die meisten der entsprechenden Internetfakes aber tatsächlich ein solches Persönlichkeitsprofil aufweisen, wird die wissenschaftliche Forschung mittel- und langfristig noch überprüfen müssen.

Geben Realfake-Identitäten den Tätern eine Form der Befriedigung?

Lydia Benecke: Ja, ganz offenkundig fühlen sich diese Menschen durch die von ihnen erschaffene Traumwelt befriedigt und zufrieden – zumindest solange es ihnen gelingt, in ihrem Traum zu verharren und nicht aufgedeckt zu werden. Die Flucht in diese Welt, wo sie sich gut, sicher, geliebt und mächtig fühlen, wird für sie zur Sucht. Vergleichbar mit Menschen, die nach Computerspielen süchtig sind, beginnt ihre nicht reale Alternativwelt wichtiger zu werden als das echte Leben. Nur steht für sie im Gegensatz zu Computerspielsüchtigen der Wunsch nach der »idealen Beziehung« und der »vollkommenen, absolut sicheren Liebe« im Vordergrund.

Warum manipulieren und kontrollieren Realfakes? Warum sind sie dermaßen eifersüchtig?

Lydia Benecke: Da sie glauben, so wie sie sind (oder sich zumindest selbst wahrnehmen), nicht in der Lage zu sein, ihre Bedürfnisse im echten Leben befriedigen zu können, sehen sie sich gewissermaßen gezwungen, andere zu belügen und zu manipulieren. Es erscheint ihnen als der einzige Weg, um zu bekommen, was sie sich so sehnlich wünschen. Die Eifersucht und ihr extremes Kontrollbedürfnis sind ein Ausdruck ihrer Selbstzweifel und ihrer extremen Angst vor dem Verlassenwerden.

Merkt man diesen Menschen im Real Life etwas an? Arbeiten sie in normalen Berufen?

Lydia Benecke: Es ist schwer einzuschätzen, wie funktional die einzelnen dieser Menschen im echten Leben sind. In den mir bekannten Fällen hatten die meisten Realfakes ein – zumindest strukturell – nach außen hin normal erscheinendes Leben. Sie waren in der Lage, Berufen nachzugehen, und hatten ein soziales Umfeld, das aber von ihren Aktivitäten nichts mitbekam. Dies ist allerdings nicht verwunderlich, da diese Menschen schon früh gelernt haben, ihre Probleme und psychischen Auffälligkeiten möglichst gut zu verstecken. Das Internet ermöglicht ihnen die Flucht in die Fantasiewelt, ohne irgendwelche Hinweise im echten Leben. Das Parallelleben kann den Realfakes in ihrem realen Leben sogar helfen, da es für sie als Stütze fungiert, die sie zu brauchen meinen, um überhaupt zu funktionieren.

Was macht Realfakes zu solch überzeugenden Lügnern?
Lydia Benecke: Ein psychologisches Merkmal besonders erfolgreicher Lügner ist ihre schier unglaubliche Selbstsicherheit, mit der sie beharrlich bei ihren Lügen bleiben und sich dabei scheinbar nicht aus der Ruhe bringen lassen. Da die hier thematisierten Internetfakes die von ihnen erfundenen Identitäten und Lebensgeschichten bis zu einem gewissen Grad selbst als real empfinden, fällt es ihnen leicht, leidenschaftlich in dieser erfundenen Rolle zu bleiben. Denn die jeweilige Rolle spiegelt stets Persönlichkeitsanteile wider, die der einzelne Realfake tatsächlich hat. Er fühlt sich verliebt und meint seine Liebesschwüre in dem Augenblick, in dem er sie ausspricht oder aufschreibt, ernst. Er glaubt an das, was er sagt und was er darstellt, weil er so verzweifelt an diese Alternativrealität glauben will. Genau das macht ihn zu einem so unglaublich überzeugenden Lügner und Betrüger. Seine Reaktionen und Verhaltensweisen gegenüber seinem Opfer sind so vehement, dass er es seinem Gegenüber außerordentlich schwer macht, ihn konsequent anzuzweifeln.

Hinzu kommt die bereits angesprochene scheinbare Motivlosigkeit von Realfakes. Weil sie kein finanzielles Interesse haben, ergibt ihr Verhalten auf den ersten Blick keinen Sinn. Da das Opfer eines solchen Menschen zunächst keine Antwort auf die Frage »Warum sollte jemand so viel

Zeit, Energie und sogar Geld investieren, wenn alles nur eine Lüge ist?« finden kann und gleichzeitig mit endlosen Liebesbekundungen und scheinbaren Liebesbeweisen überhäuft wird, fällt die Enttarnung des Betrugs relativ lange ziemlich schwer.

Wieso sind es so viele Frauen, die Realfake-Accounts erstellen und dabei oft Männer spielen?
Lydia Benecke: Auch diese Frage wird noch wissenschaftlich erforscht werden müssen. Zunächst lässt sich sagen, dass Frauen häufiger als Männer dazu neigen, sich in komplex gestrickte Traumwelten zu flüchten – allerdings normalerweise nicht in solch extremem Ausmaß wie es hier der Fall ist. So ist beispielsweise aus zahlreichen Untersuchungen bekannt, dass Frauen statistisch mehr und häufiger Bücher lesen als Männer und dass Frauen dabei auch deutlich häufiger als Männer zu Unterhaltungsliteratur wie Romanen und Erzählungen greifen. Offenbar genießen es Frauen mehr, im Ausgleich zu ihrem realen Alltagsleben in die Haut von Romanprotagonisten zu schlüpfen und so in der Fantasie ein anderes Leben zu führen. Das Verhalten von Realfakes erscheint wie eine krankhaft übersteigerte Form dessen.

Vor allem Frauen, die ein Problem mit ihrer Geschlechtsidentität haben, scheinen den Aufbau solcher Fantasieleben mit männlichen Fantasieidentitäten im Internet als guten, möglicherweise sogar einzigen Ausweg aus ihrem unbefriedigenden Alltagsleben zu sehen. Offenbar fürchten diese Frauen soziale Ächtung oder andere negative Konsequenzen, wenn sie ihren Traum von einer männlichen Identität in ihrem echten Leben umzusetzen versuchen. Sich in die Fantasiewelt zu flüchten, ist offensichtlich eine Vermeidungsstrategie, die den Betroffenen dabei hilft, ihre Probleme im echten Leben nicht angehen zu müssen.

Unsicherheit mit der eigenen Geschlechtsidentität kann auch ein Symptom der Borderline-Persönlichkeitsstörung sein – wobei nicht alle Borderliner ein solches Problem bei sich wahrnehmen, und umgekehrt: Menschen, die sich mit ihrem biologischen Geschlecht nicht wohlfühlen, weisen natürlich nicht automatisch eine Borderline-Persönlichkeitsstörung auf. Dennoch kann in einigen Fällen das Gefühl, nicht zu wissen, welche sexuelle Orientierung oder welche Geschlechtsidentität zur eigenen Persönlichkeit gehören, ein Symptom der allgemein von Unsicherheiten und Stimmungsschwankungen geprägten Borderline-Persönlichkeitsstörung sein.

Um auf Ihre Frage zurückzukommen: Diese Störung zeigt hinsichtlich der Geschlechterverteilung deutliche Unterschiede zwischen Frauen und Männern. So sind zahlreichen Untersuchungen zufolge etwa Dreiviertel der Borderliner, die sich in psychologischer oder psychiatrischer Behandlung befinden (sei es ambulant beim niedergelassenen Therapeuten oder stationär in einer Klinik), weiblich. Männliche Borderliner tauchen wesentlich häufiger in Gefängnissen als im klinischen Kontext auf, zumeist wegen der von ihnen ausgelebten Aggressionen. Es gibt zahlreiche Hinweise darauf, dass sich die Borderline-Persönlichkeitsstörung bei Männern schwerpunktmäßig etwas anders ausprägt als bei Frauen. Während bei männlichen Borderlinern die Symptome Impulsivität und Wutausbrüche im Vordergrund zu stehen scheinen, sind es bei weiblichen Borderlinern eher die Symptombereiche von schwankenden Gefühlszuständen, Dissoziationen und eben der Instabilität ihres Selbstbildes.

Eine Mischung all dieser Erklärungsansätze kommt als Ursache für die insgesamt hohe Anzahl weiblicher Realfakes infrage. Doch wirkliche Gewissheit werden erst Forschungsarbeiten zum Thema liefern können.

TYPISCHE VERHALTENSWEISEN UND STANDARDGESCHICHTEN

In jedem mir bekannten Fall gab es, was den Ablauf und das Verhalten des Realfakes betraf, große Übereinstimmungen, auf die ich hier eingehen möchte.

Am Beginn jeder Realfake-Liebesgeschichte steht die Kontaktaufnahme, bei der in 90 Prozent aller Fälle der Realfake die Initiative ergreift. Im Gegensatz zu den gängigen Vorurteilen geht er dabei nicht plump vor. Vielmehr erfolgt das Kennenlernen genauso wie mit jeder anderen Person im Internet auch. Die Möglichkeiten, unverfänglich mit jemandem in Kontakt zu treten, sind vielfältig: Likes, Mentions, Replies, Kommentare in gemeinsamen Facebook-Gruppen oder Foren, über die man ins Gespräch kommt etc.

Einige Realfakes gehen im Vorfeld bei der Auswahl ihrer Opfer sehr gezielt vor. Sie interessieren sich zum Beispiel nur für einen bestimmten Frauentyp oder legen Wert auf besondere Interessen und Ansichten. Dabei kommt ihnen gelegen, dass die meisten Menschen im Internet, ob bewusst oder nicht, viel von sich, ihren Vorlieben und ihrem Seelenleben preisgeben. Gefühlvolle Tweets, Fotos aus dem Alltag, verlinkte Artikel zu immer wiederkehrenden Themen – oft braucht es nicht mehr als einen Twitter-Stream und/oder einen Instagram-Account, um sich ein relativ klares Bild von der Zielperson machen zu können.

Realfakes lassen sich viel Zeit, nähern sich dem Gegenüber

behutsam und unaufdringlich. Diese Phase des »Anwär-mens« kann einige Tage bis zu mehreren Wochen dauern. Ist die Konversation aber erst einmal in Gang gekommen, interessieren sie sich für alles, was die Opfer betrifft: Fami-lie, Freunde, Beruf, Privatleben, Kindheit, Weltanschauung usw. Sie scheuen sich im Gegenzug nicht, selbst detailliert von ihrem (fiktiven) Leben zu erzählen. Die Opfer geraten dadurch unbewusst in eine Art Bringschuld (»Wenn er/sie mir seine/ihre privatesten Gedanken und Erlebnisse anver-traut, wäre es gemein, wenn ich nicht das Gleiche täte«) und öffnen sich viel mehr, als sie es normalerweise Fremden ge-genüber tun würden.

Indem die Realfakes immer für ihre Opfer da sind, aufbau-ende, witzige, interessierte Nachrichten schicken und zu einer wichtigen Ansprechperson in allen Lebenslagen wer-den, machen sie sich in der Gefühlswelt der Betroffenen schnell unentbehrlich. Der Schritt zur emotionalen Abhän-gigkeit ist fließend.

Ist schließlich eine »Liebesbeziehung« entstanden, ist – wie bei Verliebten im Real Life auch – der Wunsch nach Zweisamkeit groß, und Realfake und Opfer verbringen viel Zeit miteinander. Oftmals werden Aktivitäten im ech-ten Leben und wahre Freundschaften vernachlässigt, was zu einer schleichenden Isolation der Betroffenen führt.

Dem Realfake kommt das entgegen, da in der Regel die Freunde des Opfers immer wieder Zweifel säen und die Situation verkomplizieren. Ist es erst einmal isoliert, wird seine emotionale Abhängigkeit dem Realfake gegenüber umso größer.

Wenn unterschiedliche Realfakes von sich selbst erzählen, verwenden sie interessanterweise oft sehr ähnliche Storys. Viele behaupten, sie seien in ihrer Kindheit Opfer von physischer und/oder psychischer Gewalt bzw. sexuellem Missbrauch geworden. Realfake-Frauen berichten zusätzlich häufig von Vergewaltigungen oder häuslicher Gewalt in vorigen Beziehungen.

Als universelle Ausrede für nicht stattfindende Videochats und Telefonate, plötzliches Untertauchen oder abgesagte Treffen müssen bei fast allen Realfakes irgendwann (wenn andere Ausreden nicht mehr ziehen) vermeintliche »psychische Probleme« herhalten. Da dieser Begriff für das Gegenüber so wenig greifbar ist und in der Regel Mitleid auslöst, reagiert es meist verständnisvoll.

Um in den ersten Wochen genug Zeit für die Annäherung zu haben und sich dabei nicht ständig störende Fragen nach einem Treffen anhören zu müssen, geben viele Realfakes an, sich zurzeit im Ausland zu befinden. Andere behaupten, unter übermäßigem beruflichem oder familiär bedingtem Stress zu stehen.

Natürlich drängen die Opfer darauf, zumindest mit dem Realfake zu telefonieren, wenn sie ihn schon nicht treffen können. Da nicht alle Täter/-innen dazu in der Lage sind, Stimmengeneratoren zu verwenden, die zum Beispiel weibliche Stimmen männlich klingen lassen, schieben sie gerne ein beliebiges traumatisches Ereignis in ihrer Vergangenheit vor, aufgrund dessen sie die Stimme verloren haben.

Ewig lassen sich die Betroffenen in der Regel allerdings nicht hinhalten. Spätestens wenn aus der Onlinefreundschaft Verliebtheit wird, wäre den meisten kein Weg zu weit, und sie setzen alles daran, ein Treffen zu arrangieren. Um ihre Opfer nicht zu verlieren, geben die Realfakes schließlich nach: Einladungen werden ausgesprochen, Termine abgemacht – und immer wieder im letzten Moment abgesagt oder verschoben.

Die Ausreden sind vielfältig:

- Besonders häufig geben Realfakes an, plötzlich an Krebs oder einer anderen lebensbedrohlichen Krankheit zu leiden und in einem Krankenhaus behandelt werden zu müssen. Einige warten in der Klinik auch auf eine Organspende, die jederzeit eintreffen kann.

  Von ihrer Krankheit geschwächt und gezeichnet, möchten sie ihrer großen Liebe natürlich nicht gegenüberträten und bestehen darum darauf, mit einem Treffen bis zu ihrer vollständigen Genesung zu warten. Manchmal kann auch nur noch eine Spezialklinik im Ausland helfen, in die sie sich unverzüglich auf unbestimmte Zeit begeben müssen.

- Oft melden sich Realfakes erst Wochen nach einem geplatzten Treffen wieder mit der Begründung, sie seien in einen Unfall verwickelt gewesen, in dessen Folge sie ihr Gedächtnis verloren hätten. Erst jetzt wäre es zurückgekehrt, sodass sie sich nun unverzüglich bei ihrer großen Liebe melden würden…

- Auch Verwandte der Realfakes erkranken oder versterben vor geplanten Treffen häufig und auf kreative Art und Weise: Treppenstürze, Krankheiten jeder Art, Autounfälle, missglückte Operationen. In Einzelfällen wird im Laufe einer Realfake-Story die gesamte Fake-Familie nacheinander durch Schicksalsschläge ausgelöscht.

- Natürlich können auch Stress im Job, eine kurzfristig anberaumte Geschäftsreise oder ein plötzlicher Auslandsaufenthalt ein Treffen unmöglich machen.

- Häufig provozieren Realfakes direkt vor dem Date einen Streit und behaupten dann, nun wäre ihnen die Lust auf das Treffen vergangen. Manchmal zweifeln Realfakes auch ganz plötzlich an ihren Gefühlen, haben Angst, das Gegenüber zu enttäuschen, oder ihre generellen psychischen Probleme lassen das Treffen nicht zu.

Fliegen Realfakes auf und werden vom Opfer damit konfrontiert, kommen immer wieder dieselben Ausreden: Sie hätten Social Media nur ausprobieren wollen und sich aus privaten oder beruflichen Gründen, ohne böse Absichten, einen Fake-Account zugelegt. Diese Tatsache wäre erst zum Problem geworden, nachdem sie verliebt waren und sich aus Angst, das Gegenüber zu verlieren, nicht hätten outen können. In den meisten Fällen wird dann nahtlos die nächste falsche Identität aufgetischt.

Realfakes sind Meister darin, sich via Recherche Hintergrundwissen zu jedem für ihre Geschichte relevanten Thema anzueignen. Sie kennen Spezialkliniken, die neuesten Behandlungsmethoden ihrer ausgedachten Krankheiten usw.

So absurd ihre Schilderungen und Ausreden teilweise auch sein mögen: Ihre Macht liegt definitiv darin, auf ihren Lügen zu beharren und sie, auch wenn alle Wahrscheinlichkeit gegen sie spricht, immer weiter auszubauen. Selbst auf gezieltes Nachfragen und das Konfrontieren mit Beweisen zucken sie nur mit den Achseln, bestehen darauf, die Wahrheit zu sagen und unterstellen dem Gegenüber, es wäre krankhaft misstrauisch.

Erfahrene Realfakes wissen, wie leicht sich Menschen beeinflussen lassen. Dazu nutzen sie nicht nur sehr aufwendige Storys, sie wenden auch gezielt Methoden der psychologischen Manipulation an.

PSYCHOLOGISCHE MANIPULATION

Seelenverwandtschaft generieren

Die Tatsache, dass die Sehnsucht nach der »einzigen, wahren, romantischen Liebe« oder einem Seelenverwandten in fast jedem von uns schlummert, kommt Realfakes sehr zugute.

Fragt man ein beliebiges Opfer, wird es davon erzählen, wie uneingeschränkt es sich von seinem Realfake verstanden gefühlt habe und was für eine einzigartige Wärme und Nähe zwischen beiden bestanden habe.

Dieses subjektive Gefühl einer ganz besonders innigen zwischenmenschlichen Verbindung ist dafür verantwortlich, dass die meisten Opfer ihren Realfake nicht verlieren wollen und den Kontakt trotz aufkommender Zweifel nicht einfach abbrechen.

Wie gelingt es Realfakes aber, diese Verbindung aufzubauen? Handelt es sich um ganz besonders empathische, empfindsame und liebevolle Menschen? Die Antwort ist ganz einfach: Leider ist es relativ simpel, eine Art »künstliche« Seelenverwandtschaft zu generieren, denn Menschen sind sich ähnlicher, als sie ahnen.

Jeder Mensch sehnt sich zum Beispiel nach einem sicheren Umfeld. Jeder bindungswillige Single und jedes Paar träumt von einem harmonischen Beziehungsleben. Jeder möchte, dass seine Wünsche und Hoffnungen ernst genommen werden. Jeder hält sich auf irgendeinem Gebiet für talentiert.

Je allgemeingültiger und vager eine Aussage über einen anderen Menschen formuliert wird, umso mehr neigt dieser dazu, sie als zutreffend zu akzeptieren. Dieses Phänomen machen sich zum Beispiel auch Wahrsager, Zauberer, Mentalisten, »Lebensberater« und die Verfasser von Horoskopen zunutze.

In der Psychologie nennt man es den »Barnum-« oder »Forer-Effekt«, benannt nach dem Psychologieprofessor Bertram Forer, der 1948 eine interessante Testreihe unternahm:

Er gaukelte seinen Studenten vor, sie würden an einem Persönlichkeitstest teilnehmen und legte ihnen Fragebogen vor, die sie ausfüllen mussten.

Einige Zeit später händigte er ihnen die Auswertungen ihrer Bogen aus und bat sie, diese auf ihren Wahrheitsgehalt hin von 0 (trifft überhaupt nicht auf mich zu) bis 5 (sehr zutreffend) zu benoten. Das durchschnittliche Ergebnis lag bei 4,26!

Was die Studenten nicht wussten: Sie hatten alle den identischen Auswertungstext erhalten, der aus einer Aneinanderreihung von allgemeingültigen Aussagen bestand, die Forer aus den Horoskopen verschiedener Zeitungen zusammengesetzt hatte, in denen sich jeder problemlos wiedererkennen konnte. Der Originaltext lautete:

»Sie brauchen die Zuneigung und Bewunderung anderer, dabei neigen Sie zu Selbstkritik. Zwar hat Ihre Persönlichkeit einige Schwächen, doch können Sie diese im Allgemeinen ausgleichen. Sie haben beträchtliche Fähigkeiten, die brachliegen. Äußerlich diszipliniert und kontrolliert, fühlen Sie sich ängstlich und unsicher. Mitunter zweifeln Sie an der Richtigkeit Ihrer Entscheidungen. Sie bevorzugen ein gewisses Maß an Veränderung, und Sie sind unzufrieden, wenn Sie von Verboten und Beschränkungen eingeengt werden. Sie sind stolz auf Ihr unabhängiges Denken und nehmen anderer Leute Aussagen nicht unbewiesen hin. Sie erachten es als unklug, sich anderen zu freimütig zu öffnen. Manchmal verhalten Sie sich extrovertiert, leutselig und aufgeschlossen, manchmal auch introvertiert, skeptisch und zurückhaltend. Ihre Wünsche scheinen mitunter eher unrealistisch.«

Auch ich erkenne mich in dem Text wieder.

Kein Wunder: Je allgemeiner die Aussage, umso größer die Wahrscheinlichkeit, dass sie auf jeden Menschen zutrifft.

Das Gleiche gilt für Sowohl-als-auch-Aussagen: »Manchmal sind sie so, manchmal wiederum so« – wer ist das nicht?

Auch bei positiven, schmeichlerischen Aussagen zur eigenen Person sind Menschen gerne bereit, sie als wahr zu akzeptieren, egal ob sie stimmen.

Zuckerbrot und Peitsche

Alle Realfakes arbeiten, teils berechnend, teils unbewusst, mit der »Zuckerbrot-und-Peitsche-Methode«. Sie ist maximal manipulativ, psychisch ganz einfach durchzuführen und zeigt immer Wirkung:

Auf größtmögliche Aufmerksamkeit und Zuneigungs-/ Liebesbeteuerung folgt plötzlich und ohne Vorwarnung das Abwenden, Sichrarmachen oder sogar kurzzeitiger Kontaktabbruch.

Nur wenige Menschen können gut damit umgehen, wenn eine ungeklärte Unstimmigkeit zwischen ihnen und Freunden im Raum steht. Wenn der Fake plötzlich nicht mehr verfügbar ist, beschäftigt sich das Opfer gedanklich in riesigem Maße mit ihm, baut Schuldgefühle auf und empfindet einen großen Verlustschmerz.

Auch nach Streitgesprächen tauchen Realfakes häufig wortlos unter. Während einige von ihnen dieses Verhalten als Strafmaßnahme einsetzen, dient es anderen dazu, dem Druck erst einmal zu entrinnen und Zeit zu gewinnen, ohne das Opfer zu verlieren.

So absurd es ist: Viele Betroffene empfinden den Verlust-schmerz als dermaßen entsetzlich, dass sie einfacher damit leben können, dem Realfake, gegen alle Zweifel, weiter zu vertrauen, als ihn zu verlieren. Das wissen die Täter und machen es sich zunutze. Als Begründung für ihren plötzlichen Rückzug muss dann fast immer ihre psychische Disposition herhalten: »Ich konnte nicht anders, als zu fliehen und erst mal Abstand zu nehmen. Du hast mich so in die Ecke gedrängt.«

Love Bombing

Die meisten Realfakes bedienen sich in abgewandelter Form auch einer Methode, die Sekten verwenden, um neue Mitglieder zu werben. Sektenkritiker bezeichnen diese als »Love Bombing«: Mit dem Opfer werden tiefgründige, intensive und gefühlvolle Gespräche geführt. Man hört ihm zu, schmeichelt ihm, heuchelt Mitgefühl und tröstet es.

Während das Opfer sich verstanden und angenommen fühlt, geht es seinem Gegenüber ausschließlich darum, ein Persönlichkeitsprofil zu erstellen und etwaige Schwachstellen aufzudecken, die später für eigene Zwecke genutzt werden können. Funktioniert das Love Bombing nicht mehr, weil das Opfer zum Beispiel anfängt zu zweifeln oder zu widersprechen, werden ihm mithilfe seiner vorher ausspionierten wunden Punkte Schuldgefühle gemacht, Ängste geschürt oder psychische Probleme unterstellt.

Angriff ist die beste Verteidigung

Ausnahmslos alle Realfakes drehen bei Vorwürfen und Zweifeln den Spieß einfach um und beschuldigen wiederum das Opfer, sich falsch zu verhalten. Einige Beispiele:

»Okay, ich bin das nicht auf den Fotos. Aber das ist so typisch… Immer gehen alle nur nach der Optik. *Du* gehörst auch dazu! Ist es so wichtig, wie ich aussehe? Alles, was ich dir sonst über mich gesagt habe, stimmt!«

»Denkst du, *mir* macht es Spaß, dass ich unsere Verabredung absagen muss, weil meine Mutter krank geworden ist? Du denkst immer nur an dich!«

»Weißt du was? Ich höre mir das nicht länger an. Ich habe dir gesagt, sobald meine Cam repariert ist, können wir videoskypen. Ich muss den ganzen Tag arbeiten. Und danach komme ich nicht dazu, den Computer wegzubringen, weil *du* in jeder freien Minute mit mir sprechen willst! Also beschwer dich jetzt nicht…«

Die Liste kann unendlich verlängert werden, das Prinzip ist immer das gleiche: Dem Opfer werden Schuldgefühle eingeimpft, die realistisch gesehen unhaltbar sind, auf emotionaler Ebene aber erheblichen Schaden anrichten können. Das kann so belastend werden, dass das Opfer, um weiteren Stress zu vermeiden, lieber den Mund hält.

In der Lernpsychologie nennt man dieses Verhalten »operantes Konditionieren«: Der Mensch strebt danach, Bestrafung zu verhindern und Belohnung zu suchen. Das Opfer wird dementsprechend vom Realfake so konditioniert, dass es weiß, dass es Liebe und Harmonie nur erhält, wenn es schweigt, und Streit, Missachtung oder Ignoranz erntet, wenn es seine Zweifel äußert oder Widerworte gibt.

ÜBER REALFAKE-ACCOUNTS

Man findet Fake-Accounts in jedem sozialen Netzwerk, sogar auf kostenpflichtigen Datingseiten, besonders beliebt bei Realfakes ist allerdings Facebook.

Das hat ganz einfache Gründe:

Die Plattform ist extrem verbreitet. Weltweit verfügte sie im vierten Quartal 2014 über 1,393 Milliarden aktive Nutzer, davon allein in Europa 301 Millionen – und die Zahlen steigen.

Die Privatsphäre kann so eingestellt werden, dass öffentlich fast nichts vom Profil zu sehen ist. Somit hat der Realfake die absolute Kontrolle darüber, wem er Einblicke in den Inhalt seines Fake-Accounts gewährt.

Über Facebook werden Nachrichten ohne für den Empfänger einsehbare IP versendet, sodass ein Laie ohne Kenntnisse von Social Engineering oder Hacking nicht zurückverfolgen kann, von welchem Ort/Land sie versendet wurden. (Eine Methode des Social Engineering wäre zum Beispiel, dem Realfake in einer Facebook-Nachricht einen Link zuzuschicken. Wenn dieser darauf klickt, wird ein Script ausgeführt, das dessen IP-Adresse weiterleitet.)

Detailliertere Informationen über IPs finden sich unter »Das Überprüfen von IP-Adressen« ab Seite 287.

Das Fälschen der weltweiten Ortsangaben, die man den einzelnen Posts hinzufügen kann, ist problemlos möglich. Ob Städte, Flughäfen, einzelne Bars oder Geschäfte – es kann mit einem Klick vorgegaukelt werden, man befände sich gerade dort.

Durch das Erstellen von Fake-Profilen angeblicher Familienmitglieder und Freunde und die Vernetzung mit ihnen wird eine maximale Glaubwürdigkeit erzielt.

Mit der Chatfunktion ist unkomplizierte Kommunikation jederzeit möglich.

Je öfter eine Person im Internet zu finden ist, umso echter wirkt sie. Ein Facebook-Account, dazu einer bei Instagram, SoundCloud oder Twitter, vielleicht noch ein scheinbar seriöser, beruflicher bei LinkedIn oder XING – egal wo, die Anmeldung ist schnell und unfassbar einfach. Der Täter benötigt lediglich eine E-Mail-Adresse, die man, auch unter Angabe falscher Daten, bei diversen Anbietern kostenlos bekommt, dazu noch Skrupellosigkeit, Fantasie und Organisationstalent, um die verschiedenen Accounts und/oder Fake-Personen zu koordinieren.

Fliegen Realfakes auf, pflegen sie meist in Rekordgeschwindigkeit ihre Opfer zu blockieren, sodass diese sie fortan weder sehen noch kontaktieren und darum nicht einmal mehr die an dem Fall beteiligten Profile melden können.

Ein weiterer wichtiger Punkt, der bei sozialen Netzwerken für die Fakes arbeitet, ist die Tatsache, dass es in der Regel möglich ist, Usernamen (und auf Wunsch mit ihnen die URL, also die Webadresse, mit der man auf die Seite des Users gelangt) mindestens ein Mal, mitunter auch beliebig oft zu verändern, sodass die Accounts unter der alten URL/ dem alten Usernamen nicht mehr gefunden werden können. Es entsteht der Eindruck, sie wären gelöscht worden, in Wirklichkeit werden sie aber lediglich unter neuem Namen weitergenutzt.

Bei Facebook gibt es allerdings ein kleines Schlupfloch, diese Methode setzt jedoch voraus, dass man Facebook-Nachrichten mit dem Realfake ausgetauscht und die Mailkonversation nicht gelöscht hat. Sie funktioniert nur, wenn man am Computer eingeloggt ist, nicht mit der Messenger-App.

Öffnet man »Nachrichten«, erscheinen links untereinander neben der Miniatur ihrer Profilbilder alle User, mit denen man in der Vergangenheit via Mail kommuniziert hat. Sobald eine dieser Personen nun ihren Usernamen oder ihr Profilbild wechselt, kann man, selbst wenn man entfreundet oder blockiert wurde, diese Änderung sehen.

User, bei denen kein Name, sondern lediglich »Facebook-Nutzer« steht, haben den Account nicht nur deaktiviert (d. h., sie können ihn jederzeit reaktivieren), sondern endgültig löschen lassen.

Generell gilt: Je länger ein Mensch schon dabei ist, sich als Realfake im Internet zu bewegen, desto größer ist die Wahrscheinlichkeit, dass er sich mit der Zeit einen Pool an Fake-Profilen zugelegt hat, auf die er bei Bedarf zugreifen kann.

RECHERCHE

Wenn es um das Thema Recherche geht, ist die Erwartungshaltung einiger Opfer leider unrealistisch hoch. Während es in den meisten Fällen relativ einfach ist zu erkennen, ob es sich bei der neuen Internetbekanntschaft um eine echte Person oder einen Fake handelt, sieht die Sache ganz anders aus, wenn man den Menschen hinter dem Realfake aufspüren möchte.

Dieses Kapitel befasst sich mit beiden Varianten.

Real oder fake?

Wer sich im Internet bewegt, trifft zwangsläufig auf andere Menschen. Wie weit man diese an sich heranlässt, bleibt jedem selbst überlassen. Ich kenne Menschen, die jede Person, mit der sie im Netz kommunizieren, überprüfen. Ich persönlich kann das nicht nachvollziehen und halte es auch nicht für richtig (zumal man aus dem Googeln gar nicht mehr herauskäme).

Die Frage, die man sich vor jeder Recherche stellen sollte, ist immer, inwieweit es gerade in *diesem* Fall wichtig ist, ob der Mensch der ist, als der er sich ausgibt. Vielleicht verwendet er einfach nur seinen Klarnamen nicht, weil er sich im Netz dadurch freier bewegen kann, ohne zum Beispiel Angst haben zu müssen, von Arbeitskollegen beobachtet zu werden. Vielleicht ist er aber auch in eine andere Rolle geschlüpft, weil ihm diese Selbstbewusstsein verleiht und es ihm dann leichter fällt, sich mit anderen auszutauschen.

Sofern sich die Gespräche nicht mit wirklich privaten Themen befassen, sondern es sich eher um Small Talk handelt, kann ich persönlich gut damit leben, keine Garantie für die Echtheit meines Gegenübers zu haben.

Anders sieht es allerdings aus, wenn man regelmäßig intensiven, engeren Kontakt zu einem fremden Menschen hat, sich daraus eine Freundschaft und eventuell sogar Gefühle entwickeln. In diesem Fall – und am besten, *bevor* man den anderen zu nahe an sich heranlässt – ist es durchaus sinnvoll, ihn zu überprüfen.

Dafür gibt es mehrere Möglichkeiten:

1. Informationen überprüfen

Man überprüft den Namen der Person, ihrer Freunde und die zur Verfügung stehenden Informationen, zum Beispiel:

- Ist sie mithilfe von Suchmaschinen im Internet zu finden? Findet man ihre Freunde? Aber Vorsicht, bitte genau hinsehen, denn viele Realfakes benutzen absichtlich Namen, die umfangreiche Suchergebnisse liefern, zum Beispiel von unbekannteren Sportlern oder nicht prominenten Menschen, die über eine große Webpräsenz verfügen, sich aber bei näherer Betrachtung als falsch erweisen.
- Existiert die Firma, bei der die Person angeblich arbeitet? Wenn ja: Kennt man sie dort?
- Was befindet sich unter der angegebenen Adresse?
- Handelt es sich wirklich um ein Wohnhaus, oder steht dort ein Einkaufszentrum? Findet man andere Bewohner des Hauses, an die man sich wenden könnte?
- Mithilfe einer Melderegisterauskunft ist es außerdem möglich, gegen eine geringe Gebühr bei jeder Meldebehörde

in Deutschland überprüfen zu lassen, ob die Person wirklich unter der vorliegenden Adresse in der angegebenen Stadt wohnt.

2. Accounts checken

Es wäre schön, mit einem Blick in ein Profil Gewissheit darüber zu erhalten, ob es sich um ein echtes oder ein gefälschtes handelt; doch leider funktioniert das nicht ganz so einfach, denn während manche Realfake-Accounts absolut glaubwürdig erscheinen, gibt es viele Profile realer User, die so spartanisch und lieblos befüllt sind, dass sie wie Fake-Accounts wirken.

Diesen Punkten sollte man bei der Einschätzung von Accounts besondere Aufmerksamkeit schenken:

a) Die Fotos

Echte Menschen veröffentlichen bei Facebook & Co meist eine bunte Mischung von Bildern: Schnappschüsse jeglicher Art, Selfies, Fotos, die sie gemeinsam mit Freunden zeigen, Urlaubsbilder etc.

Gute Realfakes simulieren das. Sie verfügen in der Regel über ein riesiges Archiv von Bildern für jede Gelegenheit, die sie aus fremden Accounts gestohlen haben, sodass es kaum möglich ist, hier zwischen real und fake zu unterscheiden.

Doch längst nicht alle Fakes arbeiten so aufwendig: Wirken die geposteten Fotos durchweg professionell oder sind die Bilder, auf denen sie angeblich selbst zu sehen sind, alle im Studio aufgenommen und scheinen aus einer einzigen Fotosession zu stammen, sollte man misstrauisch werden, denn es kann sich um gestohlene Bilder von Onlinemodelagenturen oder um Stockfotos (vorproduzierte Aufnahmen, die von Bildagenturen angeboten werden) handeln.

Auch wenn die Person sehr perfekt erscheint und aussieht wie ein Model oder Popstar ist Vorsicht angeraten, denn vielleicht handelt es sich schlicht und einfach tatsächlich um ein Model oder einen Popstar, dem die Bilder geklaut wurden ...

Das Verwenden der Bildersuche ist sicher sinnvoll und wird in »Bildersuche« ab Seite 285 näher erläutert. Auch wenn diese keine Erfolge bringt, sollte man wachsam bleiben und sich immer vor Augen halten: Im Internet ist *kein einziges* Foto ein Beweis für irgendetwas.

Selbst wenn die Person jedes ihrer Erlebnisse mit Bildern belegen kann, hat das rein gar nichts zu bedeuten. Die Vorgehensweise ist ganz simpel: Erst verfügt der Realfake über ein gestohlenes Bild, dann wird eine beliebige Geschichte drum herum gestrickt und das Foto dem Gegenüber als Beweis auftischt ...

Dank Bildbearbeitungsprogrammen ist es außerdem natürlich immer möglich, Bilder so zu manipulieren, dass sie zur Story passen.

b) Das Account-Alter

Das Alter des Accounts kann aufschlussreich sein. Wurde er erst vor Kurzem angemeldet und scheint ganz auf das Opfer und die große Liebe zu ihm ausgerichtet zu sein, ist er meist nicht echt.

Besonders Scammer legen permanent neue Accounts an. Entweder weil ihre alten gesperrt wurden, oder weil sie für jedes Opfer einen eigenen verwenden.

c) Die Freunde

Ganz besonderes Augenmerk sollte man auf die Freunde und ihre Aktivitäten legen. Hierbei spielt gar nicht sosehr die Anzahl eine Rolle, denn sehr wenige können genauso verdächtig sein wie mehr als tausend Freunde. Bei sehr vielen Freunden sollte man sich einige von ihnen ansehen. Verfügen auch sie über extrem viele Freunde? Dann ist das meist ein Zeichen dafür, dass sie jede Freundschaftsanfrage von Fremden unbesehen annehmen und wahllos selber welche verschicken, da sie ihre eigene Popularität an ihrer Freundesliste messen.

In der Freundesliste sollten Männer und Frauen in einem ausgewogenen Mischverhältnis vorhanden sein. Vorsicht, wenn sie ausschließlich aus Usern des jeweils anderen Geschlechts besteht…

Freunde real existierender Personen ergeben meist eine relativ homogene Mischung was Alter, Milieu und Herkunftsregion/-land betrifft. Wirken die Freunde wahllos zusammengewürfelt und verfügen im Grunde über keinerlei Berührungspunkte, stimmt vermutlich etwas nicht.

Misstrauisch werden sollte man auch, wenn der User bisher weder Fernreisen unternommen hat noch Englisch spricht, aber ein Großteil der Facebook-Freunde im Ausland lebt…

Besonders aufschlussreich ist das Feedback der vorhandenen Freunde. Je nach Länge der Freundesliste sollten gepostete Fotos und Aktivitäten eine angemessene Anzahl an Likes und Kommentaren erhalten. Bei mehr als tausend Freunden auf jeden Post nur zwei oder drei Likes zu bekommen – und das vielleicht auch noch von den immer gleichen Personen – ist ein relativ sicheres Zeichen dafür, dass etwas nicht stimmen kann. Die Accounts dieser Freunde sollten gleich mit überprüft werden. Das Gleiche gilt für Personen, die vorgeben, den User aus dem Real Life zu kennen.

Ist man mit ihnen nicht befreundet, stößt man allerdings schnell an Grenzen, da sich immer mehr User – echte Menschen und Fakes – intensiver mit den Privatsphäreeinstellungen von Facebook auseinandersetzen und ihre Profile vor den Blicken Außenstehender verschließen.

Hier gibt es ein kleines, wenn auch häufig unbefriedigendes Schlupfloch: Zurzeit ist es noch nicht möglich, das Titelbild eines Accounts auf private Sicht zu stellen. Man kann es anklicken und die Likes und Kommentare dazu ansehen. Auch hier gilt: Je mehr von unterschiedlichen Personen stammen, umso glaubwürdiger ist das Profil. Haben nur sehr wenige Freunde reagiert, schaut man sich wiederum deren Accounts an und versucht sie auf ihre Echtheit zu checken. Dieses Verfahren ist zeitaufwendig, mitunter kann man sich damit aber einen recht guten Eindruck über die Authentizität des Freundeskreises und der überprüften Accounts machen.

d) Die Aktivitäten innerhalb des Accounts

Je mehr Aktivitäten in einem Account stattfinden, umso größer ist die Wahrscheinlichkeit, dass er echt ist. Echte Menschen unternehmen echte Aktivitäten an echten Orten. Sie treffen andere echte Menschen. Sie teilen in ihrer Chronik Erlebnisse, Gedanken oder Links und tauschen sich im Regelfall mit ihren Freunden aus.

Befindet sich außer einigen nichtssagenden Fotos absolut gar nichts in einem Account oder reihen sich lediglich Liebeserklärungen, -gedichte und YouTube-Videos mit Lovesongs aneinander, alle einem selbst gewidmet, ist die Echtheit fraglich.

3. Bildersuche

Möchte man überprüfen, ob die Fotos einer Internetbekanntschaft wirklich von ihm/ihr stammen oder einem anderen User gestohlen wurden, verwendet man die Rückwärts-Bildersuche. Die Vorgehensweise ist einfach: Man lädt die betreffenden Bilder hoch, das Internet wird nach ihnen durchsucht und innerhalb weniger Sekunden erfährt man, ob und auf welchen Seiten sie schon veröffentlicht wurden.

Das hört sich erfolgversprechend und zuverlässig an, leider sieht die Realität ein wenig anders aus: Bilder können überhaupt nur gefunden werden, wenn sie im Internet für die Öffentlichkeit sichtbar sind. Hat ein Fake sie aus einem Facebook-Account entnommen, mit dem er unter einem anderen Namen befreundet ist und dessen Bilder auf private Sicht gestellt sind, können diese nicht ermittelt werden. Ebenso verhält es sich mit Fotos aus Instagram-Accounts.

Die beiden gängigsten Dienste zur Rückwärtssuche von Bildern sind Tineye und die Google-Bildersuche.

Ich persönlich habe mit Tineye (www.tineye.com) keine wirklich guten Ergebnisse erzielt, höre aber von anderen, sie würden es regelmäßig erfolgreich nutzen.

In meinen Augen zuverlässiger funktioniert Google (https://images.google.com/). Dort kann man nicht nur mithilfe von Stichwörtern, wie zum Beispiel »Surfschule, Jamaika«, nach Bildern suchen, sondern auch nach konkreten Fotos. Dafür befindet sich rechts in der Eingabezeile ein kleines Kamerasymbol. Nach einem Klick darauf öffnet sich ein Eingabefenster und man kann ein Foto von seiner Festplatte hochladen oder es per Drag & Drop direkt in die Eingabezeile ziehen.

Die Google-Bildersuche arbeitet nach dem Prinzip, optisch ähnliche Bilder aufzuspüren. Sie konzentriert sich dabei auf die vorherrschenden Farben und die Bildkomposition (zum Beispiel »Person im Bildmittelpunkt, Bäume im Hintergrund«).

Leider hat diese Vorgehensweise einen großen Nachteil: Wurde das Originalfoto beschnitten und der Bildausschnitt so modifiziert, dass die Bildkomposition gravierend verändert ist, kann das Ursprungsfoto nicht mehr aufgespürt werden.

Zu den oben genannten erschwerenden Faktoren kommt ein weiterer hinzu: Natürlich können Fakes ihre gestohlenen Fotos erst einmal selbst durch eine Suchmaschine schicken und nur die verwenden, die nicht gefunden werden konnten. So sind sie auf der sicheren Seite.

Fazit: Sollte die Bildersuche erfolglos bleiben, bedeutet das in keinem Fall, dass die Person auf den Fotos zwangsläufig die ist, als die sie sich ausgibt. Genau genommen, ist man dann keinen Schritt weiter …

Sinnvoll ist es immer, auf Bilddetails wie Steckdosen, Tür- und Fenstergriffe, Autonummern, Straßenschilder, herumliegende Zeitschriften, Lebensmittelpackungen usw. zu achten, da diese oft Aufschluss über das Land geben, in dem die Fotos aufgenommen wurden.

Auch Bildern, die nicht ganz zu den anderen passen, weil zum Beispiel die Bildqualität schlechter ist oder die Motive ein wenig »unspektakulär« sind, sollte man Beachtung schenken. Gerade sie gehören oft nicht zu den gestohlenen, sondern wurden vom Realfake selbst aufgenommen.

4. Das Überprüfen von IP-Adressen

Jedes Gerät, das ans Internet angebunden wird, erhält beim Einwählen vom Provider (dem Internetanbieter, zum Beispiel »T-Online«) automatisch eine IP-Adresse, also eine Art virtuelle Postadresse. Diese IP-Adresse ist eindeutig und ermöglicht es, Daten, zum Beispiel E-Mails oder die, die beim Ansehen einer Website anfallen, von einem Computer gezielt zu einem anderen zu schicken. Die IP einer Privatperson ändert sich in der Regel bei jedem erneuten Einwählen, spätestens aber nach 24 Stunden. Nur große Firmenkunden bekommen immer die gleiche, eine sogenannte »feste IP«.

IPs führen nicht direkt zu einer bestimmten Person oder einem bestimmten Computer, Laptop oder Tablet. Bei einem normalen, privaten Internetzugang erhält lediglich der Router (das Gerät, das die Internetanbindung ermöglicht) eine individuelle IP-Adresse. Teilt sich also eine Familie, eine Haus- oder Bürogemeinschaft einen Router, dann können sich hinter einer einzelnen IP fast beliebig viele Endgeräte und damit auch Personen verbergen.

Den genauen Standort des Endgerätes kann nur der Provider ermitteln. Im Rahmen von schwerwiegenden Straftaten kann es so tatsächlich möglich sein, den konkreten User zu finden.

Einer Privatperson wird lediglich der letzte Einwahlpunkt des Providers angezeigt, nicht der Aufenthaltsort des Users. Abhängig von der Größe des Internetanbieters kann es sich um eine Stadt handeln, die sich Hunderte von Kilometern entfernt von dem Wohnort der Person befindet – oder aber um einen kleinen Landkreis, in dem sie sich tatsächlich aufhält.

Diese Tatsache mag ernüchternd klingen, aber selbst ungenaue Ergebnisse können hilfreich sein, wenn sich zum Beispiel herausstellt, dass Officer Mike aus Kanada mit einer IP aus Nigeria schreibt oder Karens Mails aus New York in Wirklichkeit aus dem Hildesheimer Raum versendet wurden.

Auch in Fällen, in denen mehrere gefälschte Personen mit dem Opfer in Kontakt stehen, ist es aufschlussreich, wenn sie alle mit der gleichen IP schreiben oder, obwohl sie angeblich aus unterschiedlichen Städten stammen, ihre IPs auf den selben Ort verweisen.

Die IP-Adresse in einer Mail zu finden ist relativ einfach. Jede versendete E-Mail hat einen sogenannten Header, der die Absenderangabe, das Erstellungsdatum der Mail und weitere optionale Angaben enthält. Sollte er nicht angezeigt werden, ist es sinnvoll mit der »Hilfe«-Funktion des IS nach »Header«, »E-Mail-Header«, »E-Mail-Quelltext« oder »Nachrichtenkopfzeilen« zu suchen. Dort findet man die Anleitung zum Anzeigen des Headers.

Hat man den Header gefunden und möchte es sich so einfach wie möglich machen, kann man ihn komplett kopieren und auf der Website www.ip-tracker.org in den dafür vorgesehenen Kasten mit der Überschrift »Find Email Sender With Email Tracker« einsetzen. Ein Klick auf den Button »Find Email Sender Location With Email Finder« zeigt dann sofort die IP, den Provider und die verfügbare Location an.

Falls man in der Lage ist, die IP selbst aus dem Header herauszulesen, kann man auch die Seite www.utrace.de benutzen.

Leider gibt es Einschränkungen, die man bei dem Recherchieren mit IP-Adressen berücksichtigen muss:

Mails, die von E-Mail-Adressen bestimmter Anbieter aus verschickt wurden, zeigen lediglich IPs an, die direkt zu deren Firmensitzen in die USA führen. Sie geben also keinerlei Aufschluss über das Land, in dem sich der User aufhält.

Außerdem gibt es die Möglichkeit, einen sogenannten Proxy oder ein VPN zu verwenden. Das sind, sehr vereinfacht gesagt, weitere Rechner, die als Vermittler zwischengeschaltet werden und in einem beliebigen Land stehen können. Man kann also theoretisch einen Proxy in seinem Wunschland verwenden und dann seine Mails mit der IP-Adresse von dort verschicken.

5. Gefälschte Beweise

Um ihre Opfer zu beruhigen, besonders wenn sie bereits Bedenken geäußert und Beweise für ihre Echtheit gefordert haben, verschicken Realfakes häufig Fotos ihrer Personalausweise, Kreditkarten oder anderer scheinbar offizieller Dokumente.

Was die Beweiskraft solcher Fotos betrifft, ist allerdings Vorsicht geboten, denn dank Internet und Photoshop ist es unglaublich einfach geworden, sie zu fälschen:

- Eine große Auswahl an Formularen wird von Behörden und unterschiedlichen Institutionen teils als kostenloser Verbraucherservice, teils gegen ein Entgelt zum Download angeboten.
- Diverse Webseiten stellen Generatoren für Personalausweise, Reisepässe, Studentenausweise, Führerscheine etc. zur Verfügung. Dazu können beliebige »Fantasie«-Dokumente mit gewünschter Beschriftung versehen werden, sodass man sich ganz einfach zum Beispiel Mitarbeiterkarten, Mitgliedsausweise von Fitnessstudios etc. erstellen kann. Der User muss dafür lediglich ein Porträt- oder Passfoto hochladen und den gewünschten Text eingeben.
- Eine kanadische Webseite bietet kostenpflichtig internationale Dokumente zum Bestellen an. Zur Auswahl stehen Diplome und Ausweise jeder Art aus zahlreichen verschiedenen Ländern. Es ist sogar möglich, dort Führerscheine der einzelnen amerikanischen Bundesstaaten zu erhalten.

Um nicht unter den Straftatbestand der Urkundenfälschung zu fallen, unterscheiden sich die erstellten Dokumente durch Details, zum Beispiel ein geringfügig verändertes Layout, die Verwendung einer anderen, ähnlichen Schrift oder auch durch abgewandelte Abkürzungen und Schreibweisen. Es ist in jedem Fall sinnvoll, bei Google nach Bildern der Originale zu suchen und beide Dokumente miteinander zu vergleichen.

6. Rationalität

Selbst wenn alle Dokumente echt erscheinen, die Bildersuche keine Ergebnisse gebracht hat und Story und Accounts perfekt anmuten, beweist das noch immer nicht, dass die Person echt ist. Die wichtigste Methode, die sicherer als alles Googeln und Recherchieren ist, ist ganz simpel: Wenn man zweifelt und das ungute Gefühl hat, etwas stimme nicht, sollte man sich auf sein Bauchgefühl verlassen und versuchen, die Situation möglichst rational einzuschätzen. Ist das Herz involviert, ist man zwar versucht, die Signale von Bauch und Verstand zu ignorieren, meist ist das eigene Unterbewusstsein aber schon einen Schritt weiter, als man selbst es sich eingestehen mag.

In den ersten Wochen gelingt es noch gut, alle Zweifel beiseitezuschieben. Schließlich erlebt man eine schöne Zeit mit seinem Realfake. Man ist verliebt, und die Gefühle sind identisch mit Verliebtheit im Real Life. Man fühlt sich unbeschwert und glücklich und möchte diesen Zustand natürlich so lange wie möglich aufrechterhalten. Erst mit der Zeit, wenn sozusagen der Beziehungsalltag eingekehrt ist und die Hormone wieder ein wenig zur Ruhe gekommen sind, wird es zunehmend schwieriger, die Unstimmigkeiten zu verdrängen.

Spätestens dann, besser natürlich *bevor* man sich in den anderen verliebt hat, sollte man die aufgetischten Geschichten, Bilder etc. objektiv betrachten und sich fragen, wie glaubwürdig das Gesamtbild wirklich ist.

Warum kommt der Realfake zum Beispiel nie dazu, seine Webcam reparieren zu lassen oder sich eine neue zu kaufen? Selbst wenn er vor lauter Jobstress keine Zeit zum Shoppen hat, könnte er sie im Internet bestellen und sich zusenden lassen. Außerdem besitzen mittlerweile doch fast alle Menschen auch ein Smartphone, dessen Kamera genauso gut verwendet werden kann, um sich zu zeigen.

Auch die Behauptung, die mobile Internetverbindung wäre zu schlecht oder das WLAN funktioniere nicht, ist äußerst fadenscheinig. Mal abgesehen davon, dass mittlerweile selbst der Mount Everest über eine moderne und schnelle Verbindung verfügt – gibt es in der Stadt, in der er sich aufhält, keine Internetcafés?

Falls er sein angeblich zutiefst gestörtes Selbstbewusstsein als Grund dafür vorschiebt, warum er sich vor der Cam nicht zeigen kann, lohnt es sich, die Fotos zu prüfen: Spiegelt sich diese Unsicherheit auch in den Bildern wider, oder posiert er auf ihnen selbstbewusst und ohne Scheu?

Wie realistisch ist es, dass vor jedem Treffen etwas völlig Unerwartetes, meist Dramatisches passiert, sodass der Realfake es kurzfristig absagen muss? Natürlich kann so etwas vorkommen, ein Mal, vielleicht sogar zwei Mal, aber jedes Mal?

Ist es nachvollziehbar, dass der Realfake sagt, er wäre unendlich verliebt und wolle den Rest seines Lebens mit einem verbringen, das erste Treffen aber mit ständig neuen Ausreden hartnäckig vor sich herschiebt? Egal ob Jobstress, psychische oder familiäre Probleme – ist es nicht eigentlich so, dass jeder, der verliebt ist, den anderen zwingend sehen will? Koste es, was es wolle? Und wenn es nur für 24 Stunden ist?

Die wichtigste Frage ist aber folgende: Selbst wenn die Person die Wahrheit sagt und ihre Ausreden stimmen, könnte man sich vorstellen, mit so einem Menschen eine Beziehung im Real Life zu führen?

Jemandem, der alles – Job, Familie und seine eigenen Befindlichkeiten – grundsätzlich vor die Bedürfnisse seiner Partnerin/seines Partners stellt und die Prioritäten so setzt, dass diese/r an hinterster Stelle steht, statt gleichberechtigt ernst genommen zu werden? Möchte man sich selbst immer zurücknehmen, um den anderen nicht zu verärgern?

Anmerkung: Das Sichschönreden und Verdrängen unangenehmer, widersprüchlicher Dinge und Situationen ist ein natürlicher Abwehrmechanismus, der in der Psychologie »Kognitive Dissonanzreduktion« genannt wird: Empfinden Menschen etwas als sehr belastend, entsteht ein innerer Spannungszustand. Um diesen abzubauen, interpretieren sie die Fakten so lange um, bis sie (vermeintlich) plausible Argumente und beruhigende Erklärungen finden.

Den Täter/die Täterin finden

Nahezu alle Betroffenen, die herausgefunden haben, dass es sich bei ihrem Gegenüber um einen Realfake handelt, reagieren in dieser Situation gleich: Der Wunsch, den Menschen zu finden, der dahintersteckt, ist übermächtig.

Während einige ganz klare Rachegedanken verfolgen, den Fake mit ihren Vorwürfen konfrontieren oder in irgendeiner Form »bestrafen« wollen, macht anderen die Vorstellung Angst, nicht zu wissen, mit wem sie es zu tun hatten. Wiederum andere empfinden Mitleid mit dem Realfake und wollen dem Menschen dahinter ihre Freundschaft anbieten.

Leider stößt man in der Regel bei der Recherche sehr schnell an Grenzen, sodass das Aufdecken nur in den seltensten Fällen möglich ist.

Verfügt das Opfer weder über eine überprüfbare Adresse noch eine Telefonnummer oder andere verwertbare Informationen, ist die gesamte Kommunikation über Facebook oder eine andere Social-Media-Plattform abgelaufen und wurden niemals Fotos gepostet oder geschickt, die aus dem Real Life des echten Menschen stammen, ist es mit legalen Mitteln kaum möglich, ihn aufzuspüren. Wie auch? Wo ansetzen? Der Realfake bleibt in dem Falle ein Phantom.

Vielen Betroffenen, die sich an mich wenden, ist diese Tatsache einfach nicht bewusst. Sie hoffen darauf, dass es »doch irgendwie möglich sein muss«, und können kaum glauben, wenn ich das verneine. In ihrer Not kontaktierten einige von ihnen dann Privatdetekteien.

Mich interessierte, ob den Mitarbeitern dort andere Mittel zur Verfügung stehen und ihre Erfolgsaussichten größer sind. Also sprach ich mit einem Privatdetektiv bei »A Plus Detektive«. Seine Aussage dazu war genauso ernüchternd, wie ich es erwartet hatte: »Privatdetektive kochen im Grunde auch nur mit Wasser. Um erfolgreich zu recherchieren, benötigen wir verwertbare Informationen. Wenn lediglich ein Mailaustausch via Facebook und aus dem Internet gestohlene Bilder vorliegen, haben auch wir keine Chance.

Werden uns Name, Adresse oder ein Arbeitgeber genannt, können wir überprüfen, ob eine Person dieses Namens überhaupt existiert, unter angegebener Adresse wohnt und bei der Arbeitsstelle bekannt ist. Herauszufinden, wem eine Mobilfunknummer gehört, ist im Grunde eine Frage des Glücks und kann durch legendierte Recherchen – wenn überhaupt – nur dann funktionieren, wenn die Sim-Karte offiziell bei einem Telefonanbieter erworben wurde. Falls es sich um eine in irgendeinem Telefonshop oder auf dem Flohmarkt gekaufte Prepaidkarte handelt, um anonym bleiben zu können, stehen unsere Chancen schlecht.«

Letzten Endes ist es leider reine Glückssache, ob man mit den gesammelten Informationen die Person finden kann oder nicht. Jeder noch so kleinen Spur sollte nachgegangen werden, allerdings ohne allzu große Hoffnungen auf Erfolg.

Ein klarer Vorteil ist natürlich, wenn man dem Realfake in der Vergangenheit Post zugesendet hat, die tatsächlich bei ihm angekommen ist. In dem Fall kann man die Bewohner/ -innen des betreffenden Hauses ermitteln und ihnen gegebenenfalls Fragen zur gesuchten Person stellen bzw. versuchen herauszufinden, ob eine/r von ihnen selbst es sein könnte.

Eine sehr, sehr wichtige Realfake-Faustregel gibt es allerdings: Wenn real existierende Menschen in die Story involviert waren – Personen, die sich zum Beispiel als Verwandte oder Freunde des Realfakes ausgegeben haben –, sind in der Regel sie die Täter. Diese Tatsache ist erschreckend simpel, traf aber in jedem der mir vorliegenden Fälle zu. Sicher mag es Ausnahmen geben. Mir persönlich ist aber keine einzige bekannt.

Selbst wenn man den Menschen gefunden hat und die Beweislage erdrückend ist, sollte man sich nicht allzu viele Illusionen darüber machen, dass er tatsächlich gesteht. Nur selten lassen sich die Realfakes auf ein klärendes Gespräch ein. Wenn dieses doch stattfindet, ist es in der Regel wenig befriedigend für das Opfer: Nachvollziehbare Begründungen bleiben meist aus, stattdessen ergehen sich die Täter/-innen häufig in Selbstmitleid oder machen dem Opfer Vorwürfe.

Selbst wenn die Beteiligten im Nachhinein so etwas wie eine Freundschaft aufzubauen versuchen, ist diese durch die extreme Belastung der Vorgeschichte selten erfüllend und verläuft dementsprechend schnell im Sande.

Noch bevor man sich auf die Suche macht, sollte man seine persönlichen Beweggründe hinterfragen. Rache ist immer das falsche Motiv, denn man muss bedenken, dass – so gemein sich der Realfake auch verhalten hat – man selbst an der Situation nicht unbeteiligt gewesen ist, sondern sich darauf eingelassen und sämtliche Warnzeichen beiseitegeschoben hat. Außerdem handelt es sich eventuell um einen psychisch kranken Menschen. Abgesehen davon sind Rachegelüste zwar nachvollziehbar, aber ungesund. Und während sich der Realfake mit seinem Verhalten meist nicht strafbar gemacht hat, kann es schnell passieren, dass das Opfer sich außerhalb des legalen Rahmens bewegt, wenn es droht, einschüchtert oder sogar handgreiflich wird.

SICH SCHÜTZEN UND VORBEUGEN

Das Internet bietet Usern unglaublich viele Möglichkeiten, sich mitzuteilen und miteinander zu kommunizieren. Ich sehe es als große Chance, sich mit Gleichgesinnten global zu vernetzen. Jeder Mensch muss allerdings die Verantwortung für sich selbst übernehmen und entscheiden, wie er es nutzen und wie viel er von sich preisgeben möchte. Gerade in Zeiten von Datenausspähung, Datenklau und Datenmissbrauch sollte man sich informieren und die Entwicklungen in diese Richtung kritisch hinterfragen.

Einzelne Plattformen sammeln mittlerweile gezielt die Informationen ihrer User, werten ihr Verhalten aus und nutzen es für eigene Zwecke. Es ist definitiv sinnvoll, sich aufmerksam mit den Nutzungsbedingungen der Anbieter zu beschäftigen und gegebenenfalls für sich die Konsequenzen zu ziehen. Auch mit den vielfältigen Möglichkeiten der Profil- und Privatsphäreeinstellungen sollte man sich unbedingt vertraut machen, sie bewusst anwenden und nach jedem Update überprüfen.

Da das Thema »Internetsicherheit« unglaublich komplex ist, konzentriere ich mich im Folgenden ausschließlich darauf, was User anderen gegenüber preisgeben wollen.

Geo-Tags und Location-Angaben

Man muss sich bewusst machen, dass man anhand der Angaben jedes scheinbar noch so belanglosen Check-in bei

Facebook, jedes geo-getaggten Tweets oder Fotos auf Instagram, jeder Nachricht mit Location sowie durch die Nutzung von »Local Based Service«-Dienstleistern wie zum Beispiel Swarm jederzeit von jedem lokalisiert werden kann: das Lieblingscafé, die eigene Wohnung, die Bar, in der man sich gerade befindet ... Wenn man das nicht möchte, müssen diese Angaben ausgeschaltet werden.

Facebook

Die Privatsphäreeinstellungen bei Facebook müssen ernst genommen werden. Informationen über sich, wie zum Beispiel Wohnort, Arbeitgeber, Beziehungsstatus, Familienmitglieder und Freundesliste sollten nicht für die Öffentlichkeit zugänglich sein. Das Gleiche gilt für Fotos und Chronik.

Die Einstellung »Sichtbar für Freunde von Freunden« mag sich harmlos anhören. Allerdings potenziert sich dadurch die Anzahl der Menschen, die Zugang zu meinen Inhalten haben, um ein Vielfaches: Sobald eine Person meiner Freundesliste einen meiner Beiträge oder eins meiner Fotos likt, erfahren das wiederum all *seine* Freunde – und können den betreffenden Post ansehen.

Handelt es sich um ein privates Profil, sollte man sich nur mit Personen befreunden, die man kennt oder zumindest schon gesehen hat. Gemeinsame Freunde sind kein Garant dafür, dass ein Mensch echt. Fragt man einfach mal bei ihnen nach, fördert man mitunter Interessantes zutage und es stellt sich heraus, dass die betreffende Person zwar mit dem halben Freundeskreis vernetzt ist, aber niemand sie kennt. Bestätigt wurde die Freundschaftsanfrage oft aufgrund der *Annahme*, man hätte den Menschen schon einmal gesehen oder von ihm gehört: »Ich dachte, das ist dieser Typ, der donnerstags in der Bar XY arbeitet«, »Die kam mir so bekannt vor. Und A, B und C waren auch mit der befreundet.«

Wenn ein Realfake auffliegt, ist sein erster Schritt meist, seine Accounts zu löschen. In diesem Moment darf man nicht versäumen, ihn zusätzlich noch zu entfreunden, also aktiv aus der eigenen Freundesliste zu entfernen. Sonst kann er jederzeit unbemerkt sein Profil reaktivieren und einen ausspionieren.

WhatsApp

Jeder Mensch kann seinen Kontakten im Smartphone eine beliebige Handynummer hinzufügen und dann sehen, ob der Besitzer/die Besitzerin dieser Nummer WhatsApp nutzt – und wann er/sie online ist. Je nach den Profileinstellungen hat er auch Zugriff auf den Namen und das Profilbild der Person.

In den Account-Einstellungen ist es unter »Datenschutz« möglich, diese Angaben auszustellen bzw. so einzustellen, dass sie für Fremde nicht einsehbar sind.

Anonymität auf Datingportalen

Wer sich bei einem Datingportal anmeldet und anonym bleiben möchte, sollte dort keine Fotos verwenden, die schon auf einer Klarnamen-Plattform wie LinkedIn oder XING genutzt werden. Sonst wird, je nach Privatsphäreeinstellung, jeder Interessierte mithilfe der Bildersuche direkt zu diesen Accounts gelenkt.

Gerade Scammer versuchen häufig, ihre Opfer von Datingportalen wegzulocken und auf normale Mails auszuweichen. Falls man sich darauf einlassen möchte (obwohl es im Grunde keinen plausiblen Grund dafür gibt), ist es wichtig, keine Mailadresse anzugeben, die Rückschlüsse auf den Klarnamen zulässt. Besser sollte eine eigens dafür generierte Adresse verwendet werden, die nicht nur die Anonymität gewährleistet, sondern auch noch problemlos gelöscht werden kann, wenn man den Kontakt abbrechen möchte.

Foto-Communities und -Apps

Menschen fotografieren und posten ihr Mittagessen, ihre Lieblingssocken, das neue Sofa, die Einbauküche, den besten Freund, das Baby, ihren Schreibtisch oder ihre greisen Eltern. Das ist durchaus legitim. Solange sie sich darüber im Klaren sind, dass diese Bilder weltweit und theoretisch von jeder Person mit Internetzugang angesehen werden können.

Gerade bei Instagram ist die Gefahr zusätzlich groß, dass die Fotos gestohlen werden, denn die Tatsache, dass sie von Bildersuchmaschinen nicht gefunden werden können, prädestiniert sie dafür, von Fakes verwendet zu werden.

Umgang mit anderen Usern

Manchmal befasst man sich mit bestimmten Menschen im Internet nur aus Höflichkeit. Es ist schön, freundlich zu sein, aber wenn man mit Fremden kommuniziert, sollte man, sobald einem etwas komisch vorkommt oder unangenehm wird, den Kontakt abbrechen und die Person blocken. Das Gleiche gilt, wenn man das Gefühl hat, ausgefragt oder isoliert zu werden.

Nie, wirklich nie, nie, nie, sollte man einem Menschen, den man noch nicht getroffen hat, Nacktbilder oder Geld schicken. Auch sexuelle Handlungen vor der Webcam sind tabu.

Wenn man Gefühle für einen Menschen aus dem Internet entwickelt, sollte man ihn so bald wie möglich treffen. Ist das (aus realistisch nachvollziehbaren!) Gründen zu dem Zeitpunkt nicht möglich, ist es wichtig, zumindest auf einen Videochat zu bestehen. Hierbei reicht es nicht aus, wenn das

Gegenüber lediglich die Kamera, aber nicht den Ton eingeschaltet hat und man es tippen oder seinen Mund bewegen sieht. Es *muss* eine Unterhaltung mit Bild und Ton geführt werden. Nur das ist die Garantie dafür, dass man nicht gerade ein vorgefertigtes Video schaut, sondern tatsächlich mit der anderen Person spricht.

Auch wenn ein Videochat zustande kommt, muss das leider nicht bedeuten, dass das Gegenüber einem die Wahrheit erzählt, was seine Lebensumstände, Gefühle etc. betrifft. Man sollte umso skeptischer werden, je länger die erste Begegnung hinauszögert wird.

Letzten Endes kann nur ein reales Treffen zeigen, ob man zueinander passt, die Chemie stimmt und man sich eine Partnerschaft mit dem anderen wirklich vorstellen kann.

FALLBEISPIELE

Im Folgenden möchte ich von einigen Fällen berichten, die mich entweder besonders berührt haben oder die sehr typisch sind. Zur Wahrung der Anonymität aller Beteiligten wurden Namen, Orte und teilweise auch Details der Handlung verändert.

Frank und Ilona

Eine Familie aus Norddeutschland kontaktierte mich und bat um Hilfe bei der Aufklärung eines Falles, der schon sechs Jahre zurücklag und ein tragisches Ende genommen hatte.

Ihr Sohn Frank führte damals fast drei Jahre lang eine Internetbeziehung mit einer Frau, die immer wieder Treffen verweigerte. Ihr Verhalten hatte viele Fragen aufgeworfen und die Familie bis heute nicht zur Ruhe kommen lassen.

Ich recherchierte, fand über einige Umwege tatsächlich zuerst ihre Tochter, dann die Frau selbst und konnte mit ihr sprechen.

Ilona aus Süddeutschland, damals 54 Jahre alt, hatte sich bei einer Spiele-Community angemeldet. Um zwischen den weitaus jüngeren anderen Spielern nicht aufzufallen, machte sie sich 22 Jahre alt und gab sich den Namen ihrer eigenen Tochter. Was war schon dabei? Schließlich ging es einfach nur darum, online Spiele zu spielen.

Eines Abends schrieb sie der 19-jährige Student Frank an und die beiden kamen miteinander ins Gespräch. Ab dem Zeitpunkt chatteten sie täglich – zuerst über Belangloses, aber recht schnell wurden ihre Unterhaltungen persönlicher und sie begannen, regelmäßig miteinander zu telefonieren. Es entwickelte sich eine tiefe Freundschaft.

Irgendwann bat Frank sie um ein Foto. Ilona hatte diese Bitte erwartet und befürchtet. Damit konfrontiert, musste sie sich entscheiden, was schlimmer war: Frank gestehen, dass sie seine Mutter sein könnte, und ihn mit der Tatsache, dass sie ihn angelogen hatte, vermutlich wahnsinnig zu enttäuschen – oder einfach weiterzuschwindeln. War das denn wirklich so schlimm? Schließlich führten sie tolle Gespräche und freuten sich jeden Tag aufeinander.

Sie suchte ein Foto ihrer Tochter heraus und schickte es ihm.

Frank war von dem hübschen Mädchen verzaubert und nach wenigen Wochen gestand er ihr, dass er sich in sie verliebt hatte. Spätestens an diesem Punkt hätte Ilona die Notbremse ziehen müssen. Aber – sie konnte es nicht. Sie wollte ihn nicht traurig machen, hatte Angst vor seiner Reaktion, denn er betonte immer wieder, wie wichtig sie ihm war, dass er nicht wusste, wie er ohne sie leben solle. Sie hatte mehrfach miterlebt, wie labil er phasenweise sein konnte. Außerdem musste sie sich eingestehen, dass sie seine Gefühle erwiderte. Ihr war klar, dass es verkehrt war – dennoch log sie weiter, denn sie wollte ihn nicht verlieren.

Sie wurden ein Paar und natürlich äußerte Frank den Wunsch, Ilona so bald wie möglich zu treffen. Sie hätte nichts lieber als das getan …

Frank drängte, setzte sie unter Druck. Es verging kein Tag, an dem er nicht darüber sprach, dass er sie endlich in die Arme nehmen wolle. Trotz ihrer Skrupel genoss sie das Gefühl, verliebt zu sein und geliebt und begehrt zu werden. Um Frank zu halten, gab sie schließlich seinem Drängen nach, verabredete ein Treffen mit ihm und sagte im letzten Moment mit einer dramatischen Begründung ab. Frank war traurig, aber verständnisvoll.

Ilona hatte erst einmal Zeit geschunden und einige weitere Monate verstrichen. Als Frank erneut auf einem Treffen bestand, hielt sie es wieder unter einem Vorwand nicht ein. Frank begann an ihrer Liebe zu zweifeln, und sein Leidensdruck nahm zu. Also teilte er ihr mit, er würde am kommenden Wochenende zu ihr nach Süddeutschland fahren.

Sie musste ihn aufhalten, zettelte einen Streit an, schrieb, sie wäre sich ihrer Gefühle für ihn nicht mehr sicher, und erbat eine Kontaktsperre, »um nachzudenken«. Dadurch hatte sie ihn nicht ganz verloren, aber erst einmal Ruhe, um die weiteren Schritte zu überdenken.

Für Frank brach eine Welt zusammen. Er gab sich selbst die Schuld für Ilonas Verhalten. Wäre er nur nicht so fordernd gewesen! Hätte er sie nur nicht so gedrängt!

Obwohl sie sich nicht mehr meldete, schrieb er ihr monatelang regelmäßig weiter, flehte sie an, den Kontakt wieder aufzunehmen. Auch wenn sie ihn nicht mehr liebte, konnten sie doch weiter befreundet sein. Sie war schließlich die erste Liebe seines Lebens. Er wollte sie doch nur einmal sehen…

Ein paarmal reagierte sie aus Mitleid, was seine Hoffnung auf die Wiederaufnahme der Beziehung nährte – umso härter traf es ihn aber, dass sie danach wieder auf Abstand ging. Frank fühlte sich in ein tiefes, schwarzes Loch gestoßen. Im Laufe weniger Monate verwandelte er sich in ein emotionales Wrack voller Selbstzweifel, das in den Nachrichten an sie mehrfach Selbstmordgedanken äußerte. Ilona wusste nicht, was sie tun sollte. Sie schwieg weiter und sah mit an, wie Frank psychisch immer instabiler wurde. Spätestens jetzt hätte sie aufwachen und ihm die Wahrheit sagen müssen, zumal sie selbst entsetzlich unter ihrem schlechten Gewissen litt, aber sie brachte den Mut dazu nicht auf.

Eines Tages hielt Frank es nicht mehr aus. Er beschloss, aktiv zu werden, und lieh sich das Auto eines Freundes. Er fuhr die ganze Nacht durch und stand am nächsten Morgen vor Ilonas

Haus. Als er klingelte und sie seine Stimme durch die Sprechanlage hörte, war sie geschockt und weigerte sich, ihm die Tür zu öffnen. Selbst wenn sie sich in dem Moment dazu in der Lage gesehen hätte, ihm alles zu gestehen, wäre es nicht möglich gewesen, ihn hereinzulassen, denn ihre Tochter war zu Besuch. Die Vorstellung, dass Frank plötzlich dem Mädchen gegenüber stand, in dessen Bilder er sich verliebt hatte, das aber von ihm gar nichts wusste, war entsetzlich. Ilona ließ ihn vor der Haustür stehen.

Frank war am Boden zerstört. Nach einer Stunde hatte er sich zumindest wieder so weit im Griff, dass er in der Lage war, mehrere Hundert Kilometer zurück nach Hause zu fahren. Dort angekommen, checkte er sofort seine Mails, in der Hoffnung, eine Erklärung von Ilona vorzufinden, aber vergebens.

Er schrieb einen letzten, verzweifelten Brief an sie. Dann nahm er sich das Leben.

Ilona erzählte mir, sie habe Frank wirklich geliebt. Seit seinem Tod sei kein Tag vergangen, an dem sie nicht an ihn gedacht und um ihn getrauert hätte. Sie sagte, dass sie sich im Nachhinein ihre damalige Unehrlichkeit und Feigheit niemals werde verzeihen können. Für sie war es eine Erleichterung, endlich mit einem anderen Menschen darüber sprechen zu können.

Franks Familie hilft es, nun die Hintergründe zu kennen und zu wissen, wer damals hinter der mysteriösen Freundin ihres Sohnes gesteckt hatte. Sie zweifeln nicht daran, dass Ilonas Gefühle Frank gegenüber echt waren, können allerdings nicht verstehen, dass sie dennoch dabei zusah, wie er litt, statt die Konsequenzen für ihr Tun zu tragen und ihm die Wahrheit zu sagen.

Sie lehnen ein Gespräch mit Ilona ab.

Tanja und Marc

Vor zehn Monaten hatte Tanja sich in den ein Jahr älteren Marc verliebt, den sie bei Facebook kennengelernt hatte. Tanja nahm dort eigentlich nur Freundschaftsanfragen von Personen an, die sie kannte, Marc allerdings war der Cousin von Paula, einem Mädchen aus ihrer Parallelklasse, also machte sie bei ihm eine Ausnahme. Außerdem war er auch schon mit anderen Mädchen aus ihrer Schule befreundet, er war also kein »richtiger Fremder«.

Marc war toll. Er sah sehr gut aus, war für sie da, wenn sie Streit mit ihren Eltern hatte, und machte ihr bei Facebook Komplimente. Es dauerte nicht lange, bis sie zu einem Paar wurden.

Marc war es absolut wichtig, dass seine über 200 Facebook-Freunde von seinem großen Glück erfuhren, und auch Tanja war stolz auf ihren neuen Partner, um den sie heiß beneidet wurde. Also veröffentlichten beide ihren neuen Beziehungsstatus und ernteten daraufhin begeisterte Likes aus ihren jeweiligen Freundeskreisen.

Zuerst war alles toll. Sie schrieben sich täglich gegenseitig in ihre Timelines, wie sehr sie sich liebten. Ihre Freunde nahmen regen Anteil daran und befreundeten sich sogar gegenseitig untereinander.

Das Treffen nahte und Tanja freute sich wahnsinnig. Dann, einen Tag vorher, schrieb Marcs Cousine Paula ihr bei WhatsApp, dass er einen schweren Autounfall gehabt hatte und im Krankenhaus in ein künstliches Koma gelegt worden sei.

Tanja war am Boden zerstört, weil es Marc so schlecht ging. Sie wollte zu ihm fahren, aber nach Paulas Angaben erlaubte das Krankenhaus keine Besuche, solange er im Koma lag.

In den kommenden Tagen tröstete Paula Tanja, stand ihr in ihrem Kummer bei, versorgte sie mit Neuigkeiten über Marcs Gesundheitszustand und zeigte ihr sogar Fotos aus dem Krankenhaus, die seine Eltern ihr geschickt hatten. Sie redete stundenlang mit Tanja über Marc und malte ihr aus, wie schön es werden würde, wenn beide sich in naher Zukunft treffen und »richtig« zusammen sein könnten. Bald war sie Tanjas engste Vertraute.

Die Ferien verstrichen. Irgendwann wurde Marc aus dem Koma geholt, und als er endlich das Krankenhaus verlassen durfte, hatte die Schule wieder begonnen. Tanja war erleichtert, dass es ihm endlich gut ging und sich an seinen Gefühlen ihr gegenüber nichts geändert hatte. Sie waren verliebt wie vorher, und es vergingen einige Wochen, bis Tanja ihn auf ein neues Treffen ansprach. Er stimmte zu, es nahte – und musste wieder kurzfristig abgesagt werden, weil seine Großmutter am Vorabend stürzte und daraufhin im Sterben lag.

Tanja hatte Mitleid mit ihm, begann allerdings zum ersten Mal zu zweifeln. War die Erkrankung seiner Oma nur eine Ausrede, weil er sie in Wirklichkeit nicht sehen wollte, ihr das aber nicht sagen mochte? Liebte er sie nicht so, wie sie ihn? Sie hätte das verstehen können, denn er sah so toll aus, er konnte doch jedes Mädchen haben, wenn er wollte!

Sie rief Paula an, erzählte ihr von ihren Sorgen und bat sie um Rat. Paula reagierte entsetzt, machte Tanja Vorwürfe, weil diese nur an sich dachte, statt Mitleid mit Marc zu haben, der in diesen Stunden am Sterbebett seiner Großmutter saß; und außerdem: Zeigte Marc ihr nicht ständig seine Liebe? Täglich postete er doch bei Facebook, dass sie sein Ein und Alles war. Nie hatte er Tanja vor seinen Freunden verschwiegen, war das nicht Beweis genug? Was wollte sie denn noch? Tanja beruhigte sich, denn irgendwie hatte Paula ja recht. Am Abend, als er aus dem Krankenhaus zurück war, telefonierten Marc und sie, und er war so lieb, dass ihre Zweifel wie weggeblasen waren.

Wieder verstrichen einige Monate. Alles war gut, aber Tanja wollte Marc endlich treffen. Sie traute sich kaum, ihn darauf anzusprechen, denn meist gab es dann Streit, da er sie für egoistisch hielt. Er wollte sie schließlich auch sehen, aber er hatte

Stress in der Schule, musste ständig für Klausuren lernen. Das *wusste* sie doch!

Manchmal wurde er während eines solchen Gesprächs oder Chats so böse auf sie, dass er einfach auflegte oder wortlos offline ging und sich einige Tage nicht meldete. Tanja litt sehr, wenn er untertauchte. Jedes Mal hatte sie wahnsinnige Angst, er würde sich von ihr trennen, weil sie sich blöd benommen hatte. Dementsprechend erleichtert war sie, wenn er endlich wieder von sich hören ließ. Aber ein komisches Bauchgefühl hatte sie trotzdem. Am größten war wohl die Angst, sie würde Marc niemals sehen. Ihm niemals gegenüberstehen. Mit Paula konnte sie darüber nicht reden, denn die verstand einfach nicht, was sie wollte, und fand, dass Tanja lieber dankbar für so einen tollen Freund sein sollte. Eines Tages schüttete sie einer anderen Freundin ihr Herz aus. Diese kannte zufällig www.realfakes.net. Die Mädchen besuchten die Website und begannen zu lesen. Dann überprüften sie Marcs Fotos mit der Bildersuche, was aber ergebnislos blieb. Tanja war nun so verunsichert, dass sie mir abends eine Mail schrieb.

Ich habe mittlerweile zig fast identische Geschichten dieser Art gelesen, was allerdings meinem Mitleid den Opfern gegenüber keinen Abbruch tut. In Tanjas Fall war für mich eigentlich klar, dass es sich bei Marc um einen Realfake handelte. Andererseits ist es heikel, Aussagen dieser Art zu machen, denn ohne Beweise ist das ja reine Spekulation. Darum bat ich Tanja um Fotos von Marc und entdeckte beim genauen Hinsehen darauf amerikanische Steckdosen. Die Posts auf seiner Facebook-Seite, in denen er Tanja Liebeserklärungen machte, wirkten naiv und strotzten von Herzchen und Smileys mit Herzaugen. Sie passten ganz und gar nicht zu dem coolen, extrem stylischen Jungen auf den Fotos.

Ich war mir sicher, dass Paula hinter dem Ganzen stecken musste. Welche Veranlassung hätte sie haben sollen, den Realfake eines anderen Menschen zu decken und ihn bei seinen Lügen aktiv zu unterstützen, indem sie zum Beispiel Tanja Fotos aus dem Krankenhaus zeigte? Außerdem hatte sie immer wieder Tanjas Nähe gesucht und sich als Person in die Geschichte mit eingebracht.

Tanja fiel aus allen Wolken, konfrontierte wenig später aber Paula mit dem Vorwurf. Nachdem diese zuerst vehement bestritt, etwas damit zu tun zu haben, gestand sie schließlich. Als Begründung gab sie an, sie habe sich einsam und ausgeschlossen gefühlt.

Maja und Suse

Maja lebte in einem kleinen Dorf in Nordrhein-Westfalen. Da sie dort aufgewachsen war, kannte sie jeder. Schon in der Pubertät hatte sie sich für Mädchen mehr interessiert als für Jungs. Homosexualität war aber bei ihrer katholischen Familie ein absolutes Tabu, und sie hatte nie mit jemandem darüber gesprochen und auch keine Erfahrungen gesammelt.

Irgendwann meldete sie sich unter einem Pseudonym und ohne Fotos bei einer Lesben-Community an. Sie hoffte, sich dort endlich austauschen zu können. Recht schnell lernte sie die 30-jährige Suse aus Frankfurt kennen. Beide verstanden sich sehr, sehr gut und befreundeten sich. Bald schwenkten sie auf normale Mails und WhatsApp um, weil ihnen das privater erschien, und Maja traute sich nun auch, außerhalb der Community, Suse Fotos von sich zu schicken.

Suse war sehr liebe- und verständnisvoll, hatte immer ein offenes Ohr, allerdings konnte sie auf ihre humorvoll-dominante Art manchmal auch sehr bestimmt sein. Dann zum Beispiel, wenn sie Maja dazu ermunterte, zu ihrer Sexualität und ihren Vorlieben zu stehen. Suses Selbstbewusstsein beeindruckte Maja. Sie war so ganz anders als sie selbst.

Bald nahm Suse in Majas Leben einen großen Raum ein, denn

nur bei ihr hatte sie das Gefühl, sich öffnen und so sein zu können, wie sie war. Immer wieder sprachen sie darüber, wie dringend sie sich treffen wollten, aber Suse war beruflich wegen eines wichtigen Projekts sehr eingespannt und bat Maja um ein wenig Geduld. Sie schrieben sich im Laufe des Tages kurze Nachrichten und chatteten jeden Abend stundenlang miteinander.

Nach einem Monat war Maja Hals über Kopf verliebt. Suse merkte das und gestand ihr, dass auch sie längst mehr für Maja empfände, sich nur zurückgehalten habe, aus Angst, Maja zu bedrängen. Die beiden begannen eine Beziehung und waren glücklich miteinander. Suses Coming-out lag längst hinter ihr, darum war es für sie selbstverständlich, ihrer Familie von ihrer neuen Freundin zu erzählen. Die freute sich mit ihr und in den folgenden Wochen telefonierte Maja sogar mehrfach mit Suses Zwillingsbruder.

Schon in den ersten Tagen ihrer Beziehung hatten ihre WhatsApp-Chats eine sexuelle Wendung genommen. Die Initiative ging immer von Suse aus, Maja selbst fühlte sich unerfahren und unsicher und hätte deswegen nie den ersten Schritt gemacht. Suse begann, ihr während dieser Chats Nacktfotos von sich zu schicken, und bat Maja, ihr im Gegenzug auch welche zu senden. Maja tat das. Ihr war es zwar einerseits unangenehm, aber da sie ja auch welche von Suse hatte, wusste sie, dass sie ihr vertrauen konnte.

Während Maja anfangs im siebten Himmel schwebte, störte es sie mit der Zeit mehr und mehr, dass es kaum noch Gespräche gab, in denen Sex keine Rolle spielte. Wenn Maja mal nicht in der Stimmung war oder keine Bilder schicken wollte, reagierte Suse genervt, warf ihr mangelnde Liebe vor und betonte, dass Sexualität für sie in einer Partnerschaft nun einmal eine große Rolle spielen würde. Maja fühlte sich dann schlagartig schlecht und hatte Angst, Suse würde die Konsequenzen ziehen und sich trennen.

Suse wurde immer fordernder und eines Tages verlangte sie

von Maja, mit ihr videozuskypen und vor der Kamera sexuelle Handlungen auszuführen, während ihre eigene Kamera ausgeschaltet blieb, weil sie angeblich kaputt war. Maja weigerte sich, woraufhin Suse wortlos off ging und sich nicht mehr meldete.

Maja war in den darauf folgenden zwei Wochen tieftraurig und machte sich viele Gedanken. Sie schwankte zwischen Liebeskummer und Wut über Suses Verhalten. Benahm sich jemand, der verliebt war, wirklich so? Was stimmte mit Suse nicht? Sie googelte und landete über Umwege bei www.realfakes.net. Wenig später überprüfte sie Suses Bilder und stellte fest, dass einige von einer Website mit erotischen Inhalten stammten.

Natürlich fragt sich jeder Außenstehende sofort, warum jemand Nacktbilder an einen Menschen verschickt, den er noch nie getroffen hat. Es mag schwer nachvollziehbar sein, ich finde es aber nicht gerechtfertigt, Opfern im Nachhinein ihr Verhalten vorzuhalten. Sie selbst machen sich in der Regel ohnehin schon schlimmste Vorwürfe. Und man darf wirklich nicht unterschätzen, wie gekonnt sich viele Realfakes das Vertrauen ihres Gegenübers erschleichen, sodass dieses in seiner Verliebtheit sämtliche Skrupel über den Haufen wirft und sich zu Dingen hinreißen lässt, die es sonst nicht tun würde.

Was mich an Majas Fall gleich aufhorchen ließ, war der Zwillingsbruder. Wieso wurde ausgerechnet in einer lesbischen Liebesgeschichte ein Mann etabliert, der im Grunde völlig überflüssig war und die Story nicht voranbrachte? Und vor allem: Wieso hatte Maja nie mit Suse telefoniert, dafür aber mit ihrem Bruder? Die Antwort lag auf der Hand: Dieser Mann musste hinter »Suse« stecken.

Tatsächlich bekomme ich häufiger Mails mit Fällen wie diesem, und es ist jedes Mal furchtbar, die teilweise noch minderjährigen Opfer mit einem Verdacht wie diesem zu konfrontieren. Für sie ist es schon schlimm genug, dass ihre große Liebe nicht existiert. Wenn ihnen dann bewusst wird, dass sie intimste Bilder von sich an eine unbekannte Person verschickt haben – und es sich bei dieser dann zu allem Überfluss auch noch um einen Mann statt eine Frau handelt, bricht erst einmal eine Welt zusammen. Außerdem haben die Opfer große Angst, dass ihre Fotos nun für das Täuschen der nächsten Frau herhalten müssen. Diese Angst ist vermutlich leider berechtigt.

Maja, die auf mich zuerst einen sehr schüchternen Eindruck gemacht hatte, entwickelte eine unglaubliche Willenskraft. Um die Wahrheit herauszufinden, tat sie, als wäre nichts gewesen, und schrieb »Suse« in den folgenden Wochen immer wieder flehende, verliebte Nachrichten. Einen ganzen Monat später meldete sich »Suse« tatsächlich wieder und kurz darauf konfrontierte Maja sie mit ihrem Verdacht.

Natürlich stritt »Suse« zuerst alles ab, das Ganze nahm dann aber eine skurrile Wendung, indem »sie« plötzlich zugab, ein Mann zu sein, und behauptete, er habe sich ernsthaft in Maja verliebt. Maja brach umgehend den Kontakt ab.

DIE RECHTSLAGE

Dazu ein Interview mit Andreas Mayer, Geschäftsführer der Polizeilichen Kriminalprävention der Länder und des Bundes.

Sind der Polizei solche Fake-Fälle eigentlich bekannt? Werden sie öfter zur Anzeige gebracht?
Andreas Mayer: Aus dem Bauch heraus muss ich sagen: Nein. Wobei es mit Sicherheit bundesweit einige wenige Einzelfälle gibt, bei denen die Polizei dann auch wirklich ermitteln konnte.

Gibt es denn überhaupt Möglichkeiten der strafrechtlichen Verfolgung?
Andreas Mayer: Es gibt per richterlicher Rechtsprechung keine Identitätssicherheit in sozialen Netzwerken. Wenn ich dort mit einem Menschen kommuniziere, muss er nicht zwangsläufig derjenige sein, für den er sich ausgibt.

Solange sich jemand »nur« – und das »nur« setzen Sie bitte in Anführungszeichen – mithilfe einer falschen Identität das Vertrauen eines anderen Menschen erschleicht, liegt zwar eine Täuschung vor, diese ist aber strafrechtlich nicht relevant. Erst wenn ein finanzieller, seelischer oder körperlicher Schaden entsteht, liegt ein Straftatbestand vor.

Bei Scammern steht ja ganz klar die finanzielle Bereicherung im Vordergrund. Realfakes hingegen verlangen in der Regel kein Geld. Dennoch entstehen den Betroffenen hin und wieder finanzielle Schäden. Nehmen wir an, ein Realfake verabredet mit seinem Opfer ein Treffen in den USA, obwohl ihm von vornherein klar ist, dass er dort nie erscheinen wird. Das Opfer erwirbt ein Flugticket und bucht ein Hotel. Direkt vor dem vereinbarten Termin schickt der Fake eine Absage.

Andreas Mayer: Hier könnte man eventuell wegen Betrugs ermitteln. Allerdings müsste man dazu des Täters erst einmal habhaft werden. Als zweiten Schritt müsste man ihm nachweisen, dass a) der Grund seiner Absage frei erfunden ist, b) der Täter von vornherein wusste, dass das Treffen nicht zustande kommen wird, und c) welche Absicht der Täter mit diesem gescheiterten Treffen verfolgt hat. Der subjektive Tatbestand des Delikts muss erst einmal geklärt werden. In der Praxis wäre für Polizei, Staatsanwaltschaft und Gerichte die Beweisführung in solchen Fällen schwierig, besonders da der Täter mit Sicherheit nicht geständig wäre und nicht zugeben würde, dass er zum verabredeten Treffen von vornherein nicht erscheinen wollte.

Sie sagten, auch seelische oder körperliche Schäden könnten eventuell geltend gemacht werden. Wie sieht es bei folgendem Fall aus? Eine Frau kann das Erlebnis mit einem Realfake nicht verarbeiten. Als Folge des Vertrauensmissbrauchs entwickelt sie eine Depression und Angstzustände und verliert schließlich sogar ihren Job.

Andreas Mayer: Wenn ein Arzt attestiert, dass eine psychische Erkrankung zweifelsfrei auf die Internetbeziehung zurückzuführen ist, dann bewegen wir uns tatsächlich im Bereich der Körperverletzung. Allerdings könnte ich mir vorstellen – das ist allerdings meine persönliche Einschätzung –, dass sich Ärzte sehr schwertun, so etwas zu diagnostizieren und eine uneingeschränkte Kausalität zum Fake zu bestätigen. Es ist kaum möglich, definitiv auszuschließen, dass ein Mensch schon vorher eher labil war oder psychisch vorbelastet ist. Meist kommen auch multikausale Faktoren zusammen, die dann in der Gesamtheit die Erkrankung auslösen.

Sprechen wir noch einmal über Täuschung. Die Täter gelangen ja durch das Vorspielen falscher Tatsachen an ganz private Informationen ihrer Opfer oder sogar an explizite Bilder und Videos. Nehmen wir an, eine 17-Jährige hat sich im Internet in ihren Traummann verliebt. Nach einigen Wochen des Kontakts beginnen beide auf seinen Wunsch hin, sexuelle Handlungen am Telefon zu vollziehen und als Folge dessen bittet er sie um Nacktfotos. Sie kommt diesem Wunsch nach. Als sich herausstellt, dass sie mit einem Fake zu tun hatte, ist sie schockiert und fühlt sich von einer fremden Person nicht nur seelisch, sondern auch körperlich missbraucht.

Andreas Mayer: Strafrechtlich gesehen ist es die freie Entscheidung des Einzelnen, in welchen Dimensionen er private Dinge von sich preisgibt. Und da es eben, wie schon oben erwähnt, in sozialen Netzwerken keine Identitätssicherung gibt, empfehlen wir aus Sicht der Prävention natürlich den Grundsatz der Datensparsamkeit, das heißt, der Einzelne sollte nicht so viel von sich preisgeben.

Der Empfang expliziter Fotos oder Videos unter Vorspiegelung falscher Tatsachen ist nicht strafbar, sofern dies für den »persönlichen Gebrauch« geschieht. Erst wenn diese gegen den Willen des Opfers weitergegeben oder veröffentlicht werden, verstößt das gegen das Recht am eigenen Bild und ist urheberrechtlich geregelt.

Sollte der Täter Geld fordern und damit drohen, ansonsten Nacktfotos oder private Informationen des Opfers zu veröffentlichen oder sie zum Beispiel an seinen Arbeitgeber zu senden, bewegen wir uns eindeutig im strafbaren Bereich. Es handelt sich dann um einen Erpressungstatbestand, weil sich der Täter durch die Drohung, dem Opfer mit einem »empfindlichen Übel« zu schaden, finanziell bereichern will.

Mir sind mehrere Fälle bekannt, bei denen den Opfern mit der Veröffentlichung von Nacktbildern gedroht wurde, sollten sie den Kontakt abbrechen oder mit anderen über ihr Erlebnis sprechen.
Andreas Mayer: Das fiele in den Bereich der Nötigung. Auch das Unter-Druck-Setzen oder permanente Beleidigen des Opfers können dazuzählen. Leider werden Sachverhalte dieser Art bei der Polizei nur sehr selten vorgetragen, weil sich die Opfer schämen. Ich empfehle jedoch, in solchen Fällen sofort Anzeige zu erstatten.

Was ist, wenn ein Fake durchblicken lässt, dass er das Opfer im Real Life beobachtet? Es ist dann natürlich besonders furchtbar für die Betroffenen, nicht zu wissen, mit wem sie es zu tun haben. Theoretisch könnte es jeder sein, der eigene Mann, der Nachbar oder die beste Freundin.
Andreas Mayer: Da wäre zu prüfen, ob ein Fall von Stalking vorliegt, der aufgrund des Nachstellungsparagrafen zur Anzeige gebracht werden könnte, da jeder Mensch ein Recht auf Integrität hat und dieses Recht durch das Strafgesetzbuch geschützt ist. Wenn jemand aufgrund von permanenter Belästigung in seiner Lebensführung nachhaltig negativ beeinträchtig wird und körperlichen oder seelischen Schaden erleidet, ist das strafbar.

Sind Provider oder Betreiber von Social Networks eigentlich verpflichtet, der Polizei die Daten des betreffenden Users herauszugeben?
Andreas Mayer: Wenn diese noch vorliegen… Hier sind wir beim Stichwort »Datenspeicherung«, ein Begriff, der leider sehr negativ belegt ist. Es besteht momentan keine gesetz-

liche Pflicht, Verbindungs- und Verkehrsdaten aufzubewahren und sie gegebenenfalls der Polizei mitzuteilen. Die EU fordert seit Jahren, hier eine entsprechende Regelung zu treffen. Wenn ein Provider sagt: »Nein, wir sind dazu nicht gesetzlich verpflichtet und geben daher diese Informationen nicht heraus«, kommen wir nicht weiter. Es gibt allerdings Provider, die auf freiwilliger Basis mit der Polizei zusammenarbeiten und zum Beispiel Klarnamen nennen, sodass für uns dann die Möglichkeit besteht zu ermitteln.

Abschließend: Was raten Sie Betroffenen?
Andreas Mayer: Es ist nachvollziehbar, dass Opfer keine Lust haben, eventuell Beamten gegenüberzusitzen, die verständnislos den Kopf schütteln oder sogar entsprechende Bemerkungen machen. Trotzdem bitte ich aus Sicht der Polizeilichen Kriminalprävention darum, bei infrage kommenden Fällen Anzeige zu erstatten. Sowohl Scamming- als auch Fake-Fälle werden der Polizei meist nicht bekannt, weil die Opfer aus unterschiedlichsten Gründen keine Anzeige erstatten. Wir können hier also nur spekulieren, da uns keinerlei greifbare Informationen über die Verbreitung dieser Straftaten vorliegen.
Die Dunkelziffer ist riesig.

DANKSAGUNG

Von ganzem Herzen möchte ich Meike und Sascha Lobo für ihre generelle Unterstützung, die langen Gespräche, Denkanstöße, guten Ratschläge und den Rückhalt danken.

Des Weiteren danke ich Andreas Mayer, Geschäftsführer der Polizeilichen Kriminalprävention der Länder und des Bundes, der mir Auskunft über die rechtlichen Möglichkeiten bei Fake-Fällen gab, und der Psychologin Lydia Benecke, die sich mit der Frage befasste, welche psychischen Störungen dahinterstecken können, wenn Menschen sich falscher Identitäten in sozialen Netzwerken bedienen.

Außerdem bedanke ich mich bei den Probelesern des Sachteils für Lob, Kritik, Anregungen und Ergänzungen: Lukas Adda (Berater für Social Media und digitale Kommunikation), Christian Fischer (Webdesigner), Florentine Flach (Psychologische Psychotherapeutin), Sebastian Kraft (Softwareentwickler, Schauspieler) und Michi Lehr (Software Engineer).

Ein ganz besonderer Dank geht an all die Menschen, die mir ihr Vertrauen schenkten, von ihren persönlichen Erfahrungen mit Realfakes berichteten und so die Entstehung des vorliegenden Buches überhaupt erst ermöglichten.

Last but not least danke ich Tin Fischer, der sich, mit völlig offenem Ausgang, darauf einließ, in die Staaten zu fliegen und dort ein Phantom zu suchen – und dem Magazin NEON, das diese Reise ermöglichte.

QUELLENVERZEICHNIS

- http://www.bbc.com/news/technology-30548463
- http://www.netzwelt.de/news/150493-instagram-20-millionen-fake-profile-geloescht.html
- http://allfacebook.de/zahlen_fakten/fake-nutzer
- http://www.welt.de/sport/article108883302/Ein-Lothar-Matthaeus-kannte-als-Doping-nur-Frauen.html
- http://www.n24.de/n24/Sport/formel1/d/5733904/twitter-fake-sorgt-fuer-grosse-verwirrung.html
- http://www.focus.de/sport/formel1/formel-1-wie-ein-twitter-fake-account-vettel-zu-ferrari-schickt_id_4286652.html
- http://www.spiegel.de/politik/deutschland/umfragen-fake-promi-nente-cdu-politiker-fielen-auf-falsche-zahlen-rein-a-1008836.html
- http://www.theguardian.com/media/2012/jan/03/wendi-deng-twitter-account-fake
- http://www.reuters.com/article/2012/01/04/us-wendimurdoch-twitter-idUSTRE80305620120104
- http://www.theguardian.com/technology/2012/jan/05/wendi-deng-fake-twitter-account
- https://media.twitter.com/de/best-practice/how-to-get-verified
- http://www.presseportal.de/blaulicht/pm/62138/2814696
- http://www.mimikama.at/allgemein/gefälschte-facebookprofile-geprellte-freunde-teure-rechnungen/
- http://www.buzzfeed.com/chrishamby/government-says-federal-agents-can-impersonate-woman-online?utm_term=3bgq1fs#.vxYk-5Dr2a
- http://www.theguardian.com/us-news/2015/jan/20/justice-de-partment-woman-settlement-fake-facebook-page-dea
- http://www.sueddeutsche.de/digital/usa-drogenbehoerde-ermittelt-mit-gefaelschtem-facebook-profil-1.2164342
- http://www.sueddeutsche.de/panorama/ermittler-faelschen-face-bookprofil-us-regierung-zahlt-unfreiwilligem-lockvogel-entschaedi-gung-1.2314096
- http://www.theguardian.com/technology/2011/mar/17/us-spy-operation-social-networks/print

- http://www.netzwelt.de/news/86002-cyber-war-us-armee-will-social-media-fake-profilen-manipulieren.html
- http://www.tagesschau.de/wirtschaft/facebook436.html
- http://www.polizei-beratung.de/themen-und-tipps/betrug/scamming.html
- http://deadspin.com/manti-teos-dead-girlfriend-the-most-heart-breaking-an-5976517
- http://deadspin.com/5977167/what-did-manti-teo-say-about-his-dead-girlfriend-after-hed-learned-she-wasnt-real?post=56376959
- http://www.spiegel.de/panorama/leute/footballer-manti-te-o-unterhielt-beziehung-zu-fiktionaler-freundin-a-878114.html
- http://www.spiegel.de/panorama/leute/footballstar-manti-te-o-ueber-tote-freundin-a-878491.html
- http://www.washingtonpost.com/blogs/early-lead/wp/2014/12/23/chargers-manti-teo-on-fake-dead-girlfriend-jokes-move-on/
- http://www.spiegel.de/panorama/leute/footballspieler-manti-te-o-loest-bildertrend-im-internet-aus-a-878368.html
- https://en.wikipedia.org/wiki/Nev_Schulman
- http://abcnews.go.com/2020/catfish-woman-angela-wesselman-twisted-cyber-romance-abc/story?id=11831583
- http://www.imdb.com/title/tt1584016/
- http://www.ard-zdf-onlinestudie.de/index.php?id=506
- https://www.divsi.de/publikationen/studien/divsi-u25-studie-kinder-jugendliche-und-junge-erwachsene-in-der-digitalen-welt/
- http://www.euro.who.int/en/publications/abstracts/social-determinants-of-health-and-well-being-among-young-people.-health-behaviour-in-school-aged-children-hbsc-study
- https://de.wikipedia.org/wiki/Barnum-Effekt
- https://de.wikipedia.org/wiki/Cold_Reading
- http://www.br.de/themen/wissen/astrologie-horoskop-tricks100.html
- https://en.wikipedia.org/wiki/Love_bombing
- http://www.cultwatch.com/howcultswork.html
- https://www.uni-due.de/edit/lp/behavior/skinner.htm
- http://allfacebook.de/zahlen_fakten/facebook-nutzerzahlen-2015
- http://de.statista.com/statistik/daten/studie/37545/umfrage/anzahl-der-aktiven-nutzer-von-facebook/
- http://homepage.univie.ac.at/michael.trimmel/motivation_ws2001-2002/wuertz.pdf